KB074612

LACAN

라깡의 정치학   세미나 11 강해

LACAN

라깡의 정치학

세미나 11 강해

박시윤

에디투스

프롤로그

파문당한 자들의 공동체

『세미나 11』의 강연들은 라깡이 국제정신분석협회IPA로부터 파문당한 바로 그해에 시작됐다. 축출 이후 생탄 병원의 강의실에서 쫓겨나, 우여곡절 끝에 정신의학과는 상관없는 파리고등사범학교에 둥지를 틀게 되면서 진행된 강의들이다. 라깡이 평소 자신과 동일시하기를 즐겼던 소크라테스나 스피노자 또는 마르크스의 숙명이 그에게도 찾아왔던 것이다. 씨떼의 삶으로부터 영원히 추방당한 소크라테스, 교회로부터 불가역적으로 파문당했던 스피노자, 망명을 위해 조국을 떠났고 다시는 고향을 보지 못했던 마르크스. 이들은 자신들 스스로가 발명해 낸 문자로 인해서 추방당했던 대표적 인물들이다. 문자의 힘으로 그들이 속했던 공동체를 흔들어 붕괴시켰고, 그 죄로 추방당하였다는 의미에서 라깡의 선조들이다. 필자가 2년 전에 출간했던 『라깡의 인간학』을 통해 강해했던 『세미나 7』에서와는 사뭇 다른 비장한 분위기의 목소리가 『세미나 11』에서 느껴지는 것은 그 때문이다. 그런 의미에서 이 책은 파문으로 인해 이전과는 전혀 다른 위상에 처하게 되고, "속지 않는 자들의 방황les non-dupes errent"하는 삶을 시작해야만 했던 1964년의 "또 다른" 라깡의 목소리를 추적하는 글이라고 할 수 있겠다. 여기서 내가 주목했던 것은 라깡이 말하는 정신분석 임상의 정치적 차원이다. 정치, 그것은 가족 집단으로부터 시작하여 국가에 이르는 모든 공동체를 탄생시키고 지탱하는 근본적 행위이다. 미시적 차원에서 거시적 차원에 이르기까지 모든 공동체를 고정시키는 구심점으로 작용하는 것은 라깡이 "아버지의-이름"이라고 부르는 근본적 권력의 기표다. 정신분석이 다루는 인간 개인의 무의식이란 바로 이와 같은 권력-기표에 의해 재생산된 욕망이 미시적으로 반복되는 정치적 장소에 다름 아니다. 그중에서도 혁명적 정치는 낡은 가치 체계의 지배가 주체의 삶을 타자의 그림자 아래 소외시키려 하는 것에 맞서 일어나는 새로운 가치의 창안이며 주장이고 투쟁이라고 할 수 있다. 라깡이 파문당한 이유도 바로 그러한 혁명적 정치성 때문이었다. 프로이트의 문자들을 낡은 관념의 체계 속에 묶어버리려 했던 프로이트 후속 세대들의 보수주의적 정치성에 맞서 라깡은 그것을 '실재'에로 다시금 개방하는 급진적 정치성을 추구했다. 그 대표적 사례가 1959년에 시작된 라깡의 일곱 번째 세미나였다. 여기서 라깡은 인간이라는 개념이, 즉 "인간"이라는 기표가 각자 주체들의 삶 속에서 다시 발명되어야 할 것으로 남겨져야 한다고 주장했다. 『세미나 7』의 가장 핵심적 테제는 그처럼 발명될 것으로서의 인간학이다. 그것은 프로이트의 제자들 대부분이 인간과 자아를 이미 존재하는 하나의 셈해진 상황으로 가정하려는 관점으로부터 완전히 이탈하는 시도였다. 그러한 시도는 임상에서 내담자의 존재를 분석가의 지식을 통해 해석될 수 있는 것으로 간주하는 기존의 시각을 거부한다. 인간의 무의식을 지배하는 것이 타자의 윤리와 규범의 권력이라고 간주하는 태도. 그러하기에, 진정한 윤리란 모든 윤리를 거부하는 투쟁 속에서만 실현될 것이라고 주장하는 가장 급진적인 윤리학이 『세미나 7』의 테제였다면, 1964년의 파문은 이미 예견된 것이라고 할 수 있지 않을까? 라깡의 프로이트 해석은 정신분석 자체를 20세기의 가장 급진적인 사상에 의해 재구성해 내는 해체와 발명의 과정이었던 것이다. 그러니까, 지금 시작되는 이 책에서 내가 여러분들에게 드러내어 밝히고자 하는 것은 라깡의 정신분석이 우리 모두가 생각하는 일반적인 심리치료의 의료적 과정과는 전혀 다른 것이며, 심지어 프로이트조차 망설임 속에서 매달렸던 고전적 정신분석 임상의 개념과도 다른 "실천praxis"이라는 사실이다. 만일 의료 행위가 아픈 사람의 상처를 치유하여 그가 아프기 전의 상태로 되돌리는 행위를 말하는 것이라면, 라깡의 임상은 그와는 전혀 다른 언어-정치적 실천이라는 의미에서 "실험문학적 실천"이라는 것이다[1]. 자신의 욕망의 주어진 구조를 거부하고 새로운 욕망의 구조를 내담자 스스로가 창안해 낼 것을 유도하고 격려하는 라까니언 정신분석 임상의 이러한 특수성을 어떻게 일반적 심리치료나 의료 행위와 혼동할 수 있을까? 라깡이 자신의 세미나에서 발음했던 한 문장 한 문장을 통해 그토록 명료하게 밝히고 있던 정신분석 임상의 정치-실천적 차원을 어떻게 달리 해석하여 오해할 수 있을까?

라깡의 정신분석 이론이 철학적이고 인문학적이라는 비판을 받아 왔던 이유도 여기에 있다. 여타 온건한 정신의학의 보수주의적 태도를 비난하고 그로부터 벗어나려는 라깡의 시도가 20세기 철학이 주장하는 해체와 창조의 윤리와 닮아 있었기 때문이다. 그러나 이러한 오해는 인간 스스로가 얼마나 관념적인 존재인지에 대해서 무지한 사태로부터 비롯된 것은 아닐까? 인간의 마음이 고통을 겪는 것은 단지 죽음충동이나 이드라고 불리는 반인반수의 괴물이 무의식의 깊은 어둠 속에서 요동치고 있기 때문만은 아니다. 내담자가 증상으로 고통받는 것은 죽음충동을 가두는 초자

---

1   문학이 언어-정치적 실천이라는 명제를 이해하는 데에 사족이 필요 없으리라 생각한다. 문학이란 타자의 언어, 즉 공동체를 지배하는 클리셰 언어의 권력에 맞서 새로운 문법을, 새로운 기표의 운용을 발명해 내는 언어-정치적 실천이다. 이미 존재하는 타자의 언어 문법을 앵무새처럼 반복하는 글쓰기를 진정한 문학이라고 부를 수는 없기 때문이다. 언어 치료의 형식으로 추구되는 정신분석 임상에 관해서도 동일한 규정을 내릴 수 있다. 타자의 언어로 포획된 신체를 새롭게 창안된 언어 문법으로 다시 표현하도록 유도하는 라까니언 정신분석 임상은 정치적 언어 실험에 다름 아닌 "실험문학"의 형식을 추구한다.

아와 자아의 관념적 속성, 프로이트가 현실원칙이라고 명명했던 속성 때문이고, 그것이 추구하는 강박증적 태도 때문이다. 다시 말해서 인간이란 근본적으로 언어적이며 환경-반응적이고 그래서 추상적-관념적-정치적 존재일 수밖에 없다는 것이다. 그러니까 라깡의 이론이 정치-철학적인 것이 아니라, 인간의 무의식 자체가 이미 정치적이고 관념적이다. 부모의 입을 통해 스며들어 오는 사회적 규범과 고정관념의 권력들에 의해 무의식이 장악되는 것이라면, 인간의 욕망의 유형을 결정하는 것은 정치적 권력의 현상들이라고 할 수 있기 때문이다. 사정이 이러한데도, 라깡이 죽은 지 40년이 다 되어 가는 오늘날 한국 학계에서 그를 둘러싸고 끊이지 않는 논란의 유치함에 놀라지 않을 수 없다. 라깡의 정신분석 이론이 "이론을 위한 이론"일 뿐이라는 비판. 라깡의 이론이 너무도 정치적이라는 비판 등등. 그들은 정치성과 임상 실천을 분리하려는 온건한 태도가 얼마나 극단적인 보수주의적 정치성을 은폐하고 있는지 모르는 것일까? 그들은 인간이라는 존재의 무의식이 언어의 구조로 되어 있으며, 그러한 언어 자체가 권력 투쟁적이라는 사실을 모르는 것일까? 분석가를 "충분히 좋은 엄마"로 간주하게 만드는 유토피아적 시도가 숨기고 있는 기만적인 정치성을 보지 못하는가? 한없이 온화해 보이는 치유나 애도, 위로의 개념이 가진 은폐와 봉합의 기만적 의도를 간파하지 못하는 것일까?

라깡의 정신분석 임상은 이 모든 보수적이며 반동적인 태도와 결별함으로써 등장했던 전혀 새로운 실천이다. 1959년의 세미나에서 라깡이 가장 급진적인 언어로 그와 같은 정신분석의 혁명적 차원을 선언했다면, 1964년의 『세미나 11』은 그에 대한 구체적인 방법론을 제시한다. 『세미나 7』의 강연이 일종의 선언적 담화로서의 특징을 갖는 것이었다면, 『세미나 11』은 보다 기술적인 차원에 집중함으로써 정신분석 실천이 실제 임상의 차원에서 나아가야 할 방향을 제시하고 있었다. 이 책은 그와 같은 라깡의 문자들을 하나하나 분석해 내고, 그로부터 도약하여 라깡을 넘어설 수 있는 지점들을 탐사하는 방식으로 진행된 강해서이다. 강해의 지난한 여정을 준비하기 위해서 필자는 먼저, 『세미나 11』의 편집자[2]이기도 한 자크-알랭 밀레가 라깡이 사망한 해인 1981년 11월 18일에 진행한 강의의 몇몇 개념을 살펴볼 것을 제안한다. 정신분석가란 어떤 위상을 갖는 존재인지를 말하는 그의 설명을 통해 『세미나 11』의 위상을 이해해 볼 수 있을 것이기 때문이다.

1981년 9월 9일은 라깡이 사망한 날짜다. 라깡이 죽고 나자 그의 제자들은 분열하기 시작했고, 몇몇은 라깡을 부정하거나, 그와 반대로 라깡을 우상화하려는 시도들이 등장했다. 라깡을 20세기 최고의 지적 사기꾼으로 폄훼하려는 시도와 함께 그의 이론을 신성시하여 이데올로기화하려는 시도들이, 그야말로 "사도"들의 난립이 시작되었던 것이다. 그러나 라깡의 이론은 그것을 폄훼하는 쪽이건 신성시하는 쪽이건 그런 식으로 다룰 수 있는 대상이 아니었다. 라깡의 이론은 이제 강해될 세미나의 첫 번째 강의들에서 선언되고 있듯이 '과학'이 아니기 때문이다. 그것은 기표의 뭉치이고, 더미이고, 주류 담화로부터 떨어져 나온 파편의 부속들이다. 라깡의 문자들은 인접한 담화의 체계를 오염시키는 파괴적 역능을 가진 일종의 돌림병일 뿐이다. 그러나 유다의 무리들은 당연히 이것을 이해할 수 없었고, 심지어 베드로의 무리들 역시 사정은 마찬가지인 듯 보였다.

---

2 자크-알랭 밀레는 라깡의 모든 세미나의 "공저자"로 되어 있다. 물론 세미나의 텍스트 자체는 라깡 자신이 진행한 강의 내용들이지만, 이를 편집하여 출간할 모든 권한을 밀레에게 전적으로 위임했기 때문에 그를 공저자의 위상으로 간주할 수 있는 것이다. 이것은 라깡의 밀레에 대한 전적인 신뢰의 흔적인 동시에, 출간되는 텍스트들 자체에 대한 라깡의 경멸이 표현되는 사태라고 할 수 있다. 출판에 대한 라깡의 인식이란, "어차피 왜곡될 문자들"이라는 태도였기 때문이다. 물론, 텍스트의 진정한 가치는 그것의 변주와 왜곡의 가능성에 있다는 라깡적 문자론에 주목해야 하겠지만.

1981년의 위기는 그렇게 시작되었다. 라깡의 취지가 오해되는 위기의 시기. 그런데, 이 모든 혼돈과 오류의 전파에 맞서 라깡의 가장 충실한 동지camarade였던 자크-알랭 밀레가 시작한 것은 "강의"였다. 라깡이 누구였는지에 관하여 구구절절 설명하러 다니는 대신 그는 파리 시내의 허름한 극장을 빌려 일주일에 한 번씩, 매주 수요일 그곳에서 조용한 목소리로 라깡의 텍스트들을 다시 소개하기 시작한다. 그리하여 라깡에 대한 세간의 오해가 사라질 수는 없었지만, 독사doxa에 저항하는 패러독스para-doxa의 작고 강한 공동체가 형성되기 시작한다. 그리고 이 강의들은 누군가에 의해 전사되어 공유되기 시작했다. 인터넷을 통해 제한 없이 공유되고 있는 자크-알랭 밀레의 강의록들은 그렇게 해서 라깡의 동지들을 또는 사도들을 그 이름에 어울리는 형식의 실천에 참여할 수 있도록 돕고 있다. 사도들…… 마치 예수의 사도들이 예수의 말들을 재료로 신약이라는 새로움을 창조해 냈듯이, 라깡의 사도들이라면 라깡의 문자들을 재료로 라깡을 뛰어넘는 새로움을 창안해 낼 수 있어야 하기 때문이다. 라깡이 구약이라면, 그것을 붕괴시키며 출현하는 신약의 새로운 문자들은 도래할 것으로 남겨져 있다. 밀레의 강의들은 그러한 역할을 했고, 나에게도 그러했다. 그중에서도, 라깡이 죽고 난 직후 밀레가 "분석가들의 공동체란 무엇인가"에 관하여 강의한 부분과 함께 『세미나 11』의 1강에서 라깡이 파문에 관하여 언급한 부분을 비교하여 주목해 보도록 하자.

라깡의 사망 이후 두 달이 막 지난 1981년 11월 18일 수요일, 이날 강의에서 자크-알랭 밀레는 정신분석가들의 공동체를 "une association de désassociés"[3] 즉 "탈사회적 주체들의 결사체"라고 언급한다. 이 같은 표현

---

3 Désassocié라는 프랑스어는 désassocier, 즉 해산하다의 형용사형으로, 해산당한 사람 또는 단체라는 의미를 갖는다. 필자는 여기서 '해산'이라는 표현을 사용하는 대신 탈-사회화된,

은 협의체association와 탈-협의체dés-associés라는 대립되는 개념을 통해 분석가의 사회적, 존재적 위상을 표지하려는 시도로 볼 수 있다. 여기서 해산-이탈한désassocié이라는 표현이 가리키는 것은 공동체를 지배하는 모든 종류의 고정관념과 이데올로기적 권위와 팔루스적 의미화 체계의 해산과 그로부터의 이탈이다. 정신분석가란 내담자, 즉 말하러 온 사람의 말들을 그 어떤 편견도 없이 들어 줄 수 있는 사람이어야 한다는 사실에 주목해 보자. 그와 같은 (거의 불가능에 가까운) 실천을 위해 분석가는 우선 먼저 자기 자신을 '아버지의 이름을 중심으로 결성된 협의체로서의 사회'로부터 이탈désassocier시키는 노력이 필요하다. 공동체의 권력이 관념들을 고정시키는 권력을 행사하려고 한다면, 분석가의 상담실은 그러한 권력의 장으로부터 예외적인 공간이 되어야 한다. 그 어떤 대타자의 권위도 인정하지 않는 단호함을 보여 줄 수 있는 내담실의 독립을 지켜 내는 것은 스스로를 탈-사회화시키는 분석가의 투쟁을 통해서만 가능할 것이다. 바로 그런 의미에서 밀레는 분석가들의 공동체가 탈사회적 사회이며, 탈공동체적 공동체라는 역설적 집단이라고 언급하고 있는 것이다. 그러니까 파문이라는 탈-협의체적 사건은 정신분석 임상에 이미 필수적 요소였다고 말할 수 있다. 실제로 라깡은 『세미나 11』의 1강에서 다음과 같이 말하고 있지 않은가?

"[파문은] 그것이 불러일으키는 반향뿐 아니라 그것이 함축하고 있는 구조 때문에도 정신분석 실천에 대한 우리의 문제 제기에 핵심적인 어떤 것을 끌어들

탈-공동체화된, 또는 이탈한 등의 번역어를 사용했다. 공동체라는 개념이 협의된 조직체라는 의미를 갖는 것이라면, 해산된 자들이란 탈-공동체화된 주체들을 의미할 것이다. '탈'이라는 개념은 상징계의 테두리 바깥으로 이탈한다는 의미를 갖는 것이기에, 라까니언 분석가의 위상을 보다 잘 설명해 줄 수 있을 것이라 생각한다.

입니다."(자크 라깡, 『세미나 11』, 15쪽)[4]

라깡의 협회 축출 사건은 단지 현실적 난관만을 의미하지는 않았던 것이다. 그것은 정신분석 운동의 본질을 드러내는 상징적 사건이었다. 어떤 의미에서 정신분석이란 내담자가 자기 자신의 존재-파문을 내면화하도록 이끄는 여정이라고 할 수 있다. 내담자를 지배하는 상징계-아버지의 권위로부터의 파문을 감당해 내는 절차로서의 정신분석이 그것이다. 밀레가 분석가들을 탈사회적 존재라고 말하면서 암시하고 있었던 것은 그와 같은 파문의 가치와 진리 기능이다. 같은 강의에서 밀레는 분석가는 어떻게 만들어지는가에 대한 질문에 다음과 같은 개념으로 답하고 있다. 즉, 분석가를 만드는 것faire analyste은 기관institution이 아니다. 분석가를 만드는 것은 오히려 destitution-해임, 그러니까 사회로부터의 파면이라는 것이다. 여기서 필자가 기관으로 해석한 institution은 instituer, 즉 정립하다라는 동사의 명사형이다. 그러니까 분석가는 사회적 협의를 통해 정립되는 존재가 아니라 그렇게 정립된 사태로부터 추락하고 이탈하여 환멸의 영역에 도달하는 존재여야 한다는 것이다. 분석가는 사회적 한계 내부로부터 해임된, 그래서 탈좌표화된 존재여야 하고, 그러한 이탈의 상태를 지켜 내기 위해서라면 그 자신을 포획하여 정립하려는 모든 타자의 언어 권력에 저항해야 한다는 것이다. 바로 그런 의미에서 밀레는 분석가들의 공동체를 반사회적d'asociaux이라고 표현했던 것이다. 이탈한 자들의 정립체, 반사회적 주체들의 협의체, 도시 공동체 내부에서 정립되는 사회적 관계에 대하여 저항하는 반사회성의 주체들의 모임. 밀레가 말하는 라까니언 정신분석가들

---

4   이 책에서 다루어진 라깡의 『세미나 11』의 텍스트는 밀레의 원전을 참조했으며, 인용할 경우 이수련·맹정현의 번역본(새물결, 2008)을 사용했다. 쪽수는 번역본의 쪽수이다.

의 공동체는 그러해야 한다는 것이다.

만일 공동체communauté라는 것이 그곳을 지배하는 권위에 의해 인증된 언어를 사용하며 서로 소통communication하는 주체들의 집합체라고 한다면, 파문ex-communication은 바로 이러한 소통으로부터의 영원한 배제를 의미한다. 그런데, 정신분석 임상이란 바로 그렇게 타자의 언어를 거부하고 내담자 스스로의 새로운 문법을 창안해 내는 절차 아닌가? 그 자신을 지배하는 권력의 언어로 소통하기를 멈추고 상식과 고정관념의 식민 지배로부터 자신들을 스스로 유배시키는 실천이 선행되어야 하는 것이 임상 실천 아닌가? 따라서 정통orthodox의 언어의 지배가 생산하는 유한성으로부터 빠져나가는 이단hétérodoxie적 태도를, 즉 권력에 대하여 충실하지 못한infidèle 자들의 충실성fidélité을 지켜 내는 것이 중요하다. 라깡이 단 한순간도 포기하지 않았던 충실성이란 바로 그렇게 충실하지 못한 자가 되는 것에 대한 충실성, 즉 이단의 충실성이다. 스스로를 이교도의 위상으로 설정하는 실천. 그것은 라까니언 정신분석 임상이 내담자를 보편성의 권력으로부터 절대적 차이의 영역으로 이끄는 과정과 완벽하게 동일한 절차이다. 내담자가 자신의 욕망이 올바로 표기orthograhpia되지 않는다고 호소하며 분석가를 찾아와 그것을 교정해 줄 것을 요청할 때에, 분석가가 역으로 제안하는 비정서법anorthographia, 즉 잘못 쓰기의 창의성에 대한 추구와 정확히 동일한 이상을 추구한다. 그러한 방식으로 라깡은 자신의 정신분석 이론의 역사에 실재가 침노하는 것을 대담하게도 받아들이려 했던 것이다.

다음의 인용문은 라깡이 『세미나 11』의 1강에서 파문에 관하여 언급하는 내용이다. 이제까지 우리가 논의한 밀레의 관점과 함께 읽어 본다면, 라깡이 이를 통해 진정으로 말하고자 하는 바가 무엇이었는지 선명하게 드러날 것이라 생각한다.

"제 수업이라고 일컬어졌던 것이 '국제정신분석협회International Psychoanalytical Association'라 불리는 국제 조직의 소위 '집행위원회'로부터 검열을 당했다는 건데요. 전혀 평범하지 않은 검열이었지요. 결국 제 강의를 정신분석가의 자격 부여와 관련해서 '무효'로 간주하며 금지해 버렸고, 그 금지를 제가 속한 정신분석가협회가 국제정신분석협회에 가입되는 조건으로 제시했으니 말입니다."

"따라서 여기서 문제는 실로 다른 분야에서라면 대파문이라 불리는 것과 비견될 만한 것입니다. 그래도 그 용어가 사용되는 분야에서는 복귀의 가능성이 없이 그것이 선포된 적은 없었습니다."

"파문이 복귀의 가능성 없이 존재하는 곳은 오직 '유대 예배당'이라는 의미심장한 상징적 용어로 지칭되는 어떤 종교 단체뿐이며, 바로 스피노자가 그 대상이었지요. 묘하게도 프로이트 탄생 200년 전인 1656년 7월 27일에 스피노자는 헤렘kherem, 즉 대파문에 준하는 파문의 대상이 되었습니다. 그런 다음 얼마 뒤 그는 '샴마타'의 대상이 됩니다. 즉, 다시는 되돌아올 수 없다는 조항이 추가되었지요."(14-15쪽)

라깡 역시 마찬가지 숙명을 겪게 될 것이었다. 그는 국제정신분석협회로부터 다시는 돌아올 수 없는 방황의 여정을 떠나게 될 것이기 때문이다. 이제부터 강해될 라깡의 세미나들은 그와 같은 진실한 방황의 첫 번째 궤적들이다. 강해를 따라 나서는 여러분들에게도 진리를 위한 방황이, 속지 않는 자들에게 찾아오고야 마는 그것이 시작되기를 기원하며, 세미나의 분석을 시작해 보도록 하자.

부기: 『라깡의 정치학: 세미나 11의 강해—1부』는 세미나 11의 총 20개 강의 중에서 전반부의 9개 강의와 「후기」를 분석했다. 10강부터 20강까지의 후반부 내용은 2022년에 출간될 『라깡의 임상학: 세미나 11의 강해—2부』에서 다루어질 예정이다. 이렇게 두 개 부분으로 강해서를 나눈 이유는, 『세미나 11』의 내용을 두 개의 시각으로 분절하여 분석하는 것이 보다 풍부한 의미 생산에 도움이 될 것이라는 확신 때문이었다. 세미나 전반부에서의 가장 중요한 강의들은 시각예술과 정신분석의 교차점을 보여 주는 방식으로 진행되었고, 이를 통해 라까니언 정신분석의 거시적 차원을 해명하려는 특성을 드러내고 있었다. 다시 말해서, 『세미나 11』의 전반부의 라깡은 자신의 이론이 가진 실천적 차원과 그것이 인간 문명 속에 위치하는 좌표를 표지하는 데 주력했다. 필자는 이러한 라깡의 시도를 "정치"라는 개념을 토대로 해석해 내고 싶었다. 정신분석 실천이 공동체 내에서 부여받는 좌표와 그로부터 빠져나가려는 라까니언적 투쟁에 관한 묘사가 중심을 이루는 내용들이기 때문이다. 반면 『세미나 11』의 후반부에서 라깡은 보다 미시적인 차원의 충동 이론을 제시하고 있다. 이 부분의 언급들은 라까니언 정신분석 임상의 실질적 차원을 세공해 내는 데에 많은 도움을 준다. 필자는 이 부분을 "임상학"이라는 보다 구체적이고 실질적인 분석 실천의 틀 속에서 다루고자 했다. 그런 아이디어 속에서 1부와 2부의 분리가 결정되었다는 데 대한 독자들의 이해를 구한다.

차례

0번째 강의 (후기)

시적 실천praxis으로서의 정신분석

주요 개념

- non lu(읽히지 않는)/non compris(이해되지 않는)

- trado(양도)/traduco(번역)

- publication(출판)/poubellication(쓰레기판)/p'oublier(망각판)

- intraduit(번역 불가능한 것이)/introduit(도입하다)

- s'alphabêttisant(문자를 배우며 바보가 되는……)

- anorthographie(비정서법)

- st-écriture(성스러운 글쓰기)

- écoire(믿고 쓰기/믿지 않고 쓰기)

- 시적 실천으로서의 정신분석

개요

이번 강해는 1973년 『세미나 11』의 출간에 즈음하여 라깡 자신이 직접 쓴 '후기postface'를 해설한 내용이다. 세미나가 진행된 1964년으로부터 9년의 간극이 존재하며, 따라서 라깡 사유의 변화가 관찰된다. 출간된 책의 맨 마지막에 실린 이 후기를 가장 먼저 강해하는 이유는 임상에 대한 라깡의 태도를 보다 선명하게 드러내기 위해서이다. 1970년대의 라깡은 과거의 모호함으로부터 벗어난다. 프로이트의 영향력으로부터도 완전히 벗어난다. 이 시기의 임상은 더 이상 주체 인증reconnaissance du sujet[1]의 대리자이거나 억압되어 은폐된 무의식에 대한 고고학적 탐사가 아니다. 그보다는 급진적 실천praxis으로서의 예술적 기예의 현장이 된다. 시적 실천으로서의 정신분석 임상이라는 선명한 방향성이 강조되는 시기라고 할 수 있다. 이와 같은 1970년대의 시각에서 『세미나 11』을 다시 읽는다면, 1964년에 시도되는 라깡의 변화가 무엇을 위한 것이었는지 분명해진다. 무의식이 언어와 같이 구조화되어 있다는 입장에서 한층 더 나아가 그러한 언어 구조 내부의 파열이나 간극으로 무의식을 간주하는 태도. 그러하기에 무의식을 윤리이며 정치적인 것으로 간주해야 한다는 태도의 급진성은 이제 해설될 '후기postface'의 한 문장 한 문장을 통해 비로소 그 숨은 의미가 해명된다. 필자가 9년이라는 분명한 시차적 간극이 발견되는 '발문'을 가장 먼저 강해하려는 이유는 바로 그 때문이다. 『세미나 11』의 난해함은 그것이 나아가려 했던 지향점을 축으로 해서 사후적으로 회고되는 과정 속에서 보다 선명한 의미를 획득하게 될 것이기 때문이다.

---

1   1950년대 초반까지 라깡의 정신분석 임상은 분석가가 내담자의 주체성에 대한 상징계 내의 좌표 인증의 대리자 역할을 하는 것으로 구성되어 있었다. 이를 위해 분석가는 내담자가 사로잡힌 상상계적 나르시시즘의 고착을 상징화하여 분쇄하는 역할을 수행한다. 그러나 이러한 초기 관점은 『세미나 11』의 시점에서는 완전히 포기된다.

읽히지 않는, 이해되지 않는[2]

후기의 도입부에서 라깡은 자신의 책이, 강연에서 말해진 문자들이, 나아가 임상 현장에서 발화된 무의식의 기표들이 어떻게 다루어져야 하는지에 관한 문제를 제기하며 시작한다. 이를 위해 라깡은 읽히는 텍스트와 읽히지 않는 텍스트, 즉 가독성과 비가독성의 문자를 대비시키며 시작한다.

"이렇게 해서, 장담하건대 이 책bouquin은 읽히게 될 것이다. 서적livre 형태로 팔리고 있는 나의 『에크리』같지는 않을 것이다."(419쪽)

---

2   lu는 lire, 즉 읽다의 과거분사형으로, '읽힌'이라는 의미를 가리킨다. 한편 compris는 comprendre, 즉 '이해되다', '포함되다'의 과거분사형이다. 여기서 '포함되다'라는 의미와 '이해되다'라는 의미가 공존한다는 사실에 주목해야 한다. 이해라는 것은, 상징화된다는 것이며, 하나의 대상이 기존의 상징계 내부로 포획되어 거세된다는 것을, 셈해진 채로 포함된다는 것을 의미한다.

한국어 판본의 번역자가 '책'이라고 번역한 bouquin은 '잡서' 정도의 의미를 갖는 것으로 이해될 수 있다. 라깡이 발문을 쓰고 있는 1973년 현재, 이제 곧 출간되려는 『세미나 11』은 급이 낮은 잡서의 수준이고, 그에 비해 1966년에 출간된 자신의 대표작 『에크리』[3]는 'livre', 즉 어느 정도의 수준을 갖춘 책이라는 것인데, 이에 대해 한국어 판본의 번역자 역시 '서적'이라는 용어를 사용하고 있다. 『세미나 11』과 『에크리』를 각각 가리키는 **잡서**와 **서적**이라는 용어 대립을 통해 라깡이 말하고자 하는 바는 무엇인가? 그것은 이해되는 책과 그렇지 않은 책의 대비라고 할 수 있다. 라깡에 따르면, 읽힌다는 것은 텍스트가 가진 고유한 혁명적 기능을 상실하는 것을 의미하기 때문이다. 읽히고 이해된다는 것은 지식의 세계에 편입되는 것이며, 지식의 권력을 흔드는 문자의 증상적 기능을 상실하는 것이다. 이해되었다-être compris는 것은 타자의 권력 내부에 포함되었다-être compris는 것이며, 그리하여 셈해지고 귀속된다는 것을 의미한다.

물론 이 글을 읽는 독자들 중 몇 명이나 이와 같은 견해에 동의할지는 의문이다. 『세미나 11』 역시 『에크리』에 못지않은 난해함으로 악명을 떨치고 있는 것이 사실인지라. 라깡의 텍스트에서 어느 것 하나 잡서의 수준에 들어가는 문자를 발견하기란 쉽지 않은 일이다. 그런 의미에서 우리는 지금 라깡이 말하는 논점, 즉 『세미나 11』은 가독적이며 에크리는 비가독적이라는 주장을 문자 그대로 받아들일 필요는 없을 것 같다. 그보다 우리에게 필요한 것은 아나고지아ănăgōgía[4]의 해석법이다. 라깡의 연막전에 말려들지

---

3   Jacques Lacan, *Écrits*, éditions du Seui, Paris, 1966.

4   아나고지아는 중세 성서 해석학의 네 가지 해석 기법 중에 가장 뛰어난 위상을 갖는 것이다. 1) 문자 그대로의 해석. 2) 알레고리아의 해석. 3) 트로폴로지아의 해석. 4) 아나고지아의 해석. 이 네 번째 해석은 명상을 통해 성서를 본래의 의미로부터 해방시키려는 시도이며, 창조적 해석의 가능성에 접근하는 실천이다. 알레고리아에 대한 보다 자세한 설명은 백상현, 『악마의 미학』(현실문화, 2018)을 참조할 것.

않도록 주의하면서 그가 어째서 읽히지 않는 텍스트라는 기이한 논점을 주장하고 있는지에 온전히 집중해 보도록 하자.

> "『에크리』가 어려운 것을 우연으로 여겨서는 안 된다. 선집의 겉표지에 '에크리'라고 적으면서 스스로 다짐한 바는 나에게 쓰인 것이란 읽히지 않기 위한 것이라는 점이다."(419쪽)

『에크리』가 난해한 것이 의도적이었다는 말이다. 그것은 대타자의 지식에 의해 분절되는 것에 저항하는 기표이며, 그런 의미에서 "나를 만지지 말라-noli me tangere"[5]라고 선언하는 텍스트이다. 마치 부활한 예수의 신체를 만지려 하는 막달라 마리아에 대한 예수의 경고가 그러했듯이. 『에크리』는 현재의 지식과 고정관념의 권력에 자신의 기표가 사로잡히는 것을 허용하지 않으려는 라깡의 의도 속에서 조작된 문장의 미궁과 같다. 그렇다면 이렇게 읽히지 않는 텍스트는 무엇을 위한 것인가? 그것은 기표의 부활을 위한 것일 수밖에 없다. 라깡의 기표들은 그것을 새로이 해석할 도래할 해석자를 기다리는 기표이기 때문이다. 현재의 지식 권력을 무너뜨릴 도래할 아나고지아의 해석자를 기다린다. 텍스트의 난해함인 동시에 타자의 해석에 저항하는 이와 같은 특성은 라깡이 무의식에 대하여 취하는 태도를 그대로 반영하는 것이다. 라깡의 모든 텍스트들은 "무엇보다 읽히는 것이라 할 수 있는 그 무의식에 헌정된 것이기 때문이다."(420쪽) 물론 무

---

5 「요한복음」에 기록된 장면이다. 죽은 지 사흘 만에 부활한 예수를 발견하고 다가오려는 막달라 마리아에게 예수가 경고하는 문장이다. "noli me tangere(나를 만지지 말라)." 이에 대한 또 다른 해석을 참조하려면 백상현의 『악마의 미학』, 또는 『속지 않는 자들이 방황한다』(위고, 2017)를 볼 것.

의식은 해석에 자신을 개방하는 특성을 갖는다. 프로이트가 발명한 정신 분석이라는 실천은 바로 이러한 해석의 한 유형을 구성하고 있지 않은가? 프로이트 이전에도 무의식을 해석하려는 다양한 시도들이 있어 왔던 것이 사실이다. 그 대표적 사례가 19세기 중-후반을 풍미했던 프랑스의 정신 의학자 샤르코 박사의 해석학이다. 근대 정신의학이라 불리며 히스테리 환자의 무의식을 남김없이 실증과학의 언어로 분절할 수 있다고 단언했던 이들에 대항하여 등장한 것은 프로이트의 또 다른 해석학이었다. 프로이 트는 히스테리 환자가 스스로 말할 수 있도록 허용함으로써 자신의 무의 식에 대해서 자기 스스로의 해석을 시도하도록 허용하는 특별한 실천의 영역을 개발해 냈다. 그럼에도 프로이트의 해석학은 분석가의 지식에 전 적으로 의존하는 타자의 해석학이었다. 그에 반하여, 라깡의 해석학에는 타자의 지식이 없다. 라깡이 정신분석이란 더 이상 과학이 아닐 것을 선언 하며[6]『세미나 11』에서 정립했던 새로운 무의식의 해석학이란 내담자에 의 해서 창안될 시적인 해석학인 동시에 도래할 지식의 해석학이었다. 그것 은 내담자의 무의식의 기표가 읽히지 않는 힘을 유지하도록 요청하는 공 백의 해석학[7]이다. 그런 의미에서 그것은 더 이상 해석조차 아닌, 시적인 창조의 실천에 가깝다.

　무의식에 대한 새로운 해석학을, 특수한 (안) 읽기의 기술인 그것을 은유 하기 위해『에크리』와『세미나 11』을 대립시키던 라깡은 다시금 다음과 같 은 말로 앞선 문장들을 더욱 모호하게 만들고 있다.

6　앞으로 펼쳐질『세미나 11』의 1강 강해를 참조할 것. 거기서 라깡은 정신분석이 과학이 아 니라고 선언한다.

7　공백의 해석학 또는 죽음의 해석학이라는 개념은 백상현의『나는 악령의 목소리를 듣는다』 (에디투스, 2018)에서 해명된 개념이다.

"내가 고집을 피워야 할까? 당연하다. 왜냐하면 나는 지금 쓰고 있지 않기 때문이다. 내가 쓰고 있다면 나는 "후기를 쓰고postfacer" 있는 것이 아니라 나의 세미나를 "나중에 지우고 있는posteffacer" 것이리라. 나는 고집을 피울 것이다. 그것이 읽히려면 그렇게 해야 하니까."(420쪽)

여기서 라깡은 "후기" 또는 "발문"이라는 단어 postface와 그것의 동사형인 "후기를 쓰다"에 준하는 프랑스어 postfacer라는 기표를 변주하여, post-effacer 즉 나중에 지운다―라는 의미로 뒤집고 있다. 그에게 있어서 지금 쓰고 있는 후기는 하나의 텍스트를 마무리하여 읽힐 수 있는 수준으로 정리하는 통상적 행위가 아닌 것이다. 그는 지금 후기를 쓰고 있는 것이 아니라 이미 말해진 것을 나중에post 지우고effacer 있는 것일 뿐이다. 모호한 기표의 배치와 상호 충돌하는 의미화의 교란을 통해서 라깡은 자신의 말해진 세미나가 읽히지 않는 수준으로 격상되기를 욕망하고 있다. 그런데도 라깡은 다시금 "나는 고집을 피울 것이다. 그것이 읽히려면 그렇게 해야 하니까"라고 모순된 언급을 하고 있다. 어떻게 해서 지워진 것effacé을 읽을 수 있을 것인가? 이제껏 말해진 기표들을 다시 지우는 자가 말하는 읽힘의 대상은 무엇인가? 질문에 대해 우리가 내놓을 수 있는 유일한 대답은 다음과 같을 뿐이다. 라깡이 읽어 달라고 고집을 피우는 그것은 공백이다. 라깡이 지우는 행위를 통해 우리에게 넘겨주려는trado 것은, 그리하여 읽히는 방식으로 번역traduco될 것을 요청하는 대상은 지워진 텍스트, 즉 공백이며, 지워졌다는 의미에서 죽음의 텍스트이다. 이로부터 라깡의 강박에 가까운 태도를 엿볼 수 있게 된다. 팔루스의 지배를 받는 의미화의 영역에 자신의 기표를 놓아두지 않으려는 "히스테리증자의 강박증". 그리하여 자신의 기표가 그것의 아버지인 라깡 자신을 배반할 수도 있을 가능성을 개방하려는 안티고네적 욕망의 강박증. 라깡이 결코 양보하려 하지 않는 고집과 집요함은 바로 그것에 집중되어 있다. 이로부터 우리는 "나의 기표를 타자에게 양보하지 말라"고 말하는 언명에 도달하게 된다. 자신의 기표들이 현재의 공동체를 유지하는 데에 쓰이지 않을 것을 주장하는 라깡의 집요함. 자신의 기표들이 쾌락원칙과 현실원칙의 한계 안에 사로잡힐 것을 두려워하는 라깡의 히스테리적 강박증이 그곳에 있다. 이러한 태도는 그가 출판publication에 관하여 어떻게 생각하는지를 표현하는 문장들 속에서 보다 강조되고 있다.

"내가 여기에 오기까지 허비한 시간을 생각하면, 나 자신이 쓰레기-출판poubellication이라 규정했던 결과물을 내가 좋아하지 않으리라는 것에는 의심의 여지가 없을 것이다. 하지만 내가 말하는 것을 대학식 문체discours universitaire로 바꿔서까지 출판-망각p'oublier하려 한다면 당연히 우리는 그 둘이 서로 양립할 수 없다는 것을 지적해 둬야 할 것이다."(420쪽)

출판은 하나의 텍스트가 현재의 세계를 지배하는 지식-권력의 장 내부에서, 즉 대타자의 장 내부에서 공적으로 받아들여지고 이해되고, 그리하여 읽히는 과정을 가리킨다. 라깡이 출판publication을 쓰레기통poubelle이라는 단어와 연결하여 쓰레기판poubellication이라는 신조어를 만들었던 것은 그 때문이다. 출판이란 지식장의 권력에 증상적이며 사건적인 문자를 너무도 쉽사리 양도하는 행위이며, 기표의 역능을 팔루스적으로 소비하는 행위에 다름 아니기 때문이다. 무한성을 유한성 내부에서 소모해 버리는 행동. 그것은 또한 라깡이 대학 담화라고 말하는 것, 즉 대학식 문체라는 고정관념의 틀을 통해 절대적 차이로서의 기표를 길들이는 행위에 다름 아니다. 그리하여 출판은 마침내 기표의 무한성을 존재의 망각에 이르게 만드는 대타자의 권력을 상징하게 된다. publier, 즉 출판하다라는 단어와 망각하다oublier를 조합하여 p'oublier라는 신조어로 라깡이 가리키는 것은 그와 같은 존재 망각의 사태이다.

바로 그런 차원에서 라깡의 실천적 대원칙이 설정될 수 있는데, 그것은 아버지의 이름과 그것의 권력에 의해 포획되는 사태에 저항하는 것이다.

"쓰인 것을 내가 한 것처럼 [읽히지 않는 것으로] 상정하는 것, 우리는 우리가 그것을 궁극적으로 이론의 여지가 없는 우리 자신의 원칙으로 삼게 되리라는 것을 언급해야 할 것이다."(421쪽)

기표의 창조적 생산성을 보장하기 위해서는 그것을 대타자의 권력에 포획되지 않는 것으로 세공할 필요가 있다. 기표가 발생적인générique 것이 되기 위해서는, 그리하여 창조의 사건으로 나아가기 위해서는 포착 불가능성, 비가독성, 규정 불가능성의 역능을 유지해야 한다. 그런데 라깡은 자신이 이와 같은 기표의 특수성에 골몰한 첫 번째 인물은 아니라고 말하고 있다.

"그러한 원칙이 나와 일말의 관련이 있을 수도 있겠지만, 그럼에도 나의 발견 이전에 그것이 확립되었다는 것에는 변함이 없다. 결국 읽히지 않기 위한 글쓰기를 도입한 이는 바로 조이스James Joyce이니 말이다."(421쪽)

아버지의 언어로부터 자유로운 기표의 조작자였던 제임스 조이스에 관해서는 이 「후기」가 작성된 1973년의 시점에 역시 진행되고 있었을 『세미나 23』에서 집중적으로 다루어졌다. 라깡에 따르면, 아일랜드의 위대한 소설가로 평가되는 조이스는 정신병적 구조의 주체였다. 그의 문학이 그토록 기이한 양상을 보인 것에는 조이스가 사용하는 기표 용법의 정신병적 특수성이 원인으로 자리한다. 기표의 용법이라고는 하지만, 엄밀하게 말하자면 조이스의 언어는 팔루스의 일자적 지배가 존재하지 않았다는 의미에서 비용법의 기표 세계라고 할 수 있었다. 모든 정신병적 구조의 주체들이 그러하듯이, 조이스의 기표 체계는 하나의 절대적 아버지의 이름에 의해 통제되지 않는 파편성의 (비)구조였기 때문이다. 조이스에게 문학적 실천이란 이 같은 파편성에 새로운 질서를 부여하는 시도였다. 단 하나의 아버지-이름le Nom-du-père에 철저하게 속는être dupe 방식으로 지배되는 신경증적 주체들의 세계와는 달리 정신병의 세계는 일종의 "속지 않는 자들이 방황하는les non-dupes-errent" 양상을 보인다. 조이스의 문학은 바로 이러한 방황의 여정 속에서 새로운 질서를 스스로 창안해 내는 독자적 이름들의 세계에 다름 아니다. 그런 의미에서 조이스의 문학 작품들은 팔루스의 지배를 받지 않을 것이며, 따라서 현실-지식의 포획틀에 사로잡히지도 않는다. 그의 작품들은 보편적 지식의 틀에 의해 읽히는 데에 저항하는 병리적이며 그래서 증상적일 수밖에 없는 특성을 가질 것이고, 영미권 대학 담화의 세계를 비롯하여 그의 문학을 탐구하려는 전 세계 대학의 담화 영역에서 지속적으로 번역 불가능한intraduisible 위대한 골칫거리로서의 특별한 위상을 차지하게 된다. 조이스의 작품은 그러한 방식으로 비-영어권은 물론이고 영어를 모국어로 쓰는 문화권 내에서조차 대학 담화의 과학적 틀 내부로 포획되지 않는 사태를 초래하는 몇 안 되는 유일한 기표적 사례라고 할 수 있다. 조이스는 자신만의 특수하며 개별적인 아버지의 이름들les noms-du-père을 창안해 냄으로써 "속지 않는 자의 방황"을 루틴화해 낼 수 있었던 것이다.

그런데 지금 라깡은 조이스의 이 같은 사례를 자신의 경우와 동일시하려는 대범함을 보이고 있다. 라깡은 자신의 글쓰기들이, 자신의 강연에서 말해진 문자와 문장들이, 자신의 임상 실천에서 주목된 무의식의 문자들이 조이스의 작품이 도달한 엑스-니힐로의 창조적 역능을 소유할 수 있다고 말하고 있기 때문이다. 바로 이러한 위상에 도달하기 위하여 라깡은 번역 불가능성intraduisibilité이라는 개념을 기표의 최상위적 가치로 설정한다. 이에 대해 그는 다음과 같이 강조하고 있다.

"도입한introduit이라는 표현보다는 '옮길 수 없게 도입한intraduit'이 더 나을 것 같다. 단어를 각국의 언어를 초월한 어음으로 만들면, 그것은 어디서나 똑같이 거의 읽을 수 없을 것이며 그래서 거의 번역되지 않을 테니 말이다."(421쪽)

여기서 주목해야 할 것은 라깡이 '도입하다'라는 프랑스어 동사 'introduire'의 3인칭 현재형인 'introduit'에서 두 번째 모음인 'o'를 'a'로 대체하는 방식으로 intraduit라는 단어를, 즉 '번역할 수 없는'이라는 단어를 파생시키는 의도이다. 그에게 있어서 번역되지 않는 것, 즉 읽히지 않는 기표는 무언가를 도입시키는 사건과 긴밀히 연결된 것이기 때문이다. 예수의 발화들을 예로 들어 보자. 구약의 지식 체계에서 예수의 발화는 그야말로 헛소리에 불과했다. 예수의 기표들은 구약의 수호자들인 바리새인들에게는 도저히 읽히지 않는, 번역 불가능한 외국어에 불과했다는 것이다. 그리고 바로 이러한 번역 불가능한 기표가 팔레스타인의 세계를 유령처럼 떠돌며 무언가 전혀 새로운 것을 도입하게 만든다. 그것은 신약의 세계이며, 보다 확장된 보편적 종교로서의 기독교의 세계이다. 물론 이러한 도입이 진정으로 가능하기 위해서는 사도 바울과 같은 해석자들이 필요하다. 번역 불가능한 기표를 번역하기 위해 현재의 지식 권력에 의존하는 대신 새로운 언어 체계 자체를 발명하는 데로 나가는 창조적 실천의 주체들이 요청된다. 그보다 3천 년 전에는 소크라테스가 있었다. 아테네인들에게는 전혀 이해되지 않았던 타락의 기표의 전파자 소크라테스의 말들은 오직 플라톤이라는 새로운 해석자에 의해 전혀 새로운 철학의 언어가 창조되는 과정을 통해서만 비로소 번역 가능한 것이 된다. 따라서 번역이란 원래의 기표가 가진 기의-의미를 되살리는 것이 아니다. 의미는 언제나 과거의 지식권력이 장악하고 있는 팔루스적 환상의 세계에 속한 것이므로. 진정한 번역은 번역 불가능한 것의 속성을 그대로 유지한 채로 그것을 위한 새로운 기표의 조합을 창조해 내는 것이라고 할 수 있으며, 마찬가지의 절차가 정신분석 임상에서 요구된다. 내담자의 기표들은 분석가의 지식에 의해 번역되어서는 안 된다. 내담자의 무의식이 출현시킨 기표들은 그것이 가진 증상적 역능을 유지할 수 있어야 한다. 그것에 새로운 의미를 부여하기 위해 새로운 기표들의 관계를 수립하는 것은 내담자 자신이어야 한다. 처음 그것은 내담자의 삶을 흔드는 죽음의 기표들이었다. 마치 소크라테스의 말들이 아테네를 타락시킨 것처럼. 그리하여 아테네가 믿던 신들의 질서를 교란시켰던 것처럼. 또는, 예수의 말들이 구약의 세계-질서를 심각하게 흔들며 위협했던 것처럼. 내담자를 찾아온 증상은 그의 삶을 흔들고, 위협하고, 불안에 빠지게 한다. 그러나 그렇게 흔들리는 삶이란 내담자의 것이 아니었다는 사실에 주목해 보자. 그것은 타자의 욕망이 반복되는, 타자의 그림자극이 상영되는 소외된 마음의 극장에 불과하다. 그런 의미에서 증상은, 증상적 기표는 내담자의 삶이 망각의 장소였다는 것을, 죽음의 장소였다는 것을 알리는 진리의 전령이다. 그것은 잠든 죽음의 세계를 깨우는 또 다른 죽음의 전령이다. 분석에서 기표가 번역되지 말아야 하는 것은 그 때문이다. 죽음의 전령인 기표가 분석가의 지식에 의해 번역된다면, 그러한 해석은 내담자의 삶을 다시금 첫 번째 죽음의 세계로, 망각의 세계인 그곳으로 데려갈 뿐이다. 왜냐하면 분석가의 지식이란 여전히 타자의 지식인 것이고, 그것에 내담자의 기표를 맡긴다는 것은 타자의 욕망의 세계로 다시금 돌아갈 것을 소망하는 망각의 시도에 다름 아니기 때문이다. 그래서 기표는 번역되지 말아야 한다. 그것은 영원한 외국어로 남겨져야 한다. 그것을 번역해야 한다면, 그리하여 그것이 가진 모호함의 불안으로부터 벗어나야 한다면, 그렇게 할 권리인 동시에 의무는 오로지 내담자 자신에게 귀속된다. 물론 분석을 시작하는 시점에서 내담자가 가진 지식이란 온전히 타자적 관념들인 것도 사실이다. 분석가가 번역해 주지 않아도, 내담자는 이미 사회적 고정관념이라는 타자의 언어로 자신의 증상을 해석하고 번역하기를 멈추지 않을 것이기 때문이다. 그래서 분석은 내담자 자신의 언어가 얼마나 타자적인 것이고, 그래서 타자의 권력에 종속된 것이고, 타자의 욕망 그 자체의 반복에 불과했던 것인지를 분명히 해주어야 한다. 그런 다음 내담자가 자기 자신만의 새로운 언어의 조합을 창안해 낼 수 있도록 훈련할 수 있게 해야 한다. 그러한 방식으로 내담자가 자신의 증상적 기표에 대한 번역을 시도할 수 있게 된다면, 그것의 결과로서 얻어지는 내담자의 언어-문체는 타자의 것은 아니라는 의미에서 여전히 외국어로 남는다. 그것은 내담자, 즉 분석 주체 자신만이 소유한 기표의 기쁨이 된다. 라깡 학파의 정신분석 임상이 일종의 시적 실천일 수밖에 없는 이유가 바로 여기에 있다. 정신분석 실천은 내담자의 언어가 소외된 언어이고, 타자에 의해 바보가 되어 버린 말의 세계라는 것을 먼저 체험할 수 있도록 해야 하는 것도 그 때문이다. 이것을 강조하려고 라깡은 다음과 같이 말한다.

비정서법 anorhographie

"그럼에도 내가 누구를 상대로 말을 하는지를 생각한다면, 나는 탈모성화

dématernalisation를 위해 무언가를 터득한 곳이라는 의미에서 모성적이라고 일컬어 지는 학교école maternelle에서 그들 자신이 배웠다고 믿는 것을 그들의 머리에서 지워 버려야 한다. 즉 '문자를 익히면서-바보가 되면서s'alphabêttisant' 읽는 법을 배웠다는 믿음을 지워 버려야 한다."(421쪽)

유아가 아버지-언어의 질서를 통해 거세당하는 방식으로 파편적 충동-탐닉의 세계로부터 벗어나는 과정을 탈모성화라고 한다면, 유치원을 뜻하는 école maternelle, 즉 모성적 학교라고 직역될 수 있는 이름은 역설적이다. 유치원에서 실제로 실행되는 일이란 모성화가 아니라 공적인 장소에서 일어나는 최초의 거세이며 탈모성화dématernalisation일 것이기 때문이다. 그곳에서 유아기의 주체는 규범적 언어로 자신의 충동-신체를 문신당하며, 거세당하고 핍진화mortifié된다. 유치원에서는 이미 아버지의 법이 정립되는 과정이 시작될 것이기 때문이다. 여기서 라깡이 강조하고자 하는 것은 다음과 같다. 즉, 학교라는 체제는 언어 권력을 체화하는 강제의 기관이라는 사실이다. 그것은 각 가정의 차원에서 가정교육의 형식으로 주요하게 시작되며 유치원에서 공식화되고, 그런 다음 대학에 이르기까지의 모든 교육 현장의 전 영역에 걸쳐 예외 없이 실행된다. 물론 유치원에서는 그와 같은 언어 교육의 가장 기초적인 단위가 실행되며, 그것이 바로 글쓰기를 배우는 알파벳 습득 과정, 즉 s'alphabetisation이다. 문자를 배우는 과정. 이러한 표현으로부터 오해하지 말아야 할 것은, 문자 습득이 언어라는 중립적 도구의 쓰임을 익히는 과정이라는 식의 사고이다. 어떤 경우에 있어서도 언어는 중립적이거나 무구하지 않다. 그것은 언제나 권력 관계의 강제라는 의미에서 정치적이다. 아이들이 문자를 배우는 것이 대체로 어떤 문법을 통해서 실행되는지를 고려해 보면 사태가 분명해진다. 유아기에 말하는 법과 쓰는 법을 배우는 아이들에게 성인들이, 즉 대타자들이 사용하는 문법은 대개 명령어이다. 하지 말아야 할 것과 해야 할 것을 법의 형태로 강제하는 문법들은 아이들이 언어를 배우는 과정에서, 그리고 쓰는 것을 배우는 과정에서 토대가 되는 문체이다. 프로이트와 라깡은 이것을 현실원칙이라고 부른다. 사회적 규범에 침윤된 언어의 습득은 소통을 위한 것이 아니라 충동의 억압을 위한 것이기 때문이다. 그렇기 때문에 언어를 배운다는 것은 소통하는 법을 배운다는 의미에 앞서 규범적 인간이 된다는 것을 가리킨다. 말을 배우는 아이는 말의 배후에 존재하는 대타자의 추상적 권력에 복종하는 절차 속으로 들어가는 것이다. 아이는 자신에게 이것저것을 강제하거나 명령하며 어르고 달래고 위협하는 어른들의 말이 어른 자신도 복종해야 하는 보이지 않는 권력의 영향력 아래서 발화된다는 사실을 눈치 챈다. 언어를 통한 거세는 바로 그와 같은 보편적 권력의 실재를 체감하도록 만드는 방식으로 유아기 인간의 성충동을 규범화한다. 만일 이와 같은 언어의 보편적 권력이 유아기의 주체에게 체감되지 않는다면 아이는 언어의 권력에 자신의 존재를 내주지 않을 것이다. 소위 "정신병psychoses"이라고 불리는 파편적 언어의 주체가 바로 그들이다. 정신병적 주체들 역시 (소위 "정상"이라는 폭력적 언어로 자신들을 규정하는) 신경증적 주체들만큼이나 자유롭고 풍부한 언어활동을 통해 세계를 사유하며 나아가 존재에 관한 철학적 사고 속으로 진입할 수는 있다. 그럼에도 정신병적 언어의 세계 속에는 단일한 권력의 지배자가 존재하지 않는다. 모든 어른이 한결같이 두려워하며 따르는 추상적 법의 권력이 단일한 형식으로 존재한다는 느낌을 받지 못한 채 언어를 습득한 유아기의 주체들은 자신들의 신체를 단 하나의 권력으로 통제하는 데에 이르지 못했기 때문이다. 라깡이 부성적 태만carrence paternelle이라고 부르는 사태는 언어 권력의 태만을 의미하며, 이는 아이를 설득하여 거세하지 못한 결과로서 정신병적 주체를 출현시킨다. 이후 정신병적 주체들은 자신들의 삶이 분열되어 서로 충돌하는 사태들에 대한 해결책을 스스로 찾아야 하는 방황의 여정으로 들어서게 될 것이다. 애초에 강력하게 그들을 속아 넘길 수 있어야 했던 신경증적 대타자의 권력이 실패한 결과로, 정신병적 주체들은 속지 않는 자들의 방황의 여정을 떠나고, 그러한 방황을 정지시켜 줄 수 있기를 기대하는 새로운 권력의 언어를, 타자를, 신을 찾아 헤매는 숙명을 받아들여야 한다.

이와 같은 논점들을 고려할 때에, 탈모성화라는 것은 단일한 권력에 의해 주체를 온전히 포획하는 절차라고 할 수 있다. 말하기 또는 글쓰기를 배우는 것은 무의식의 차원에서는 권력의 효과로서 실행되는 것이기 때문이다. 심지어 대학과 같은 고등교육 기관에서의 언어 습득도 예외는 아니다. 예를 들어, 문학을 연구하는 고등교육기관으로서의 대학을 가정해 보자. 그곳에서 시와 소설은 이미 하나의 정립된 지식의 틀 속에서 다루어진다. 대학 담화는 어떤 것이 좋은 시이고 소설인지를, 즉 좋은 글쓰기인지를 측정하는 이미 설정된 척도를 통해서만 실행되기 때문이다. 만일 대학이 그와 같은 판결자로서의 위치를 포기할 경우 그곳은 더 이상 안다고 가정된 주체들의 공동체가 아니게 되며, 지식의 전수자로서의 기능을 상실할 수밖에 없다. 그런 의미에서 대학은 단순한 지식의 전수자 기능을 하는 것이 결코 아니다. 대학에서 실행되는 담화의 형식, 라깡이 대학 담화discours universitaire라고 부르는 언어의 배후에는 절대적 권력자-기표가 작동하며, 그런 의미에서 대학은 가장 강력한 권력기관에 다름 아니다. 그런 이유 때문에 라깡은 대학 담화에서 지식의 구조를 S2/S1이라고 표기했다. 표면적으로 대학이 S2, 즉 합리적 기표의 연쇄 S'-S"로서 작동하는 것처럼 보이지만 그 배후에는 비논리적이며 스스로를 설명할 또 다른 기표를 허용하지 않는 동어반복적 권력의 기표 S1을 숨기고 있기 때문이다. 문학뿐만 아니라 다른 모든 대학 담화의 영역이 그러하다. 하나의 지식이 유지되고 그것이 과학의 수준에서 주장될 수 있으려면 담화는 자신의 폐쇄성을 지식의 조건으로 강제해야 한다. 과학은 자신의 논리를 벗어나는 모든 대상을 비존재로서 폐기하는 절차를 통해서만 유한성의 확고한 영토를 확보할 수 있을 것이기 때문이다. S2로 표기되는 지식이 하나의 모호한 대상-사물 Chose을 만났을 때에 실행할 수 있는 유일한 절차는 그것을 자신의 언어로 분절하여 산물sache의 수준으로 전락시키든지, 그렇지 못할 경우 저항하는 대상을 비존재의 영역으로, 증상의 영역으로 폐기시키든지 해야 한다. 바로 이것이 라깡이 알파벳을 배우는 것은 바보가 되는 것과 같다는 논리 속에서 드러내고자 하는 교육의 정치적 사태이다. 알파벳을 배우며 읽고 쓰는 능력을 획득한다는 것의 의미는 타자의 언어에 자신을 존재를 내주는 사태에 다름 아니기 때문이다. 그것은 타자의 언어 권력에 쉽사리 속는 바보bête나 얼간이dupe가 되는 사태에 다름 아니라는 것이다.

이와 같은 언어 권력의 사태가 가장 적나라하게 관찰되는 것은 바로 정신분석 임상 실천의 현장이다. 앞서 언급한 대로, 분석 상황에서 내담자가 맞닥뜨리게 되는 첫 번째 놀람의 사태는 바로 자신의 언어가 존재하지 않는다는 사실이다. 내담자가 말을 하면 할수록 그는 타자의 흔적으로서 남겨진 언어 장치의 반복에 휘둘린다. 우선 먼저 현실원칙의 차원에서 작동하며 초자아에 의해 감시되는 의식의 표현들이 그러하다. 그러나 보다 근본적인 차원에는 무의식의 스티그마가 있다. 일종의 상흔처럼 남겨진 트라우마의 기표가 하나의 강력한 환상을 작동시키는 방식으로 내담자의 언어를 지배하고 있다. 라깡이 『세미나 11』의 5강에서 반복강박wiederholung과 운명 신경증을 연결시키는 방식으로 설명하고자 했던 것은 무의식의 중핵에서 발견되는 가장 근본적인 것으로서의 타자의 흔적이며, 알파벳을 배우는 과정에서 남겨진 거세의 잔여이다. 그리하여 말하는 주체는 말을 하면 할수록 대타자와 상징계의 유한한 영역으로 이끌려 들어가는 동시에, 말을 하면 할수록 그 너머의 외부로, 일종의 잔여로서 출현하는 방향으로 내던져지는 충동을 경험하게 된다. 말을 배우며 바보가 된다는 명제를 통해 우리는 이처럼 두 가지 죽음의 평면들을 횡단할 수 있게 된다. 그것은 타자의 언어 권력에 완전히 지배되는 첫 번째 죽음의 사태를 가리키는 동시에 그로부터 다시금 튕겨져 나가는 방식으로 두 번째 죽음에 이끌리는 사태를 가리킨다. 그리하여 궁극적으로 "바보"라는 표현이 가리키는 것은 이 같은 두 죽음 사이에서 진동하는 주이상스의 파동에 휩쓸린 주체에 다름 아니다.

만일 언어의 권력에 관련된 사태가 이와 같다면, 라깡이 제안하는 정신분석의 실천적 지향점은 무엇이라 할 수 있을까? 이에 대해 라깡은 비정서법anorthographie라는 개념을 통해 시적 실천의 본질을 해명하고 있다.

> "'비정서법anorthographie'에서 어떤 일이 일어나는지는 쓰인 것의 기능을 언어활동 속에서 말을 하는 또 하나의 방식으로 간주할 때만 판단될 수 있다. 그것은 서투르게 서서히 터득되는 것이지만 사태를 파악하고 나면 훨씬 더 빠른 속도로 이뤄질 것이다."(421쪽)

비정서법anorthograhpie이라는 용어는 맞춤법을 의미하는 orthographie에 부정의 접두사 a를 더하여 만든 단어이다. 여기서 'ortho'는 '올바른'이라는 고대 그리스어 어원을 갖는다. 이로부터 라깡이 『세미나 7』에서 아리스토텔레스의 윤리학을 언급하며 orthos-logos, 즉 올바른 언어를 통한 습관의 교정이라는 개념을 언급한 부분을 환기해 볼 필요가 있다. 이에 따르면, 인간에게는 습관을 들이는 특성이 있다. 허공에 던져진 돌은 두 번 던진다고 해서 습성을 갖게 되지 않지만, 인간의 태도는 습관화되는 특성을 가진다고 말하는 아리스토텔레스의 윤리학은 습관 자체를 올바른orthos 것으로 교정하는 것이 윤리의 핵심이라고 주장한다. 이로부터 라깡은 아리스토텔레스의 니코마코스 윤리학이 현실원칙의 윤리학임을 지적한다. 프로이트가 길트임bahnung이라고 말하며 의미하고자 했던 것을 습관éthos으로 가정할 수 있다면, 이것은 쾌락원칙이 흔적으로 남겨진 일차적 습관을 의미하며, 이것을 교정하러 오는 현실원칙의 개입은 orthos logos, 즉 올바른 언어-상징계의 개입을 의미한다. 그리하여 인간의 마음은 정서법orthographie의 지배를 받게 된다. 이에 대해서 비정서법의 실천을 강조한다는 것은 곧 위반의 윤리학을 주장하는 것이나 다름이 없다. 맞춤법의 세계는 올바로 표기된 세계이며, 올바로 욕망하는 세계라는 의미에서 대타자의 법이 지배하는 장소라고 할 수 있다. 이에 대해서 비정서법의 실천은 주어진 언어-문체의 질서를 교란하는 행위라고 할 수 있다. 이처럼 비정서법을 주장하며 올바른 언어의 질서를 위협하고자 하는 실천은 문학이 유일하다고 할 수 있지 않을까? 시적 실천이란 타자의 언어에 저항하는 실천이며, 그것을 우리는 창조라고 부르지 않는가? 유일하게 윤리적인 행위가 있다면 그것은 오로지 엑스-니힐로, 즉 무로부터의 창조라고 말하는 라깡적 윤리관으로부터 추론할 수 있는 것은 바로 시적 실천의 윤리학이라고 할 수 있다. 바로 그러한 관점에서 우리는 라깡이 말하는 비정서법, 즉 틀리게 말하기의 실천을 임상의 주요한 전략으로 이해해야만 한다. 올바로 말한다는 것은 배운 그대로 말하는 것에 불과하며, 그런 의미에서 소외된 말-행위에 불과한 것이니까. 진정으로 말하기 위해서는, 그리하여 소외되지 않은 말의 쾌락에 도달하기 위해서는 말 자체의 문법을 스스로 발명해 내야 한다. 물론 이러한 행위가 위협적이며 파괴적인 것은 사실이다. 5천 년 전의 플라톤 역시 시적 실천의 무모함과 위험성을 경고하지 않았는가? 그는 『국가』에서 분명히 말하고 있다. 시인들의 거리에 위병소를 세워 감시해야 한다고. 시인들의 창작 활동이 언어의 세계를 어지럽히고, 그리하여 국가를 몰락으로 이끌게 된다고. 플라톤이 말했던 시적 실천의 파장은 단순한 예술적 유희의 영역에 머무는 것이 결코 아니라는 것이다. 그것은 분명히 '도덕'을 어지럽힐 것이다. 왜냐하면, 이제껏 설명했던 것처럼 언어란 근본적으로 현실원칙의 특성을 가진 것이며, 그렇기에 규범과 도덕의 명령이 뺏

속까지 침윤되어 있는 것이기 때문이다. 무구한 언어는 없고, 중립적인 언어도 없다. 따라서 이러한 언어의 정서법에 도전하여 비정서법을 실천한다는 것은, 그리하여 시적 변용의 차원으로 말-행위를 끌어들인다는 것은 곧 규범에 대한 도전이며, 주어진 세계의 질서에 대한 도전이 될 수 있다. 물론 이러한 행위가 쉽지는 않을 거다. 누구는 자신을 지배하는 언어의 질서로부터 벗어나는 행동을 간단히 할 수는 없기 때문이다. 그럼에도 이러한 위반적 언어의 실행이 시작된다면, 그리하여 그것이 "서투르게 서서히 터득된다"면, 그런 다음 요령을 알게 되어 "사태를 파악하게 되면 훨씬 더 빠른 속도로 이뤄질 것"이라고 라깡은 확신하고 있다. **정신분석 임상 실천이란 바로 이러한 비정서법의 터득의 과정에 다름 아닌 것**이다. 그리하여 한 번 터득된 시적 언어의 실천은 더 이상 초자아가 가리키는 의미의 방향으로, 팔루스가 기다리는 공동체의 환영적 장소로 향하지 않을 수 있게 된다. "쓰인 것은 표지판이 아니라 기찻길 그 자체이다"(422쪽)라고 말하며 라깡이 의미하는 바가 그것이다. 언어에 대한 일반적인 우리의 태도가 하나의 의미 장소에서 다른 하나의 의미 장소로 이동하기 위해 그것을 기찻길처럼 사용하는 것이었다면, 임상이 사용하는 기표의 용법은 그러한 방향성을, 표지판을 거부한다. 기차의 선로는 이제 더 이상 이미 주어진 좌표의 도시들 사이를 오가기 위한 도구가 아니다. 비정서법의 실천은 기찻길 그 자체를, 기표 그 자체의 물질성을 탐닉하는 시적인 접근 방식을 통해 전혀 다른 지역을 탐사할 수 있도록 해야 한다. 기차의 선로를 뜯어내고 새로운 조합을 시도하는 방식으로 새로운 길을 뚫을 수도 있다. 주어진 루틴의 기찻길에 존재를 맡기는 대신, 전혀 새로운 루틴의 발명을 위해 선로를 뜯고 그것을 녹인 다음 다시 붙이는 작업을 해야 한다. 그리하여 비정서법의 시적 실천은 라깡이 대상 a라고 표기하는 잉여 주이상스plus-de-jouir에 말의 주체가 도달할 수 있도록 해야 한다는 것이다. 만일 소외된 욕망의 흐름이 이미 설정된 표지판을 따라서 팔루스의 디렉션을 향해 흐르는 것이었다면, 비정서법의 시적 실천은 토포스의 선로를 이탈하는 방식으로 아토포스의 영역에서 대상 a에 관련한 새로운 루틴을 창조해 내려고 한다. 그리하여 새로운 쾌락이 출현하고, 새로운 존재가 가능해 질 수 있다. 하나의 존재가 다른 하나의 존재로 이행하는 사건이 가능해 진다. 기독교에서 말하듯, 그것은 주체에 관련된 성스러운 사건, 즉 성사sacrement를 실현시킨다. 존재에 관련한 가장 성스러운 사건saint-événement은 그렇게 비정서법이라는 신성모독의 절차를 통해서만 가능한 것이 된다.

언어의 성사와 곤경

"여러분은 스테크리튀르stécriture를 이해하지 못할 것이다. 오히려 잘된 일이다. 여러분에게 그것을 설명할 이유가 될 테니까. 그것이 담보 상태에 있다고 해도 여러분은 그냥 곤경embarras에 처하는 정도로 그칠 것이다. 보시다시피 내게 남겨진 곤경과 관련해서라면 나는 그것을 견디며 잘 살고 있는 편이다."(423쪽)

여기서 라깡이 사용하는 스테크리튀르stécriture라는 기표는 존재하지 않는 신조어이지만, 무엇을 뜻하는지 가늠하기 어렵지는 않다. 이 단어로부터 파악되는 직접적 의미는 바로 "이 글쓰기"이다. 지금 여기서 여러분들이 읽고 있는 바로 이 글쓰기, 이 문자들, 이 기표들. 한국어로 '이것'을 뜻하며, 영어의 'this'와 등가를 이루는 프랑스어 cette(셋트)는 에크리튀르(글쓰기)와 연음되어 쓰테크리튀르cet-écriture로 들릴 수 있다. 이와 거의 유사한 소리를 내는 단어 stécriture는 그렇게 현재 이 순간 우리가 읽고 있는 라깡의 '발문' 텍스트 그 자체를 가리키는 것일 수 있다. 그러나 이 수준에서 라깡의 기표 유희가 멈출 것 같지는 않다. 누가 봐도 'st'라는 기표는 '성스러운'을 뜻하는 'saint'의 약호로 읽힐 수 있기 때문이다. 그래서 스테크리튀르stécriture는 또한 성스러운 글쓰기saint-écriture(생테크리튀르)로 변주되어야 한다. 지금 우리가 읽고 있는 라깡의 글쓰기는 성스러운 글쓰기의 양태를 취하려 한다는 것이나. 언어가 가진 가장 뛰어난 역능이란 성사의 기능이라고 할 수 있을 것이기 때문이다. 하나의 문자가, 글쓰기가 가진 가장 성스러운 기능은 그 자신을 현세의 고정관념으로부터 단절시키는 방식으로 그것에 매혹된 주체들 역시 현세의 권력으로부터 벗어나도록 만드는 것이지 않은가? 예수의 말들이 사도들에게 했던 작용이 그것이지 않았던가? 소크라테스의 말들이 제자들에게 끼쳤던 영향력 역시 그와 같았다. 모든 언어의 성사는 그렇게 그것을 듣는 자들의 삶을 세속의 사슬로부터 일탈하도록 만든다.

이처럼 하나의 기표가 현세를 지배하는 팔루스적 상징계로부터 자신을 단절시키며, 그것에 홀린 주체들에게 영향력을 행사하려는 경우 사태는 다음의 네 가지 양태로 파악되곤 한다. 첫 번째는 무의미이다. 현세의 의미 체계로부터 단절되었으므로 읽히지 않는 무의미한 기표. 이와 같은 공백의 기표가 출몰하는 사태는 다소 흔한 경우다. 그런데 만일 이러한 무의미의 기표가 정념을 불러일으킬 경우, 다시 말해서 누군가를 매혹시킬 경우 그것은 성사적 기표의 두 번째 경우인 증상적 양태가 된다. 그것은 자신이 가진 텅 빈 속성을 무기로 해서 현세의 팔루스적 의미 질서를 위협한다. 그리하여 상징계의 반격이 시작된다. 팔루스적 상징계는 증상적 기표의 파동을 멈추도록 하기 위해 그것을 부인한다. dénégation, 프로이트가 현실원칙의 가장 주요한 기능으로 소개했던 방어의 기제를 통해 증상적 기표는 마치 존재하지 않는 것처럼 부인되어 무의미의 장소로 되돌려 보내진다. 균열은 없으며, 세계는 여전히 온전하다는 주장. 그럼에도 증상적 기표가 주체들에 대한 영향력의 행사를 멈추지 않을 경우 세속의 질서는 그것을 타락으로 간주할 것이다. 소크라테스와 예수의 기표가 재판에 회부된 사실을 상기해 보자. 그들은 어리석은 젊은이들을, 민중을 타락시키는 사회의 교란자들로서 심판받지 않았는가? 권력에 의해서 악으로 간주되기 시작하는 성사적 기표는 이제 그것의 의미가 선명한 것으로 간주된다. 그것은 현실 질서에 불만을 품은 자들을 자극하는 뻔한 악행의 문자들로 해석된다. 그럼에도 여전히 성사의 기표가 파생시키는 파동이 멈추지 않는다면 어떻게 될까? 이때 현실의 권력이 취하는 마지막 태도는 그것을 이미 알려진 하나의 긍정적 의미로서, 즉 선의 클리셰로서 수용하는 것이다. 그러나 이것은 세 번째 단계인 '타락'의 클리셰를 '선'의 클리셰로 뒤집어 수용하는 것에 불과하다. 그렇게 함으로써 현실의 권력은 성사의 기표가 현재의 지식 체계를 빠져나가지 못하도록 고정시킨다. 증상적 기표가 주체를 선동하여 팔루스의 영토를 벗어나지 못하도록 어르고 달랜다. 성사의 기표를 고정된 관념들의 질서에 예속시키는 방식으로 세계의 자아를 방어한다. 부인하거나, 아니면 이미 존재하는 지식의 체계로 긍정 또는 해석하는 절차를 통해 증상적 기표의 공포스런 가벼움에 무게를 얹어서 그것이 팔루스의 중력장 내부로 포섭되도록 한다.

　　그렇게 해서 증상적 기표의 죽음충동을 멈출 수 있다고 소망하는 현실 – 고정관념의 권력은 모든 종류의 새로움은 이미 존재하는 지식을 넘어설 수 없다는 보수주의적 염세주의를 표방하게 된다. 따라서 언어의 진정한 성사는 이 같은 보수주의적 방어에도 불구하고 증상적 파동을 멈추지 않는 기표 작용에 다름 아니다. 라깡이 자신의 글쓰기가 그러했으면 좋겠다고 소망하는 형태가 바로 그것이다. 이해되지 않으며, 받아들여지지 않는, 모난 파편처럼 날이 선 채로 떨어져 나와 시스템의 내부를 위협하기를 멈추지 않는 기표. 그리하여 마침내는 시스템을 몰락으로 이끌어 가고, 그런 다음 전혀 새로운 시스템을 건설할 수 있도록 만드는 창조적 역능의 문자를 라깡은 고집하려 한다. 그러나 대가는 따른다. 모든 성사가 그러하듯이, 하나의 존재가 태어나려면 낡은 존재의 세계는 라깡이 곤경embarra이라고 부르는 사태를 감내해야 한다. 어디선가 라깡이 기표의 수난passion du signifiant[8]이라고 불렀던 그것에 관하여 라깡은 다음과 같이 강조하고 있다. 즉, "곤경이 의미가 있으려면 그 곤경은 심각한 것이어야 한다"는 것이다.(423쪽) 하나의 세계가 무너지고 새로운 존재가 출현하기 위해서라면 심각한 곤경이 아니면 안 될 것이다. 이에 대해 라깡은 또 다른 텍스트에서 비슷한 언급을 했다. "Radiophonie"라는 텍스트에서였는데, 거기서 라깡은 "잉여-가치"라는 기표가 마르크스의 삶을 어떻게 고난의 지옥과 같은 것으로 만들었는지를 언급한다. 하나의 발명된 기표가 어떻게 하나의 세계에 도입되어 그것의 붕괴를 초래하는지를 암시하면서 그는 "라깡, 나처럼"이라고 말한다. 마르크스에 비교되는 수준으로 하나의 기표가 라깡에게 역시 도입되었고, 그것에 의해서 그의 삶은 지옥에 가까운 고난 속에 던져졌다는 것이다. 의심의 여지없이 그것은 "무의식"이라는 프로이트의 기표이고, 그것을 다시 해석한 라깡 자신의 수많은 기표들, 예를 들자면 "무의식은 언어와 같이 구조화되어 있다"와 같은 언명들이다. 이로 인해서 라깡은 파문당하고, 대학 담화의 세계로부터 추방당하는 고난에 던져졌기 때문이다.

그럼에도, 언어의 성사가 주는 고난은 새로움의 세계로 나아가는 필연적 절차라는 사실을 받아들여야 한다. 또한 그것은 하나의 세계에서 다른 하나의 세계로 나아가는 절차이며, 일종의 사다리이다. 다시 되돌아 올 수

---

8   기표의 수난 또는 기표의 정념이라 해석될 수 있는 passion du signifiant이라는 표현은 『에크리』의 "주체의 전복"에 등장한다. 여기서 라깡은 기표의 증상적 효과에 사로잡힌 주체의 쾌락과 고난을 설명하기 위해 이 용어를 사용한다. 그런 의미에서 passion du signifiant은 기표의 수난인 동시에 기표의 쾌락이기도 하다. 그것은 상징계 안쪽의 팔루스적 주이상스인 동시에 상징계 바깥쪽의 충동이기도 하다.

없는 결정적 변화의 사건. "여기서 읽히는 것이 사다리가 되어 여러분에게 도움을 줄 수 있기를 기대하지만 나는 여러분이 다시 내려오기 위해 올라가는 것은 원치 않는다"(424쪽)라고 라깡이 말하는 것도 그 때문이다. 증상적 기표가 우리를 던져 넣은 고난을 지나 언어의 성사를 통해 다른 하나의 존재의 층위로 이동한다는 것은 불가역적 여정에 다름 아니다.

믿고-쓰지écroire 않는 자만이 창조한다

그리하여 읽히지 않는 증상적 기표는 "우리를 속지 않는 자들의 방황"으로, 고난인 동시에 성사의 여정인 그곳으로 이끌게 된다. 더 이상 믿지 않는 자들의 방황. 믿고 쓰는 자들이 아니라, 그저 쓰는 자들의 모험. 보다 정확히 말하자면, 팔루스의 의미화 작용 내부에서 쓰는 자들이 아니라 그것의 지배력 바깥에서 쓰는 자들의 방황이자, 제임스 조이스를 통해 체현되었던 새로운 아버지의 이름의 창조가 비로소 시작된다. 여기서 새로운 아버지의 이름을 창조한다는 것은 팔루스의 외부에서 또 다른 차이의 고정점으로서의 의미화의 장을 건설하는 것이다. 이를 위해서는 기존 팔루스의 의미화 권력을 믿지 않아야 한다. 그것이 생산하는 기의의 상상계적 유한성에 속지 않아야 한다. 팔루스적 의미의 한계가 세상의 끝이라고 말하는 아버지의 권력에 속지 않아야 한다. 이에 대해 라깡은 믿다를 의미하는 프랑스어 croire와 쓰다의 écrire를 조합하여 écroire라는 신조어를 제시하며 은유하기 시작한다. 한자문화권, 특히 일본 문화를 지칭하며 라깡이 믿고-쓰는 자들이라는 말로 암시하는 것은 기표와 기의가 결탁된 언어의 기능이다. 표의문자의 특성상 기표의 역능은 의미화의 작용에 강력히 제한받게 될 수밖에 없다. 표음문자인 알파벳과는 다르게 한자로 글을 쓴다는 것은 의미의 상상계적 권능에 의해 기표의 독자성이 제한받는 것처럼 보일 수 있기 때문이다. 물론 라깡의 이 같은 표현이 히라가나와 가타카나의 차이에 대해서조차 제대로 이해하지 못하는 서구인의 신중하지 못한 발언이었다고 생각될 수도 있을 것이다. 중국 문화권에서도 표음화된 문자의 활용이 생각보다 활발히 일어나고 있다는 사실로 반박해 볼 수 있을 것이다. 그러나 라깡이 진정으로 말하고자 하는 것은 일본인들이 표의문자의 사용을 통해 무의식이 존재하지 않는 사태 속에서 살아간다는 말도 안 되는 주장이 아니다. 문자란 그것이 제아무리 기의에 사로잡히는 방식으로 발화되고 쓰인다 해도 그 자신의 매체적 특성으로 인해 기표의 독자성을 가질 수밖에 없기 때문이다. 따라서, 라깡이 진정으로 강조하여 드러내고자 하는 것은 기표가 기의의 세계로부터 보다 자유로울 수 있어야 한다는 정신분석의 정언명령이다. **기표를 해방하라! 팔루스의 지배로부터 언어의 자율성을 지켜 내야 한다**─는 라깡 학파의 정언명령. 기의의 세계는 팔루스의 세계이며, 팔루스는 아버지의-이름이라는 권력에 통제되는 것이고, 그러한 방식으로 세계를 고정된 관념의 유한성 내부에 가두어 버리는 특성을 갖는 것이기 때문이다. 그런 이유로 라깡은 믿지 않고 쓰는 실천의 중요성을 주장하며 일본을 비롯한 한자문화권에 대한 다소 논란의 여지가 있는 신중하지 못한 발언을 서슴지 않고 했던 것으로 이해되어야 한다. 그가 말하고자 한 것은 그것이 아니고 이것이기에.

"[……] 나는 여전히 그것이 여러분에게 아무것도 아닌 것이 아닐 것이라 생각하며, 뿐만 아니라 내가 그 위험을 모면한다면, 이는 내가 나 자신이 '믿고-쓰는écroire' 것보다 더 많은 것을 쓰기 때문이라고 믿게 된다."(424쪽)

그러니까, 중요한 것은 더 많이 쓰는 것이다. 대타자의 언어의 유한성보다 더 많이 말하는 것이다. 더 많이 쓰는 것은 초과하는 것이고, 언어의 세계에서 초과하는 사건은 새로운 의미화의 구조를 창조한다. 그리하여 라깡은 다음과 같이 말하기에 이른다.

"[……] 덜 '믿고-쓰는' 우리에게 「창세기」라는 텍스트가 주장하는 바가 무엇인지를 상기해 보자. 그것은 시니피앙을 통해서가 아니면 '무로부터ex nihilo' 아무것도 창조되지 않는다는 사실이다."(424쪽)

마침내 라깡이 후기의 결론부에 접근하고 있다. 『세미나 7』이 시행되었던 1959년 이후로 그를 사로잡았던 ex nihilo의 윤리학, 즉 시적 창조의 윤리학이 다시금 선언되고 있기 때문이다. 그는 여기서 믿고 쓰지 않는 실천은 무로부터ex nihilo의 창조를 가능하게 할 것이라고 분명히 말한다. 믿고 쓰는 것은 유에서 유를 만들어 내는 행위, 즉 타자의 언어를 반복하는 것에 불과하다. 그것은 세계의 유한성이, 관념의 고정점들이, 지식의 백과사전적 체계가 우리에게 강제하는 의미의 질서를 우리 자신의 삶 속에서 다시 반복하는 소외된 사태에 불과하다. 따라서 속지 않는 글쓰기만이, 믿지 않는 발화만이, 사도 바울의 표현을 빌리자면 "hos me-호스 메", 즉 "마치 ~이 아닌 듯"[9] 살아가는 실천만이 진정한 윤리가 된다. 타자의 언어적 권력을 무로 돌리는 몰락의 실천. 그러한 쓰기는 일종의 도약을 통해서만 가능한 것이기도 하다. 만일 모든 언어가 현실을 포착하기 위해 만들어진 개념

---

9   백상현, 『속지 않는 자들이 방황한다』; 『나는 악령의 목소리를 듣는다』; 조르조 아감벤, 『남겨진 시간』(강승훈 옮김, 코나투스, 2008) 참조.

적인 기능을 갖는 것이라면, 주어진 틀의 의미화 체계 속에서 발화되는 모든 언어는 주어진 세계를 반복하게 만들 따름이다. 진정으로 새로운 현실을 창조하기 위해 새로운 언어의 발명이 요청되는 것은 그 때문이다[10]. 그러한 방식으로 라깡은 우리 자신의 실존이 철저하게 언어의 세계에 연결되어 있으며, 보다 정확하게는 "시니피앙에 의존하고 있다는 사실", 오직 기표만이 "실존의 증인이라는"(424쪽) 사실을 정신분석 실천의 근본 명제로 채택한다.

종교와 철학에서 시적 실천으로

이제 마지막으로 후기의 결론을 맺기 위해서 라깡은 시적 담화가 아닌 다른 두 가지 담화를 언급한다. 종교의 담화와 철학의 담화가 그것인데, 우선 다음의 사실에 주목해 보자. 프로이트로부터 시작되어 라깡에 이르는 정신분석 여정이 밝혀낸 가장 중요한 사태는 문명의 역사를 추동시키는 원인의 자리에 주이상스가 있다는 사실이다. 인간은 성적 쾌락인 그것에 반응하는 방식으로 다양한 문명의 우상들을 만들어 냈다. 특히 신경증자로서의 인간은 주이상스를 억압하기 위해 온갖 종류의 우상을 만들어 내었던 것이 사실이다. 가장 먼저 종교가 그러하며 철학이 또한 그러하다. 이에 대해 라깡은 다음과 같이 말하고 있다.

"끔찍한 사실은 모든 것의 근원이 되는 관계는 오로지 주이상스와 관련될 뿐

---

10 도약 또는 극한으로의 이행을 통한 언어 개념의 실현에 대해서는 본서 1강을 참조할 것.

이며, 또 종교가 주이상스에 투사하는 금지가 철학을 탄생시키는, 주이상스에 대한 공황과 공동체를 이루면서, 수많은 실체들이 단 하나의 고유한 실체에 대한 대체물로 나타난다는 점이다. 단 하나의 고유한 실체substance란 실재le réel라 할 수 있는 주이상스에 대해 말하는 것이 불가능함을 말한다. 이러한 '아래쪽의-시구stance-par-en-dessous'는 이미 쓰인 것이 가장 덜 어리석은 말하기를 만들어 내는 시라는 형식을 통해 좀 더 접근하기 쉬운 것이 되는 것은 아닐까?"(425쪽)

여기서 라깡은 인간이란 자신의 주이상스에 대하여 주체가 맺는 특정한 관계의 유형 그 자체에 다름 아니라는 사실을 다시 확인하고 있다. 인간은 자신의 주이상스에 대하여 기표가 맺는 담화의 유형, 즉 문체 그 자체라는 것이다. 이로부터 우리는 히스테리의 문체, 강박증의 문체, 성도착의 문체, 나아가서 우울증의 문체와 정신분열의 문체, 편집증의 문체 등등의 다양한 어법들을 추론해 볼 수 있다. 주이상스를 어떻게 상징화하느냐에 따라서 각기 다른 문법의 주체들이 출현하기 때문이다. 이와 같은 문체들의 다양성은 주이상스에 대한 억압의 형태와 그 강도의 다양성으로 해석될 수 있다. 예를 들어, 강박증은 주이상스를 철저히 억압하는 가장 잔혹한 문체다. 그것은 주로 '금지'를 통해 실행되며, 인용문에서 라깡이 "종교가 주이상스에 투사하는 금지"라고 말할 때 가리키는 것이기도 하다. 이미 프로이트에 의해 언급된 종교의 강박증적 구조는 주이상스를 금지하고 그것과의 조우를 한없이 뒤로 연기하기 위해 발명된 다양한 절차들을 강제한다. 종교적 차원에서 주이상스의 가장 전형적 사건을 신과의 합일, 일종의 법열적 사태, 즉 '트랜스'라고 가정할 수 있다면 종교는 다양한 제례 의식의 형태를 통해 그와 같은 망아적 상황을 오히려 연기하려 한다[11]. 신과의 직접적 만남을 금지하고 오직 교회의 중개를 통해서만 신앙의 쾌락을 통제하려는 것이 종교의 존재 이유라는 것이다. 이에 대해서 우리는 모세의 십계명에 관련하여 이야기해 볼 수도 있다. 모세 이전에는 기독교의 텍스트가, 즉 상징계가 존재하지 않았다는 사실에, 실재와 상상계만 존재했던 유대교의 사태에 주목해 보자. 그런 의미에서 모세가 유대인들에게 새롭게 도입시킨 것은 신과의 언어적 중개라고 할 수 있다. 신과의 직접적 조우가 파생시키는 온갖 종류의 상상계적 난립을, 모세가 우상이라 불렀던 그것의 광기를 정지시키기 위해 도입된 것은 상징계적 절차로서의 율법이라는 사실에 주목해야 한다. 종교는 그와 같은 방식으로 아버지의 언어를 도입하고, 그것이 가진 금지의 기능을 통해 주이상스와 주체의 관계를 새롭게 설정한다. 여기서 주체는 주이상스를 철저하게 억압하며 그것을 죄악시하고, 주이상스의 유일하게 가능한 형태를 미래시제 속에서의 구원으로 가정하며 그것을 영원히 연기하는 환유적 사태 속에 머물게 된다. 이것이 모든 인간 문명의 초기 단계에서 출현하는 주이상스에 대한 보편적 억압의 형태이다. 말을 하기 시작하는 모든 인류는 자신의 신체를 엄습하는 주이상스에 압도당하지 않도록 하기 위해서 예외 없이 종교적 담론을 만들어 내고 있었던 것이다. 끌로드 레비-스트로스가 '근친상간의 금지'를 문명의 토대로 추정했던 것 역시 같은 맥락에서 이해될 수 있다. 여기서 말해지는 근친상간이란 아이 – 부모 사이에서 벌어질 수 있는 구체적이며 현실적인 성애적 쾌락을 가리키기보다는, 유아 – 어머니 사이에서 발생하는 모든 종류의 신체적 충동의 만족으로 이해되어야 한다. 강박증은 바로 이것을 철저하게 금지하는 형태로 문명의 출현에 이바지했다. 그러나 이것이 전부는 아

---

11 서구 기독교가 종교적 트랜스의 사태를 어떻게 제시하는지와 그에 대하여 미술이 어떻게 결탁하고 있었는지에 대한 연구는 백상현, 『악마의 미학: 타락과 위반의 중세 미술 그리고 발튀스』를 참조할 것.

니다. 억압된 것은 필연적으로 회귀하며, 인간이 거주하는 종교적 담화의 체계를 교란시킬 것이기 때문이다. 이로부터 철학적 담화의 출현이 요청되는 사태가 발생한다. "종교가 주이상스에 투사하는 금지가 철학을 탄생시킨다"는 라깡의 말이 의미하는 바가 그것이다. 여기서 철학의 담화는 종교의 강박증적 담화와 구별되는 것으로 가정될 수 있다. 물론 여기서 말해지는 철학이란 고대 철학이다. 우주의 구조와 사물들의 존재를 탐사하는 것으로서의 철학적 담화. 그것은 종교의 담화처럼 명령과 금지의 문법을 통하지 않는다. 철학적 담화는 로고스적 문법을 갖는데, 그것은 기표가 논리적 의미화의 체계에 귀속되는 것을 가리킨다. 그런 의미에서 철학의 담화는 주이상스를 보다 합리적인 기표 연쇄의 체계 속으로 포섭하여 필터링할 수 있다. 철학이 명명하는 방식은 종교의 명명 방식과는 다르게 보다 환유적이라는 말이다. 그런 의미에서 철학은 지식의 영역에 보다 가깝다. 그렇다고 철학이 완전히 과학의 담화와 같다는 것은 아니다. 고대 철학은 스스로를 존재라고 말해지는 초월적 고정점에 연결시키는 방식으로 종교와 과학의 중간 지대를 차지한다. 그것은 종교의 완고한 초월성으로부터 거리를 두지만, 그렇다고 과학이 주장하는 기표와 사물의 일대일 대응 관계에 몰두하지도 않는다. 형이상학, 즉 méta-physique이라고 말해지는 유형의 담화 형태가 가진 어정쩡함이 그곳에서 발견되는 것도 그런 이유 때문이다. 만일 종교를 라깡적 의미에서의 주인 담화, 즉 S1이 지배하는 은유적 담화의 영토라고 할 수 있으며, 반면에 과학을 라깡적 의미에서의 S2가 유통되는 환유적 담화 지대라고 할 수 있다면, 논리를 추구하는 동시에 존재를 가정하는 고전 철학은 그 둘 사이에 위치한다는 것이다.

이처럼 종교와 고대 철학이 주이상스를 비켜가는 방어적 문법의 형식을 추구한다면, 시적 언어는 주이상스에 보다 근접한 문법을 발명해 낸다. 그것은 실재 자체의 속성인 빠져나감을 체현하는 문법의 실천이다. 시적 언어는 모든 문장들의 토대에 공백이 있음을 드러내는 비정확성의 문법, 비정서법을 갖고 있기 때문이다. 시는 그와 같은 방식으로 **언어를 타락**시킴으로써 **언어의 성사**에 도달한다. 그리하여 시적 언어는 언어의 대체가 불가능해지는 지점으로 우리를 데려간다. 이와 같은 대체 불가능성, 환유 불가능성의 장소에 도달하는 주체는 주이상스의 대체 불가능한 영역에 도달한 것이 된다.

　그곳에서 우리는 삶을 지배하는 관계의 질서들, 즉 상상계의 상호 반영적 거울 관계의 나르시시즘과 상징계의 좌표화하는 권력으로부터 빠져나갈 수 있다. 근친상간의 금지 또는 주이상스의 금지를 통해서 정립되는 쾌락원칙과 현실원칙은 관계의 원칙에 다름 아니다. 그것은 단지 친족관계의 복잡하지만 언제나 아버지를 중심으로 구성되는 보편적인 구도를 구축해 낼 뿐만 아니라 성별 관계 내에서 작동하는 모든 욕망의 수로와 유형들의 구조를 발명한다. 그것은 가족 로맨스를, 즉 가족이라는 허구적 공동체의 규율을 창조하고 동일한 부성-권력의 모델을 통해 국가라는 환상을 구축해 낸다. 우리의 삶의 모든 가능성은 그와 같은 상징계의 관계망 속에 사로잡힐 것이다. 심지어 그것은 존재에 관련된 존재론적 환상마저 초래한다. 금지와 억압은 대타자를 구성해 낼 뿐만 아니라 대타자의 뒤에서 그것을 보증해 주는 또 다른 대타자인 초월성의 환상을 만들어 낼 것이기 때문이다. 이에 관하여 시적 실천으로서의 정신분석은 그러한 관계망에 사로잡힌 주이상스의 가능성을 해방하려 한다. 실재에 접근하는 실천으로서의 정신분석 임상은 일상적 담화가 종속되어 있는 타자-담화의 지배로부터 빠져나가려 한다는 것이다. 우리는 그것을 주이상스에 관한 하나의 새로운 기교라고 부를 수도 있을 것이다. 앞서 말했듯이 우리의 삶을 지배하는 상징계적 관계의 질서가 그 너머에 존재의 환상을 강제하는 방식으로 대타자의 질서를 정당화하고 있었다면, 정신분석 임상의 기교는 그로부터 주이상스를 해방하는 데에 있기 때문이다. 달리 말하자면, 정신분석의 시적 실천은 상징계가 도달하는 한계의 지점에서 오직 동어반복의 무의미한 형식을 통해서만 표현되는 존재의 한계를 돌파한다. 라깡이 존재론을 가리키는 단어 ontologie에 동어반복을 가리키는 tautologie를 합성하여 신조어 ontotaulogie를 만들었던 이유가 여기에 있다. 대타자-상징계를 넘어서는 존재-대상을 가리키기 위해 사용되는 존재론의 담화란 담화 자체의 한계를 초월하는 것이므로, 그것은 필연적으로 동어반복이라는 한계점에 도달할 수밖에 없다. 그런 의미에서 존재론이란 동어반복이고, 그 너머의 주이상스로 나아가려면 그러한 동어반복만은 피해야 한다. 따라서 라깡이 제안하는 임상이란 주이상스로 나아가는 경로를 찾아내는 것이기보다는 발명해 내는 것에 가깝다.

이제부터 전개될 라깡의 세미나들은 바로 그러한 경로의 발명이며 루틴의 발명에 관련된 것이다. 존재하는 경로long-circuit의 상징계-루틴에 사로잡힌 우리의 욕망이 어떻게 단선court-circuit를 일으키는지에 대한 해명들. 그런 다음 그로부터 어떻게 새로운 경로가, 독자적인 차이의 루틴이 발명될 것인지에 관한 단서들이 제시될 것이다.

1번째 강의

과학이 아닌 실천으로서의 정신분석

주요 개념

- 권한의 문제
- 밑바닥, 희극적인……
- 재화의 거래
- 실천praxis으로서의 정신분석
- 증상의 상징화
- 과학의 탐구 또는 발견
- 발견의 정치학
- 해석
- 분석가의 욕망
- 과학의 공식과 개념
- 프로이트의 개념들
- 히스테리의 공백
- 프로이트의 특권적 욕망 또는 원죄

개요

라깡으로서는 특별할 수밖에 없었던 1964년 한 해의 세미나를 개시하는 강의에서 단연 돋보이는 개념은 '실천praxis'이다. 이를 통해 라깡은 정신분석이 과학도, 지식도, 그렇다고 종교도 아니라고 선언한다. 정신분석은 실천이며 그 이상도 이하도 아니다. 그렇다면 실천이란 무엇인가? 강의의 초반부는 이에 대한 본격적인 해명에 집중된다. 해명을 따라가는 우리는 그가 말하는 실천으로서의 정신분석이 소크라테스의 히스테리적 실천과 유사하다는 느낌을 받게 될 것이다. 라깡 역시 강의가 끝나고 질의응답이 진행되는 와중에 소크라테스를 언급하고 있다. 지식의 전파가 아니라 특수한 욕망의 전파로서의 철학을 정립했던 소크라테스는 여기서 프로이트와 비교되고 있다. 이와 같은 설명들을 통해서 라깡은 자신을 파문했던 정신분석협회의 지향점과 자신의 그것을 돌이킬 수 없는 방식으로 분리하고 있다. 이제 정신분석은 그것의 이론적 정립의 차원에서나 임상적 실천의 차원에서 모두 심리치료의 의료적 행위와 결별하게 되기 때문이다. 실천으로서의 정신분석은 주체의 욕망이 타자의 권력으로부터 벗어나 자신만의 특수한 문법을 창안해 내는 과정이며, 결코 증상의 해소 따위를 목표로 하지 않는다는 후기 라깡의 지향에 토대가 되는 이론들이 정초되고 있었던 것이다.

권한의 문제

새로운 장소에서 첫 번째 강의를 시작하는 라깡은 정신분석의 토대le fondement de la psychanalyse에 관해 규정해 보겠다고 말한다. 이를 위해서 그는 먼저 자격의 문제에 관한 논의로 나아간다. 정신분석의 토대라는 근본적인 주제를 규정할 수 있는 권한이 자신에게 있는가를 자문하는 것이다. 다음과 같이 말하면서.

"제가 어떻게 해서 이런 [이 주제에 대해 말할 수 있는] 권한을 부여받았는가? 하는 문제를 제기해 보는 것이 적절해 보이기 때문입니다."(11쪽)

국제정신분석협회IPA와 프랑스정신분석협회SFP 모두에게 파문당한 자신의 처지에서 과연 이러한 막중한 주제를 논하거나 가르치는 일이 타당한가를 문제 삼으며 시작하고 있다. 이에 대한 해명을 위해 그는 몇 가지 사례를 제시한다. 지난 10년간 정신분석에 관한 강의를 해왔다는 사실. 파문은 당했지만 프랑스 최고 교육기관인 고등실천연구원의 학장 페르낭 브로델에게 세미나 장소를 제공받았다는 사실. 이런 배경에는 저명한 인류학자이자 자신의 절친한 동료였던 끌로드 레비-스트로스의 전폭적 지원이 있었다는 사실. 고등사범학교 총장인 로베르 플라슬리에르 교수의 지원이 있었다는 사실. 프랑스 정신의학계의 거목인 앙리 에 교수가 이곳에서의 첫 강연에 참석하여 지지해 주고 있다는 사실. 이들을 하나하나 언급해 나가면서 라깡은 자신이 과연 정신분석의 토대에 관하여 언급할 자격이 있는지, 나아가서 정신분석학자로서의 경력을 이어 나갈 자격이 있는지를 묻고 있는 것이다. 일견 라깡은 프랑스 인문학계 전체의 지지를 거론하며 협회로부터 파문당한 자신에게 새로운 정당성을 부여하려는 것처럼 보인다. 그러나 이후 진행되는 강의의 내용은 지금 언급되는 세속적 지지가 결코 그에게 권한을 부여할 수 없다는 논의로 이어진다. 라깡에게 권한을 부여하는 것은 전혀 다른 것이기 때문이다. 이를 이해하기 위해 필자는 1970년 '파리프로이트학교Ecole freudienne de Paris'에서 발표된 라깡의 연설을 참조할 것을 제안한다.『Autre Ecrits』에 다시 수록된 이 연설문에는 다음과 같은 유명한 구절이 언급되어 있다.

"분석가는 오직 자기 자신에 의해서만 인증될 뿐입니다L'analyste ne s'autorise que de lui-même."

파문당한 이후 첫 번째 강의를 시작한 지 6년의 시간이 지난 시점에서 선언된 이 명제는 라깡의 생각을 선명하게 드러낸다. 10년간 세미나를 이어 오던 생탄 병원으로부터 쫓겨나 고등사범학교에 자리를 잡게 된 1964

년 1월 15일의 지금 라깡은 자신에게 권위를 부여해 주는 것이 자신을 지지해 주는 프랑스 지성계의 저명인사들이라고 생각하지는 않는 것이다. 그들을 언급했던 것은 그저 인사치레이며 새로운 시대의 시작을 위해 변죽을 울리는 것에 지나지 않았다. 왜냐하면, 분석가를 분석가일 수 있도록 해주는 것은 라깡이 "그 자신lui-même"이라고 미스터리하게 사용했던 용어일 뿐이기 때문이다. 자칫 오해를 불러올 수도 있는 이 표현에 대해서 자크-알랭 밀레는 1981년 11월 18일의 강의에서 분명히 설명하고 있다. 그는 이 표현이 그저 하나의 원칙un principe일 뿐이며, 어떤 일인칭 주체, 그러니까 한 개인에 의해서 사용될 수 있는 언표는 아니라고 말한다. 나아가서 밀레는 이 원칙이 **사회 전복적**subversion sociale이며, 국가권력에 대항하는 방향으로 나아갈 수밖에 없는 것이라고 말한다. 지금 파문당한 라깡이 여전히 분석가일 수 있으며 나아가서 분석가를 양성하는 세미나를 개최할 수 있도록 하는 권위는 그 어떤 사회적 권력 장치에 의존하지 않는다. 분석가가 되기 위해서 필요한 것은 국제정신분석협회나 프랑스정신분석협회의 권위가 아닐 뿐더러 지금 라깡을 지지해 주는 고등사범학교 인사들과 의학계 인사들도 아니라는 말이다. 정신분석의 토대에는 이미 반권위적이며 반-국가 장치적 특성이 내포되어 있기 때문이다.[1] 그 본질에 있어서 분석 실천이란 주체를 지배하는 아버지의-이름의 권력에 대항하는 행동이기 때문이다. 밀레가 사회 전복적이고 심지어 국가권력에 대항하는 특성을 정신분석이 가진다고 말했던 바의 의미는 그렇게 대타자의 권력에 대항한다는 정신분석 임상의 실천적 차원과 맞닿아 있다. 그런 의미에서 라깡은 지금 자신이 분석가일 수 있도록 하는 권위를 사회적 권력 장치의 토

---

1   프롤로그에 이미 언급했던 것처럼, 라깡의 정신분석이 처음부터 이와 같은 반권위주의를 지향했던 것은 아니다. 초기 라깡에게서는 오히려 대타자의 추상적 권위에 의존하여 내담자의 방황하는 욕망을 정지시켜 주려는 경향이 더 짙게 나타난다. 『세미나 11』은 라깡이 이와 같은 초기의 상징계 중심적 태도로부터 확연히 돌아서는 계기를 담고 있다.

포스가 아닌 다른 것에서 찾고 있다. 즉, 토포스의 외부 또는 타자에 대한 또 다른 타자의 장소가 그것이다. 만일 주체의 욕망을 생산해 내는 것이 타자의 권력이라면 분석가는 그러한 권력의 지배에 대해서 타자인 장소로부터 권한을 부여받는다는 것이다. 그것은 토포스에 대한 아토포스atopos의 장소라는 의미에서 타자의 타자이다. 이와 같은 이중의 타자가 가진 역설적 이름이 바로 그 자신lui-même인 것이다. 그러므로 이것은 일인칭의 발화자가 사용할 수 있는 용어, 즉 자아를 지칭하는 용어는 아니다. 만일 그랬다면 그것은 "우스꽝스런 자만, 거드름만을 표현할 뿐이다."[2] 그것은 오히려 비인칭적 대상으로서의 '그 자신'이다. 모든 권력 작용으로부터 빠져나가는 순간 그 자체로서의 그 자신. 우리는 이것을 사건적 균열로서의 '그 자신'이라고 불러볼 수도 있다. 타자의 욕망에 지배되는 내담자에게 탈주의 경험을 제공하는 정신분석가는 그 자신이 이미 빠져나감을 욕망하는 주체가 되어야 한다. 따라서 분석가의 '그 자신'은 모든 권위로부터 저항하는 순간의 시간과 공간성일 뿐이다. 그것은 자아로서의 나도 아니며, 그에 대한 사회적 권력 장치로서의 타자도 아니다. 그것은 오히려 모든 규정된 이미지에 대해서 타자의 타자 위치에, 절대적 타자의 위치에 서 있는 것, 즉 아토포스적 시공간이다. 이러한 타자가 주체의 장소에서 발생하면 우리는 그것을 증상적 '그 자신'이라 부를 수 있게 된다. 이것이야말로 분석가의 진정한 모습이다. 바로 그러한 순간의 경험만이 분석가를 분석가일 수 있도록 허가한다. 분석가를 인증autoriser하는 것은 유치한 자가-의례 auto-ri(uali)ser는 아닌 것이다.

그런 의미에서 라깡이 지금 강의하고 있는 이 장소, 고등사범학교의 강의실을 탐험이나 군사작전의 전초 기지의 의미를 갖는 "base"라는 용어로

---

2   자크-알랭 밀레, 1981년 11월 18일의 미출간 강의록.

언급한 것은 의미심장하다.

"이 모든 것은 제 강의의 '기지base', 장소적인 의미뿐 아니라 군사적인 의미에
서의 기지와 관련되어 있습니다." (13쪽)

세미나를 개시하고 있는 라깡은 지금 자신이 강의하고 있는 이곳이 파
문당한 자의 도피처가 아니라 투쟁의 장소가 되어야 한다고 암시하고 있
다. 그는 모든 종류의 권위에 대항하는 정신분석 임상 실천의 근본적 원칙
이 수행되는 기나긴 전투의 여정을 예감하고 있었던 것이라 할 수 있다. 이
강의에서 처음으로 라깡을 만난 이후 라깡주의 정신분석의 가장 충실한
전파자가 되는 자크-알랭 밀레는 다음과 같이 라깡을 회고한다. 파문당한
뒤 이곳에서 새롭게 세미나를 시작한 라깡은 강의의 한마디 한마디에 "자
신의 모든 것을 거는 듯 보였다"고[3]. 파문당한 직후 다시 회생할 것인지가
아직은 불투명하기만 했던 이 시기 라깡의 첫 세미나에는 그와 같은 비장
감이 감돌고 있었다.

밑바닥, 희극적인······

라깡이 프랑스정신분석협회SFP를 설립한 주동적 인물이었음에도 불구
하고, 바로 그 협회로부터 배제당하여 쫓겨났다는 사실에는 분명 희극적

---

3   자크-알랭 밀레, 1981년 11월 18일의 미출간 강의록.

인 요소가 있다. 국제정신분석협회IPA는 라깡을 제명하는 조건으로 프랑스정신분석협회를 공인해 주겠다고 제안했던 것이다. 이에 대하여 지난 2년여의 시간 동안 라깡의 배후에서 동료들과 제자들, 심지어 라깡에게 교육분석을 받고 있던 이들 중의 일부가 주동하여 라깡을 내쫓기 위한 공모를 시도했던 것이니까. 라깡은 바로 이러한 사실에 뭐라 말할 수 없이 우스꽝스런 요소가 있다고 평하고 있다. 바로 이러한 희극적인 요소야말로 진리가 자신을 드러내는 전형적 방식이라고 덧붙이면서 논의를 정신분석의 토대로 연결 짓는다. 토대라는 것은 밑바닥을 의미하며, 가장 아래쪽에서 우리가 발견할 수 있는 것은 치부라는 용어로 지시될 수 있다. 실제로 토대를 의미하는 프랑스어 fondement은 어원적으로 아래에 있는 것, '항문'을 의미한다. 그러한 치부가 드러나는 순간 주체가 반응하는 양태 중 하나가 바로 유머이다. 희극적인 태도. 그것은 정신분석에서 주체가 욕망의 진리에 접근하는 하나의 방식이다. 또한 그것은 참을 수 없이 불편한 진실을 견뎌 내는 방편이기도 하다. 왜냐하면 욕망에 관한 진리는 수치심의 외피로 둘러싸여 있기 때문이다. 다른 한편으로, 말장난을 기초로 작용하는 유머는 하나의 기표를 의식적 논리로부터 일탈시켜 보다 심층적 장소로 주체를 데려가는 작용을 할 수 있다. 바로 그러한 차원에서 희극적 요소는 진리와 관계 맺는다.

재화의 거래

사태의 희극적 특성을 설명하기 위해 라깡은 자신이 거래의 대상이 되었다는 사실을 언급한다. 동료와 제자들이 라깡 자신을 팔아서 국제정신분석협회의 인증을 사려고 시도했으며, 그와 같은 방식으로 대타자로부터 인정받기를 욕망했기 때문이다. 여기서 라깡은 자신이 상업적 교환의 대상, 일종의 재화le bien가 되었다고 스스로를 평한다. "정치는 언제나 거래로 이뤄집니다."(17쪽) 이것은 라깡 자신이 무엇을 어떻게 해볼 수 있는 주체가 아니라 하나의 단순한 거래 대상이 되는 순간을 의미한다. 그리고, "주체의 진실은 주체가 주인의 입장에 있을 때조차 주체 자신이 아니라 대상 속에, 본성상 베일 속에 감춰져 있는 대상 속에 있습니다"(17쪽)라고 강조한다. 바로 "이 대상을 불쑥 드러나게 하는 일이야말로 순수하게 희극적인 것의 기본"(17쪽)에 다름 아니라는 것이다. 그러한 방식으로 라깡 자신조차 인지하지 못했던 사태의 본질이 대상의 차원에서 불쑥 드러난다. 그 자신이 아주 우스꽝스러운 거래의 대상이 되면서. 필자는 이에 대해서 라깡이 1960년에 진행한『세미나 7』의 말미에 언급했던 리어왕의 사례를 함께 고려해 볼 것을 제안한다. 이 세미나에서 라깡은 비극적 서사의 영웅적 인물 안티고네의 형상을 제시한 바로 다음 장에서 그와는 전혀 달라 보이는 리어왕의 희극적 장면을 끌어들이고 있다. 정신분석에서 진리가 자신을 드러내는 방법은 비극보다는 희극에 더 가깝다는 말을 하려는 것이다. 이야기 속의 리어왕은 권력의 권좌에서는 아무것도 보지 못한다. 누가 자신을 가장 사랑하는 진실한 딸인지를 알아보지 못했던 리어왕. 물론 이에 앞서 라깡은 오이디푸스왕과 섭정자 크레온왕에 대해서도 같은 언급을 했었다. 권력의 자리에서 재화를 분배하는 임무를 수행하고 있었던 주체들은 진리의 행방을 결코 알지 못하기 때문이다. 이들 모두는 자신의 자리에서 쫓겨나거나 또는 리어왕처럼 자진해서 물러난 뒤에야 비로소 진실과 만난다. 달리 말해서, 자신들의 존재가 주체라는 환영적 위치가 아니라 거래의 대상, 재화의 위치로 전락한 뒤에야 비로소 진리를 알아보게 되는 것이다. 물론 여기서 재화라고 말해지는 것, 거래의 대상이라 간주되는 이것은 쾌락원칙의 대상들이다. 희극적 순간은 바로 이러한 쾌락원칙의 대상이 일상적 궤도에서 벗어나는 상황에서 등장한다. 하나의 재화, 프랑스어로는 bien이며, 영어로는 good으로 표기되는 이것. 프로이트가 욕망의 중핵에 위치한 **큰사물das Ding**과 구분하기 위해 언급했던 **산물die sache**과 등가를 이루는 그것은 쾌락원칙과 현실원칙의 지배로부터 일탈하는 순간 큰사물에 근접한 것이 된다. 다시 말해서 견딜 수 없는 이질성, 배제하고 밀어내야만 하는 흉물이 된다. 국제정신분석협회의 시선에서 본다면 라깡이 지난 2년간 점차로 접근하게 된 형상이 바로 이것이었다. 허용된 대상들의 안정적 순환을 교란시키는 사물. 쾌락원칙과 현실원칙의 방어적 세계에서 유통되는 산물들의 질서를 불편하게 만드는 존재로 변화해 갔던 라깡의 존재. 국제정신분석협회가 장악한 서구 프로이트주의자들의 항상성을, 자기 보존의 보수적 욕망에 다름 아닌 그것을 위협하는 죽음충동의 화신이 되어 갔던 자크 라깡이라는 큰사물. 라깡은 그러한 방식으로 자신을 리어왕과 오이디푸스왕의 자리에 위치시키고 있다. 비극 속의 희극적 요소들. 이러한 현상은 1964년 현재 라깡의 처지가 정신분석이라는 운동의 본질에 가장 가까이 진입하고 있다는 반증이기도 하다. 왜냐하면, 하나의 지식 또는 과학으로서의 정신분석이 가능한 것인지를 묻는 질문—프로이트의 모든 제자들이, 그 제자들의 제자들이 애써 외면하려 했던 이 질문의 해답에 라깡이 도달하고 있기 때문이다. 만일 정신분석 임상이 내담자의 무의식을 아버지의 권력으로부터 자유롭게 하는 데에 있는 것이라면, 어째서 정신분석은 그와 같은 목표를 위해 또 다른 지식의 아버지를 끌어들이려고 하는가—에 대한 질문 말이다. 프로이트의 정신분석을 또 하나의 과학으로 만들려는 시도는, 타자-지식의 표면에 출현하는 균열의 현상으로 파악되는 무의식을 다시 봉합하려는 시도에 다름 아니지 않은가? 프로이트가 했던 일이란, 19세기 정신의학과 심리학이 히스테리증자의 무의식을 실증과학의 권력으로 봉합하려 했던 시도에 대한 항의로부터 시작된 것이지 않았던가? 그런데 어째서 국제정신분석학회는, 하르트만과 안나 프로이트 등은 무의식의 가능성을 현실 담론의 고정관념으로 폐쇄하려 하는

가? 제아무리 정교한 과학의 담화라 해도 어쨌든 또 하나의 고정관념에 불과할 뿐인 언어의 광기로 주체의 변화 가능성을 차단하려 하는가? 어째서 주체의 욕망이 타자-지식-권력의 손아귀에 사로잡히는 것을 방관하려는가?

이와 같은 질문들에 대한 답을 구하기 위해 우리는 라깡이 진정으로 정신분석을 무엇이라 생각하는지에 대해 보다 진전된 고찰을 이어 나갈 필요가 있다. 그 첫 번째 답은 '실천'이란 개념에서 찾아질 것이다.

실천praxis으로서의 정신분석

라깡은 질문한다.

"실천이란 무엇일까요? 이 용어는 정신분석에서 부적절하다고 간주되고 있지만 저는 그렇게 생각하지 않습니다."(19쪽)

이 시점의 라깡에게 실천이란 용어는 정신분석을 규정하는 유일한 개념이다. 이를 설명하기 위해 라깡은 우선 실천의 일반 규정이 무엇인지를 말한다. 그것은 "상징적인 것을 통해 실재적인 것을 다룰 수 있도록 인간에 의해 의도된 행동[⋯⋯]"(19쪽)이다. 여기서 실재라고 표현된 것이 가리키는 것은 '있는 그대로'의 사물이다. 규정되지 않은 대상 또는 세계. 그것에는 아직 어떤 질서도 없고 따라서 형태도 없다. 그런 의미에서 실재란 형식의 부재이며 알아볼 수 없는 대상 또는 비-대상이다. 프로이트의 용어를 빌리자면, 욕망의 차원에서 실재라 할 수 있는 것은 충동이며, 그것의 다형성polymorphie이다. 여기서 충동이 다형적이라는 말은 그것에 어떤 성별도, 어떤 선험적 유형도 존재하지 않는 파편적 특성을 가리킨다. 실재는 그렇게 질서의 부재라는 의미에서 **'공백'**이다. 실천이란 바로 이것을 상징적인 것으로 '다루는' 행위이다. 상징적인 것을 강제함으로써 실재를 하나의 유형화된 현상으로 만들어 내는 행위가 실천이라는 말이다. 만일 실천에 대한 규정이 이와 같다면 사실상 그것은 인간 문명이 행하는 거의 모든 행위와 관련된다. 문명이라는 것 자체가 자연에 인간적 틀을 강제하는 것이며, 그로부터 산출되는 결과물들을 향유하는 행동이지 않은가? 여기서 인간적 틀이라고 말해지는 것은 고유하게 언어적인 것이다. 인간 문명이란 언어-이데올로기-문법의 권력을 통해 자연을, 사태를, 사건들을 번역해 내는 절차에 다름 아니다. 라깡 역시 이에 대해서 "이러한 정의는 아주 멀리까지 확대될 수 있다"고 말한다. 그렇다면 이와 같은 규정을 좁혀서 "충분히 한정되어 있고 명시 가능한 실천의 지점들로" 논의를 이끌어 갈 수 있어야 한다. 그러나 라깡은 이에 대한 부연 설명 없이 바로 다음의 논제인 과학과 종교의 주제로 넘어가려 한다. 이에 대해 필자는 잠시 멈추어 볼 것을 제안한다. 과학이 무엇인지, 그리고 종교가 무엇인지에 관하여 고찰하기 전에 실천으로서의 정신분석이 무엇인지 좀 더 해명해 보도록 하자.

증상의 상징화

정신분석 임상이란 증상을 다루는 기술이라는 점에는 이론의 여지가 없다. 내담자는 그것이 무엇이 됐든 자신의 증상으로 인해 분석가를 찾는다. 분석가를 찾지 않는다면 정신과 의사를 찾는다. 그도 아니라면 선생님을 찾고, 멘토를 찾고, 선배나 그에 준하는 존경할 만한 누군가를 찾는다. 때로는 목사님이나 신부님을 찾고, 스님이나 이맘을 찾기도 한다. 보다 흔하게는 점쟁이나 무당을 찾는 일도 있다. 어쨌거나 증상으로 고통받는 주체는 자신을 찾아온 불청객을 쫓아내기 위해 누군가의 도움을 구한다. 이유를 알 수 없는 마비 증세나 실어증. 복통이나 두통. 우울증과 불면증. 대인기피증이나 공포증. 광장공포와 폐쇄공포. 공황장애와 충동조절장애. 집중력 결핍과 과잉행동 장애. 조울증을 비롯하여 기타 등등 현대 심리학과 정신의학이 명찰을 달아 놓은 수도 없이 다양한 증상들의 특징이란 실재의 속성을 가졌다는 사실이다. 증상들은 주체의 질서를 교란시키는 미지의 사태이다. 이것이 미지인 이유는 주체의 지식이 그것을 알아볼 수 없기 때문이다. 왜 그런 일이 나에게 일어났는지 알 수 없는 상황의 발생. 이 순간의 주체에게 증상은 실재의 방문이다. 프로이트의 정신분석 이론은 증상 출현의 원인에 대해 억압의 실패를 가정했었다. 억압이란 쾌락원칙과 현실원칙으로 충동에 둑을 쌓는 것을 말하는데, 이것이 무너지거나 또는 균열을 갖게 되어 그 사이로 충동이 흘러넘치듯 초과하는 사태가 바로 증상이다. 사정이 그러하다면 이에 대해서 우리는 "실재를 다루는 상징"이라는 실천의 규정을 충동과 그를 억압하는 쾌락-현실원칙의 차원에도 적용시킬 수 있게 된다. 이미 우리의 무의식은 우리 자신의 실재라고 할 수 있는 충동을 억압하여 다루기 위해 상징적인 것으로서의 쾌락-현실원칙의 틀을 강제한다는 말이다. 그러나 억압은 자주 실패하고, 그리하여 등장하는 것이 증상이라면 실재는 완전히 상징화되지 못한 것이 된다. 프로이트의 정신분석 임상은 이렇게 출현한 증상을 다시 상징화하기 위해 정신분석 실천을 구성해 냈다. 물론 프로이트 이전에도, 그리고 이후에도 정신분석이 아닌 다른 수많은 영역에서 이 같은 재-상징화의 실천들이 존재했다. 그럼에도 프로이트가 자신의 '적합성'을 주장할 수 있었던 이유는 실재 또는 증상인 그것이 무의식적인 특성을 가졌다는 사실로부터 시작했기 때문이다. 증상이 출현하는 것은 의식의 차원이 파악할 수 없는 경로를 통해서이고, 그렇게 출현한 증상에 대응하는 의식의 반응은 모순으로 가득 차 있게 된다. 이것을 '주체의 분열'이라고 부른다. 그런 이유로 무의식적 경로를 통해 출현하는 증상에 대응하기 위해 정립된 수많은 의료적 실천들은 언제나 너무 늦거나 빠르게, 빗나간 대응으로 일관할 뿐이다. 무의식의 시간과 의식적 시간의 근본적 이질성을 주목한 사람은 오로지 프로이트뿐이다. 그러나 프로이트 역시 근본적 해결책을 제시할 수는 없었다. 왜냐하면 그가 생각했던 심리 치료 역시 실재를 상징화하는 데 외부의 힘을 끌어들이고 있기 때문이다. 여기서 외부라고 말해지는 것은 분석가의 지식이다. 그것은 타자의 지식이며, 내담자에게는 외부의 힘이다. 그런데 증상이 출현했던 기원적 이유 역시 내담자의 충동을 억압하는 외부의 상징계적 지식의 실패였다는 사실에 주목해 보자. 어린아이가 거세의 형태로 수용한 아버지의 법과 규범은 주체의 입장에서는 이질적인 언어의 도입이라고 할 수 있다. 내담자의 심리가 흔들리며 증상을 경험하는 이유는 바로 이러한 이질적 언어-권력에 신체가 저항했기 때문이다. 사정이 그러하다면, 신체를 억압하려 했던 타자-언어의 실패를 또 다른 타자의 언어로 봉합하는 것이 올바른 방법인가? 프롤로그에서 언급한 것처럼 초기 라깡은 이 지점에서 망설이고 있었다. 그러나 『세미나 11』의 시점에서 그는 자신의 태도를 분명히 하는 듯 보인다. 타자의 언어인 분석가의 지식을 내담자에게 제공하지 않으려는 태도가 그것이다. 그런 의미에서 라깡이 말하는 실천으로서의 정신분석은 실재를 다루는 새로운 상징계를 분석가가 아닌 내담자의 위치에서 발명해 내는 행위이다. 그것은 향유를 위한 새로운 언어 또는 새로운 문법의 창안을 위해 내담자가 자신의 욕망에 관한 실재와 대면하고 그것을 스스로 다룰 수 있게 되는 사태를 가리킨다.

과학의 탐구 또는 발견

실천이 실재를 상징계로 다루는 행위라고 언급한 직후 라깡은 정신분석이 과학과 종교 둘 중 어느 쪽에 속하는지, 또는 그들과는 전혀 다른 것인지에 대해 질문한다. 이에 대해서 우리는 프로이트와 그 후속 세대들이 정신분석을 과학화하기 위해 총력을 기울여 왔다는 사실을 염두에 둘 필요가 있다. 여기서 말해지는 과학이란 객관성과 보편성의 권위를 획득한 지식의 체계라고 이해될 수 있다. 프로이트 학파의 분석가들이 정신분석에 이와 같은 과학의 위상을 부여하기 위해 노력했다는 사실은 그리 이상한 일도 아니다. 그런데, 이에 대해서 라깡은 기이한 언급을 한다.

"무엇보다 한 가지 오해를 피하고 싶습니다. 정신분석은 어쨌든 하나의 탐구 recherche라고 말할 사람도 있을 겁니다. 그러나 밝혀 두건대 저는 탐구라는 말을 신뢰하지 않습니다. 특히 근래 들어 탐구라는 말을 거의 모든 것의 잣대로 쓰고 있는 것처럼 보이는 당국자들에게 이를 분명히 말하고 싶습니다. 개인적으로 저는 한 번도 저 자신이 탐구자라고 생각해 본 적이 없습니다. 언젠가 주변 사람들에게 큰 논란거리가 되었던 피카소의 말처럼 "저는 찾지 않습니다. 저는 발견합니다. 게다가 소위 과학적 탐구의 장에는 누구나 인정할 수 있는 두 개의 영역, 즉 탐구의 영역과 발견의 영역이 있습니다."(20쪽)

여기서 "저는 찾지 않습니다. 저는 발견합니다"라고 말한 문장에 주목해 보자. '찾다'라는 단어는 인용의 두 번째 문장 "정신분석은 어쨌든 하나의 탐구라고 말할 사람도 있을 겁니다"에서 말해진 '탐구'와 같은 프랑스어, 즉 rechercher라는 단어에 대응하는 번역어이다. 이 용어는 탐구하거나 찾아다닌다는 의미를 갖는데, 영어에서의 리서치reserch에 대응한다. 우리가 흔히 과학의 실천에 관하여 언급할 때 과학자를 탐구하는 자로, 찾아 나서고 연구하는 자로 간주하는 것은 상식에 속한다. 그런데 라깡은 정신분석이 탐구가 아니라고 선언하고 있다. 그는 자신이 탐구하거나 찾지 않고 발견한다고 말하고 있다. 여기서 발견이라는 용어는 프랑스어 trouver이다. 영어의 find에 대응하는 단어인데, 그렇다면 rechercher와 trouver 사이에는 어떤 차이가 있는가? 라깡에 의해 언급된 피카소는 어떤 의미로 "찾지 않고 발견하는 자"의 위치에 자신을 규정하고 있었는가? 라깡이 피카소의 이 문장을 인용했던 것은 이번이 처음이 아니다. 『세미나 7』에서 동일한 방식으로 인용한 일이 있기 때문이다[4]. 그 당시의 언급과 지금 『세미나 11』에서의 언급에는 변함없는 라깡의 반과학적 신념이 표현되고 있는데 그것은 다음과 같다. 탐구의 관점에서 과학이란 설정된 하나의 체계적 지식-규준을 통해 사물들의 세계를 분절하고 분류하는 행위이다. 탐사한다는 것은, 찾아 나선다는 것은, 탐사자 자신이 이미 하나의 틀을 가지고 있다는 사실을 의미한다. 찾아 나서는 자는 자신이 무엇을 어떻게 찾아야 할지 이미 알고 있는 자이다. "[네가] 나를 찾으려 할 수" 있으려면 나는 너에게 이미 발견된 존재여야 한다는 것(21쪽). 찾는다는 행위에는 그렇게 이미 발견했다―가 항상 배후에 있어야 한다. 엄밀한 의미에서 그것은 찾는 행위이기보다는, 배후에 도사린 하나의 지식을 적용하는 지루한 노동이다. 물론 여기서 이미 발견된 것, 그리하여 이미 정립된 지식의 권력은 은폐되어 있다. 그것은 "망각에 속한 무언가의 낙인이 찍혀 있다." 그래서 찾는 자는 자신이 이미 타자의 지식-틀에 온전히 포획되어 있으며, 사실에 있어서는 찾는 것이 아니라 타자의 지식을 반복하는 것에 불과하다는 것을 알지 못하는 것이다.

---

4   라깡 『세미나 7』 또는 『라깡의 인간학: 세미나 7 강해』 참조.

발견의 정치학

이것이 바로 "자족적인 무한정한 탐구"의 구조이다. 일차적 의미에서 과학의 탐구란 이러한 행동을 의미한다. 이미 성립된 지식의 체계와 그것의 적용. 아직 온전히 정립되지 못했다면, 서둘러 상징계의 체계를 정립한 뒤에 실재를 분절하러 나서는 태도. 이것이 탐구의 과학이며, 찾는 자의 정치학이다. 이것이 정치학인 이유는, 세계를 분절하여 이해하고 실재를 포획하러 나서는 주체의 뒤에 이미 건설된 지식의 권력이 작동하는 측면 때문이다. 피카소가 이 말을 했던 이유는, 바로 이러한 탐사의 정치적 차원을 미학적 현실에 그대로 적용하고 있었기 때문이었다. 그것은 "나는 이미 알려진 미의 기준으로 사물들의 감각을 포획하지 않겠다"라는 선언과도 같다. 그 대신 피카소가 했던 일은 전적으로 새로운 어떤 것을 "발견"하는 일이다. 그런데, 이와 같은 발견은 사전 지식 없이 그저 발견된다는 의미에서 우연적인 것이기도 하며, 달리 생각하면 발명되는 것이기도 했다. 왜냐하면, 전적으로 새로운 것이란 찾아지는 것이 아니라 창조되어야 하는 것이기 때문이다. 따라서 찾지 않고 발견한다―라는 표현은 아름다움에 관한 타자의 지식이 정지되는 기능장애의 지점을 발견한다는 의미로 해석될 수도 있다. 그것은 균열점을 주목하는 태도이고, 지식-권력이 몰락하는 지점으로 몸을 던지는 행위와 같다. 우리가 흔히 창조라고 부르는 행위가 무에서 유를, 없음에서 새로운 양태의 있음을 만들어 내는 것이라고 한다면, 피카소가 우선 먼저 발견해 내려 한 것은 없음, 즉 공백 또는 균열이다. 그런데 라깡은 지금 정신분석 역시 동일한 실천이라고 말하고 있다. 정신분석은 이미 정립된 과학-지식의 체계에 근거하여 무의식의 다양한 현상들을 판단하거나 해석하는 행위가 아니라는 것이다. 그보다는, 정신분석은 창조의 행위에 가깝다는 것이다. 정신분석 역시 없음에서 새로운 양태의 있음을 창조해 내는데, 여기서의 없음은 증상 또는 실재이다. 왜냐하면 증상이란 타자의 언어에 의해 통제된 미끈한 신체의 표면에 출현하는 균열 또는 공백의 유령이기 때문이다. 정신분석은 이것을 찾아내어 주목[5]하고 그로부터 새로운 욕망-구조의 창조가 가능한지를 타진한다. 바로 그런 의미에서 정신분석은 과학이 아니다. 라깡은 프로이트의 제자들이 그토록 원했던 과학의 위상을 이와 같이 단번에 비판하고 있는 것이다. 우리 자신의 욕망이란 실재인데, 이것이 타자의 언어에 의해 사로잡히는 것을 결코 용납할 수 없다. 비록 그것이 분석가의 머릿속에 차곡차곡 쌓인 뛰어난 정신분석의 지식일지라도, 주체의 욕망을 그것의 먹이가 되도록 방치할 수는 없다. 주체는 자신의 욕망에 관한 담론을, 문법을 제 스스로 발명해 내야만 한다.

물론, 과학이 언제나 타자의 지식으로 실재를 포획하는 고리타분한 정리자의 역할만 하는 것은 아니다. 라깡이 위에서 언급했듯이 과학적 탐구의 장에는 "두 개의 영역, 즉 탐구의 영역과 발견의 영역이 있다." 여기서 발견의 영역이란 피카소의 영역과 동일한 구조를 갖는다. 그것은 새로운 과학 언어의 발명이고, 그것을 통해 낡은 과학의 언어를 몰락으로 이끄는 창조적 과정이다. 사실에 있어서 모든 과학은 바로 이러한 과정을 통해 탄생했다. 중세 과학을 몰락으로 이끌었던 갈릴레이의 과학 담화. 뉴턴의 세계관을 몰락으로 이끌었던 아인슈타인의 새로운 문법. 기타 등등, 이처럼 과학 역시 하나의 지배적 담화 내부에 존재하는 공백에 주목하고 그로부

---

5   "공백의 유령에 주목한다"라는 필자의 표현은 결국 증상을 구성해 낸다—라는 의미에 다름 아니다. 여기서 증상이란 이미 출현한 것일 수도 있고, 분석 과정에서 사후적으로 구성되는 것일 수도 있다. 대표적인 사후적 증상의 구성에는 과거사의 "말해지지 않는 모호함의 출현"과 같은 것이 있다. 언어화 또는 상징화에 저항하는 것은 신체의 실질적 증상뿐만 아니라 기억의 영역에서도 출현하기 때문이다. 개인사의 어떤 특정 사건이나 시기가 기억되지 않거나 오해되는 형식으로 무의식에 잔존하는 기억을 드러내고 그것의 말할 수 없음과 대면하도록 만드는 것 역시 공백의 유령에 주목하는 정신분석의 기법에 포함된다.

터 새로운 문법을 구성해 내는 방식으로 낡은 상징계를 폐기하는 단절의 연속이라고 볼 수 있다. 그러나 이러한 순간들은 극히 드물다. 그렇기 때문에 과학자들은 대부분의 시간을 발견이 아닌 탐사로 보내게 되는 것이다. 그러나 정신분석에서는 오직 발견만이 허용되어야 한다. 매번의 상담 분석에서의 내담자는 언제나 자신의 무의식에 대해서, 증상에 대해서 주체의 위치에 서야 하기 때문이다. 그는 자신의 증상의 이름을 스스로 발명해 내야 하는 주체성의 윤리를 받아들여야 한다.

해석

정신분석 실천이 여타 과학 담화와 구분되어야 하는 또 하나의 이유는 해석의 문제에 있다. 과학에서 말하는 해석, 또는 여타 인간 과학에서 요구되는 해석은 하나의 증상에 대하여 이미 알려진 지식의 권력을 실행하는 것이라고 할 수 있다. 쉽게 말해서, 누군가 대중들 앞에서 증상적 고통을 느낀다면 심리학과 정신의학은 그것을 공황장애나 광장공포라는 지식의 틀로 포획하려 할 것이다. 내담자가 꾼 꿈에 대해서 프로이트적 이론을 통해 그것을 해석하려는 분석가의 태도 역시 이에 해당한다. 그러나 라깡이 생각하는 정신분석의 해석은 그와 같은 백과사전적 지식의 전개가 아니다. 라깡이 생각하는 정신분석의 해석이란 새로운 언어의 발명이다. 내담자가 자신의 증상을 해석할 새로운 언어의 발견. 새로운 애도의 발명. 그런 의미에서 이것은 해석이기보다는 **시적 행위**이다. 심리적 사태를 존재하는 타자의 언어로 설명하는 것이 아니라, 새로운 언어 용법의 창조를 통해 사태의 본질 자체를 변화시키는 실천. 사태를 사건으로 만드는 실천. 바로 그런 이유 때문에 라깡 학파의 정신분석가는 자신의 지식과 규범에 근거해서 내담자의 상태를 판단하거나 그가 꾼 꿈의 내용을 해석하지 않는다. 해석은 전적으로 내담자 자신의 몫으로 남겨진다. 물론, 내담자 역시 타자의 지식에 온전히 지배받고 있을 것이기에 분석의 초기에는 판에 박힌 해석과 자기 설명을 이어나갈 수 있다. 분석가는 이러한 소외된 해석의 타자성으로부터 내담자를 일탈하도록 유도하는 임무를 맡는다. 그런 방식으로 일종의 "자기 서사의 소진" 절차가 진행되어야 한다.

분석가의 욕망

정신분석의 위상과 과학을 구분하려는 라깡은 연금술의 이미지를 도입하고 있다. 그에 따르면 과학과 연금술 사이의 결정적 차이는 실험을 주관하는 실행자 또는 조작자의 욕망에서 발견된다. 연금술에서는 "조작자의 영혼이 지닌 순수성이야말로 그 자체로, 그리고 그 이름에 걸맞게 사태의 본질적 요소"(23쪽)이다. 반면 과학에서는 누구도 과학자의 영혼이나 욕망의 상태에 관하여 문제시하지 않는다. 과학은 객관성의 영역이고, 그러한 실천 속에서 과학적 경험을 수행하는 과학자의 모습에는 주관적 욕망이 배제되어 있다. 과학자에게서는 초과하는 욕망이나 죽음충동 또는 주이상스와 같은 사태를 발견할 수 없고, 발견되어서도 안 되는 것처럼 간주된다. 그러나 연금술에서는 다르다. 연금술사는 1+1=2라는 식의 논리적 결과를 도출하지 않기 때문이다. 연금술사는 가능성의 영역으로부터 불가능성의 영역으로 도약하는 초과적 욕망에 사로잡혀 있다. 그에게서 1+1은 7 또는 8이 될 수 있다. 1+1=2라는 현실을 보장하는 패러다임의 지배로부터 빠져나가야만 불가능성의 실현에 도달할 수 있기 때문이다. 그런 의미에서 연금술의 욕망이란 상징계의 유한성으로부터 무한성으로의 이탈이며 초과이다. 현실을 지배하는 조건으로서의 질서가 파열되는 지점을 욕망하는 것, 이것이 라깡이 말하는 "조작자의 영혼이 지니는 순수성"이다. 그것은 텅 빈 순수성이며, 균열로 향하는 리비도이고, 죽음충동이며, 존재하는 모든 질서에 대한 타나토스이다. 이것을 우리는 **대학 담화와 분석 담화의 대립**으로 비교해 볼 수도 있다. 대학 담화란 존재하는 지식 S2로 난포착적인 대상 a를, 실재를 사로잡아 포획하는 것이다. 여기서는 욕망이랄 것이 없다. 초과하는 주이상스로서의 a를 평정하는 지식의 권력만 있을 뿐이다. 그러나 분석 담화에서 분석가는 자신을 대상 a로, 즉 초과하는 욕망의 형상으로 제시한다. 언어로 사로잡히지 않는 형상. 그리하여 내담자의 소외된 욕망을, $를 표기된 그것을 흔들어 새로운 언어를, 그것의 시작이 되는 주인 기표 S1을 발명해 내도록 강제하는, 촉구하는 분석가의 모습이 제시되고 있다. 그런 의미에서이다. 라깡이 지금 과학 담화와 구별되는 것으로서 연금술의 욕망을 언급했던 것은. 연금술은 정신분석에서 분석가의 욕망과 동일한 구조를 가진 것이기 때문이다. 특히 정신분석가를 양성하기 위해 실행되는 교육분석에서는 분석가의 욕망 개념이 더욱 중요하게 강조된다. 분석가가 되기 위해서는 그에 걸맞은 특수한 욕망의 유형에 도달해야 하기 때문이다.[6]

---

6 이에 덧붙여야 하는 연대기적 첨언은 다음과 같다. 분석가의 욕망에 관한 라깡의 이러한 태도가 초기부터 있어 왔던 것은 아니라는 사실. 분석가의 욕망이 죽음을, 공백을, 균열을 욕망하는 것으로서 처음 집중적으로 등장하는 것은 1960년대의 세미나에서이다. 그러나 이전의 라깡, 특히 1953년으로부터 이후 3, 4년간 이어지는 초기 라깡에게서의 분석가는 욕망이 없는 형상이다. 분석가는 대타자의 매개자로서 거의 추상적인 모습이다. 이 시기의 라깡 이론에서 욕망이란 상상계의 지배를 받는 것이고, 이것에 사로잡히는 것을 증상적 사태로 파악했다. 분석가는 이와 같은 상상계적 욕망(a-a')에 사로잡힌 내담자를 상징계의 영역으로, 추상적이며 객관적인 영역으로 이끌고 나와야 하는(S-A) 것처럼 보였다. 상상계적 우상에 사로잡힌 유대인들에게 십계명을 가져오는 모세와 같은 형상. 여기서의 분석가는 아무 것도 욕망하지 않는 텅 빈 모습이다. 그러나 1959년 이후 분석가는 아무것도nothing 욕망하지 않는 모습에서 아무것nothing을, 즉 néant-무이며 죽음인 그것을 강렬히 욕망하는 모습으로 바뀌게 된다. 특히 『세미나 7』에서 그러한 이론이 심화된다.

이에 대해 라깡은 다음과 같이 말하고 있다.

"잘 아시겠지만 이러한 지적은 부차적인 게 아닙니다. 정신분석이라는 연금술에서 분식가의 현존과 관련해 이와 비슷한 주장을 하면서, 아마도 우리의 교육분석이 추구하는게 그런 것이 아니냐는, 더군다나 제가 최근 강의들에서 온갖 방법을 동원해 그리고 극히 공개적인 방식으로, 분석가의 욕망이란 어떤 것인가라는 물음으로 저 핵심적인 지점을 겨냥해 이야기한 것도 똑같은 것이 아니냐는 주장이 나올 법도 하니 말입니다."(23-24쪽)

두 번째 문장에 주목해 보자. 라깡은 분명히 정신분석을 연금술Grand œuvre이라고 표현하고 있다. 여기서 사용된 Grand œuvre라는 용어를 문자 그대로만 직역하자면 커다란 또는 거대하거나 위대하다는 의미의 형용사인 grand에 작품이나 작업의 결과를 가리키는 œuvre가 접목된 형태라는 것을 알 수 있다. 한마디로, 대단하고 어려운 작업을 말하는 것인데, 이것을 보다 라깡적 용법의 한계 안으로 가져와 해석한다면 다음의 의미에 연결될 수도 있다. 즉, 정신분석은 작은 사물들이 아니라 큰사물을 다루는 작업이라는 것이다. 여기서 작은 사물은 초기 라깡이 상상계적 타자의 개념으로 사용했던 a일 수도 있으며, 이후 『세미나 7』에서 법에 의해 거세된 사물로서의 산물을 가리키는 sache로 가정할 수도 있다. 이에 반하여 큰사물 대상은 프로이트의 초기 논문에 등장하는 das Ding이다. 그러니까 연금술이라는 용어를 통해 라깡이 암시하고자 하는 것은 큰사물 즉 das Ding을 다루는 작업, 죽음충동을 다루는 작업으로서의 정신분석이다. 대타자의 팔루스에 의해 이미 조율되어 거세된 산물들을 다루는 작업이 아니라 주이상스를 다루는 작업이 정신분석 임상이라는 말이다.

과학의 공식과 개념

이어지는 논의 속에서 라깡은 공식이라는 표현을 사용한다. 흔히 과학이 자신의 객관성과 확실성을 보장받기 위해 공식화에 의존하는 것을 염두에 둔 언급이다. 나아가서 라깡 자신이 정신분석을 mathème, 즉 수식 또는 대수학의 형식으로 공식화하는 것과 과학의 그것을 비교하기 위한 언급이기도 하다. 예를 들어 과학의 공식화에서 대표적인 것으로 $e=mc^2$을 들 수 있다. 일단 한 번 이렇게 표기되어 공식이 증명되고 나면 에너지와 중량 그리고 속도의 관계는 단일한 하나의 패러다임 내부로 폐쇄된다. 그것은 하나의 틀을 형성한다. 에너지와 중량과 속도의 관계가 달리 해석될 가능성, 즉 실재는 닫히고 만다. 물론 이와 같은 뛰어난 공식화의 결과로 우주는 선명한 일관성 속에서 자신을 드러낼 수 있다. 그러나 이러한 드러남은 일시적이며 일면적이다. 그것은 우주를 이해하는 하나의 뛰어난 방법인 동시에 우주의 다른 측면에 눈을 감는 선택이기도 하다. 그런데, 라깡 자신의 수식에서는 언제나 변형 가능성이 존재한다. 그것은 개방형의 구조인 것이다. 심지어 라깡의 수식은 스스로를 위반하는 속성을 내재하고 있다. 하나의 수식이 해석되는 방식이 시간에 따라 변화해 가는 개방성을 라깡이 적극 장려하고 있기 때문이다. 그런 의미에서 라깡 정신분석이 산출해 내는 공식화는 대상을 하나의 틀로 사로잡기 위한 목적을 갖기보다는 대상의 공백을, 난포착성을 그 자체로 사유하기 위한 목적을 갖는다고 말하는 것이 정확하다. 이것이 과학의 공식화와 라깡의 공식화가 가진 근본적 차이다. 또한 이것이 일반 과학을 종교와 같은 것으로 만드는 동시에, 라깡의 정신분석을 그와 구별되는 실천의 구조로 이끄는 특성이기도 하다. 여기서 말해지는 종교는 프로이트가 이미 규정한 대로 강박증적 특성을 갖는 것이다. 이에 따르면 종교는 대타자의 욕망과의 조우를 끝없이 연기하는 구조로, 즉 공백의 출현을 봉합하려는 구조로 되어 있다. 종교에서 말해지는 신은 난포착성 그 자체인데, 종교의 다양한 제례 의식들은 신의 이러한 특성을 오히려 은폐한다. 고등 종교의 다양한 절차들은 신과의 만남을 중개한다는 알리바이 속에서 신과의 직접적 대면을 연기시키는 장치에 불과하다는 것이다. 진리로서, 실재로서의 신은 그 자체로 불안의 대상이기 때문이다. 그리고 과학 역시 공식화와 논리화의 작업 속에서 실재로서의 자연 자체와의 만남을 연기하고 있는 것이라면 과학에서도 종교적 강박증의 특성이 발견된다고 말할 수 있다. 텍스트의 질서에 대한 맹신을 통해 오히려 실재와의 만남을 불가능하게 만드는 구조가 둘 사이에 교차하고 있는 것이다.

프로이트의 개념들

프로이트의 정신분석 발명과 전수의 과정에서도 같은 현상이 발생하고 있었다. 프로이트는 정신분석의 새로운 개념들을 발명했다. 이들이 새로운 것은, 이전의 인간에 관한 과학을 몰락시키고도 남을 파괴력을 가졌기 때문이다. 프로이트의 개념들은 19세기 말까지의 인간학을 지배하던 낡은 지식의 평면에 거대한 균열을 발생시켰던 것이다. 그런 의미에서 프로이트의 정신분석은 기존 관념들의 평면에 구멍을 뚫는 효과를 가진 개념들이었다. 죽음충동에 사로잡힌 개념들. 사유를 공백으로 이끄는 개념들. 주체에 관련된 모든 환영적 지식을 일소하는 역능의 개념들이었다. 그러나 이러한 개념들 자체의 역능은 그것을 지식화하는 과정에서 퇴색된다. 물론 발명된 개념들이 보존될 수 있도록 하는 가장 쉽고 전통적인 길이란 그것을 지식으로, 과학의 수준으로 통합하는 것이다. 일관성을 가진 담론으로 구성해 내는 것이다. 그리고 이것이 바로 프로이트의 제자들이 했던 일이다. 그러나 앞서 설명한 그대로 이러한 행위는 개념들을 실재에 대한 일종의 완충장치와 같은 것으로 만든다. 실재에로 우리를 데려가는 대신 차단하면서, 그것이 애초에 추구했던 죽음충동의 역능을 소멸시킨다. "프로이트가 분석 경험을 구조화하기 위해 제안한 용어들을 마치 종교처럼 고수되는"(25쪽) 것으로 만드는 행위. 프로이트 자신이 결코 허용하지 않았던 개념들의 총체화의 실수를 그의 제자들이 저지르고 있다는 것이다. 그리하여 **'대학 담화'**의 수준으로 정리되는 프로이트의 개념들은 이제 더 이상 실재를 보존할 역능을 상실한다. 그것은 실재를 다루어 억압할 뿐 보존할수는 없게 되었다. 프로이트가 이전의 과학들을 파괴하는 방식으로 출현시켰던 거대한 공백은 이제 지식의 한계 저 멀리 망각의 지대로 물러나 버렸다. 바로 이것이 정신분석을 과학으로 만들면서 프로이트의 제자들이 저질렀던 가장 반-프로이트적인 행위였던 것이다. 프로이트가 열어젖힌 균열을 다시 닫아 버리는 행위. 정신분석의 개념들이 가진 운동성을 정지시키는 행위. 정신분석의 이데올로기화. 이것을 추종하는 페니헬과 같은 정신분석학자들에게는 하나의 증상을 소멸시키는 것이 문제시될 뿐, 증상 자체가 가진 역능을 보존하는 것은 관심 밖의 일이다. 이들에게는 말을 하지 못하게 된 한 소녀를 '실어증'이라는 하나의 이름으로 진단하여 설명하는 것만이, 즉 증상을 하나의 이미 알려진 지식으로 포획하는 것만이 관심사라는 것이다. 그러나 라깡은 진정한 프로디언이라면 "그녀가 말하게 하는 것을 더 중요하게 생각"할 것이라고 강조한다. 여기서 그녀는 말을 못하는 환자가 아니라, 바로 히스테리적 증상 자체이다. 다시 말해서 실어증이란 말을 하지 못하는 것이 아니라 공백이 발음되는 사태인 것이고, 그와 같은 공백이 자신의 언어를 발명해 내도록 유도하는 것이 진정한 정신분석이기 때문이다. 실어증이란 타자의 언어로 말하지 않으려는 주이상스의 표현인 것이고, 그런 의미에서 이것을 다시 타자의 언어로 명명하는 것은 실어증의 형태로 출현하는 균열을 봉합하는 것에 지나지 않는다. 그래서

"핵심은 '그녀가 말하게' 하는 것이며, 이러한 효과는 "변별적 특질을 참조하는 것과는 전혀 무관한 유형의 어떤 개입으로부터 비롯되기 때문"이다 (26쪽). 공백이 말하게 하려면 구분하고 분류하는 지식에 대한 참조가 아니라 분석가의 욕망이 개입되어야 한다는 말이다. 분석이란 증상을 제거하는 것이 아니라 증상이 자신의 고유한 언어로 말하도록 개입하는 것에 다름 아니라는 이러한 표현은 프로이트의 개념들에 대해서도 동일하게 적용된다. 다시 강조하건대 프로이트의 개념들이란 이미 증상적인 특성을 가진 것이기 때문이다. 그 개념들은 자신을 둘러싼 기존의 지식 체계에 균열을 도입하고 공백을 전파하며, 다른 모든 혁명적 개념이 그러하듯이 아버지의 언어를 침묵에 굴복하도록 만드는 특성을 가진다. 고정관념의 수다스런 발화를 입 닫게 만드는 개념들. 그와 같은 개념들을 분류하여 지식화했던 페니힐 같은 학자는 프로이트를 종교화하는 방식으로 이미 설명된 이론, 이미 스스로가 고정관념의 권력이 되기를 자처하는 이론, 그리하여 관념들의 창조적 운동을 소외된 죽음의 장소에 고정시키는 반-프로이트적 이론으로 만드는 결과를 초래했다는 것이 라깡의 판단이다.

히스테리의 공백

　프로이트의 개념에 대한 자신의 태도를 암시하면서 라깡은 히스테리의 발화 구조를 언급한다. 히스테리의 욕망이란 발화의 운동 자체를 통해 구성되는 것이다. 그리고, 앞서 언급된 히스테리적 증상으로서의 실어증이란 말을 하지 않는 형식을 통해 자신의 욕망을 표현하고 있는 것으로 간주된다. 말을 하지 않는 것 역시 하나의 발화 유형이라고 한다면 여기서 실어증자는 공백을 발음하고 있다. 사실상 히스테리적 증상은 모두 그와 같은 구조를 가진다. 히스테리성 마비 증세는 공백을 감각하는 것이고, 히스테리성 시각장애는 공백을 보는 것이고, 히스테리성 거식증은 공백을 먹는 것이다. 그 외에도 다양한 히스테리성 증상이 구체적 대상을 감각하거나 보거나 먹는 것처럼 보여도, 그것은 질서의 공백이라는 배경 속에서 카오스의 형태로 대상에 리비도를 투여하고 있다는 의미에서 리얼리티를, 즉 현실을 대상으로 하지 않는다. 히스테리증자의 리비도는 현실réalité이 아닌 실재réel를 대상으로 한다. 프로이트가 자신의 정신분석 개념을 발명해 낸 것은 바로 이러한 공백의 출현에 화답하는 방식이었지 공백을 반대하여 그것을 봉합하는 방식이 아니었다는 사실이 중요하다. 프로이트는 "바로 이 [히스테리증자라는] 입구를 통해 사실상 욕망과 언어의 관계라고 할 수 있는 것 속으로 들어가 무의식의 메커니즘을 발견"(27쪽)했던 것이다. 그러니까 프로이트가 발견한 무의식이란 현실 담화가 정지되는 지점의 균열 그 자체이다. 만일 히스테리증자의 욕망이 "자신의 욕망을 충족되지 않는 욕망으로 제시하는 것"이라면, 그것에 고유한 구조는 현실의 평면에 공백을 도입하는 것이라고 볼 수 있다. 히스테리증자는 바로 이 공백을 보존하려 한다. 이를 위해 그녀는 "충족되지 않은 욕망"이라는 특수한 유형의 사태를 구성해 낸다. 프로이트는 바로 이 공백의 발화에 귀를 기울인 최초의 의사였다. 히스테리적 발화의 문법이 드러내는 공백을 볼 줄 알았던 프로이트. 그는 어떻게 이것에 주목할 수 있었고, 그것을 통해 무의식으로 접근할 수 있었던 것일까? 이에 대해서 라깡은 그것이 어떤 원죄, 즉 정신분석 운동의 기원의 자리에 있는 죄악과 관련된다고 설명하고 있다.

프로이트의 특권적 욕망 또는 원죄

만일 정신분석이 과학이 아니라 오히려 연금술에 가까운 욕망의 구조를 갖는다면, 이미 설명한 대로 분석가 자신의 욕망이 문제시된다. 그런데 최초의 분석가라 할 수 있는 프로이트 자신의 욕망에 관해서는 이야기된 적이 없다. "즉 프로이트 속의 어떤 것이 전혀 분석되지 않았다는 것." 라깡은 바로 그것이 정신분석 운동의 기원적 사건이자 원죄라고 암시하고 있는 것이다. 잠시 후 진행된 질의응답의 말미에 라깡은 문득 소크라테스를 언급하며 다음과 같이 비유한다.

"소크라테스가 자신은 욕망에 관한 것 말고는 아무것도 아는 게 없다고 말했을 때, 이 말에는 주체의 지위와 관련된 어떤 핵심적인 주제가 담겨져 있었습니다."(29쪽)

소크라테스가 아테네의 젊은이들에게 철학을 설파하기 위해 지식을 전달한 것이 아니라 특수한 욕망의 유형을 전수했다는 사실에 주목해 보자. 라깡이 위대한 히스테리적 욕망의 주체라고 말했던 소크라테스는 아테네의 지식 체계에 공백을 도입한 사람이다. 철학이란 지식의 정립이 아니라 지배적 담론에 균열을 내는 실천, 고정관념의 권력을 타락으로, 몰락으로 이끄는 정치적 행위라는 사실을 처음으로 알게 했던 최초의 철학자 소크라테스[7]. 그리하여 공권력으로부터 사형당한 최초의 철학자라는 철학적

---

[7] 소크라테스의 히스테리적 욕망에 관한 분석은 백상현, 『나는 악령의 목소리를 듣는다: 소크라테스, 철학적 욕망의 기원에 관하여』 참조.

원죄의 명성을 갖게 된 소크라테스를 염두에 둔다면, 지금 라깡이 프로이트를 소크라테스에 빗대어 말하고 있다는 사실을 짐작할 수 있다. 그러한 방식으로 프로이트의 원죄가 그 자신의 욕망이며, 그것은 공백을 탐닉하는 히스테리적 욕망이었다는 것이 명백해 진다. 프로이트가 히스테리증자의 욕망에 드러난 공백에 화답할 수 있었던 이유는, 그 자신 역시 소유한 공백을 통해서라는 말이다. 그리고, 라깡 자신 역시 바로 이 공백, 히스테리적 역능의 욕망을 소유했다. 자신을 프로이트주의자라고 끊임없이 주장했던 라깡이 가리키려 했던 지점이 바로 여기다. 그는 소크라테스의 제자들이 그러했듯이, 프로이트로부터 지식을 전수받은 것이 아니라 히스테리적 욕망을, 공백에 대한 탐닉을, 죽음충동을 양도받았던 것이다. 그런 의미에서 라깡이 국제정신분석협회와 프랑스정신분석협회로부터 동시에 제명당하게 된 것은 소크라테스의 운명을 떠올리게 한다. 프로이트의 죽음충동을 원죄의 형태로 보존하려 했고, 그것을 다시 제자들에게 전수하려 했던 라깡의 세미나는 권력의 관점에 볼 때 지식의 체계를 위협하는 위험한 행위이다. 그것은 오직 하나여야만 하는 아버지의 이름에 대항하는 행위에 다름 아니다. 정신분석에서 아버지의 이름이란 "프로이트"를 말한다. 그런데 라깡이 이 이름을 대하는 태도는 그것에 영원한 이데아의 자리를 부여하는 것이 아니라 그것을 공백의 이름으로 규정하는 방식이다. 라깡의 태도에 따르자면 그것은 자신을 살해하라고 말하는 기이한 아버지의 이름이고, 그리하여 새로운 프로이트를 발명해 내라고 촉구하는 자기 파괴적 이름이다. 그것은 아버지의 이름이 하나가 아니라 여러 개일 수도 있다고 말하는 모순된 아버지이다. 라깡이 소크라테스처럼, 그러나 이번에는 아테네가 아니라 정신분석협회라는 권력 장치로부터 파문당했던 시점이 바로 이것을 주제로 세미나를 시작하려던 순간이었다는 사실은 의미심장하다. 그래서 라깡은 다음과 같이 말하고 있는 것이다.

"묘한 우연의 일치이긴 하지만 제가 세미나를 그만둬야 할 처지가 된 것은 정확히 제가 이런 생각을 하고 있던 무렵이었습니다. 제가 아버지의–이름들 Noms-du-Père에 대해 말하려 했던 것은 사실 다름 아니라 오로지 기원을 문제 삼기 위해서였습니다."(28쪽)

여기서 그가 문제 삼으려 했던 기원에는 의미가 아니라 공백이 있다. 프로이트라는 이름을 채우는 것은 의미화가 아니라 공백이어야 하기 때문이다.

라깡은 프로이트의 원죄를 알아보고 그것을 계승하여 짊어진, 유일하게 충분히 타락한 정신분석가가 된다. 프로이트의 욕망이 가진 악마적 특권을 알아볼 수 있었던 유일한 제자로서의 라깡이 여기에 있다. 그러한 방식으로 라깡이 바라보는 프로이트의 이름은 공백에 달라붙은 유령의 문자이다. 그것은 끊임없이 공백의 장소로 라깡을 데려가는 이름이다. 현존하는 지식의 안전한 영토의 밤을 떠도는 유령으로서의 문자들. 그 저주가 시작된 원죄의 장소를 지적하고, 그것의 가치를 다시 확인하는 것으로부터 라깡은 분석을 바로 세우려 한다. 다음과 같이 말하면서.

"분석을 바로 세우려면 이러한 기원으로 거슬러 올라가는 것이 필수적입니다."(28쪽)

이날의 강의를 마치며 라깡은 정신분석의 기원으로 거슬러 오르기 위해 프로이트의 근본 개념인 '무의식', '반복', '전이', '충동'이 다루어질 것이라

예고한다. 제시된 4개의 기표를 전혀 다른 방식으로 사용하는 기술을 보여
주고자 한다.

무의식의 재발명

주요 개념(차례)

개요

무의식의 위상에 관하여 본격적으로 언급하는 강의가 시작되고 있다. 특히 여기서 라깡은 "무의식이 언어와 같이 구조화된 것"이라는 기존의 입장으로부터 탈피하여 새로운 규정을 도입하려 한다. 무의식은 언어-장치가 아니라, 그러한 장치의 내부를 떠다니는 공백의 유령이라는 것이다. 이제 무의식은 균열이고, 간극이고, 포착 불가능한 실재이다. 물론 이와 같은 무의식=간극의 개념적 구도는 무의식이 언어-장치라는 가정을 전제해야만 한다. 표면에 벌어진 간극과 균열은 그것이 자리할 평면을 요청하기 때문이다. 그럼에도 간극으로서의 무의식이라는 새로운 규정이 파생시키는 효과는 만만치 않다. 특히 임상에서 무의식을 간극으로 다루는 것은 중대한 의미를 갖는다. 만일 무의식이 간극이라면, 간극의 효과인 증상을 보존해야 한다는 치료의 방향성이 더욱 선명해지기 때문이다. 증상은 무의식으로 통하는 지름길일 뿐만 아니라, 무의식의 일부분이 된다. 그런 의미에서 증상을 제거하는 것은 무의식을 폐쇄하는 것과 다름이 없다. 이를 강조하는 라깡은 상징계의 우위를 추구하던 과거의 관점으로부터 실재의 우위로 나아가는 중요한 결단의 순간을 보여 주고 있다. 이제 언표 가능한 고전주의적 대상의 세계로부터 언표 불가능한 (낭만주의적이 아닌) 실재에로 임상의 방향이 선회하고 있는 것이다.

참고로, 라깡은 강의 도입부에서 루이 아라공의 시 「엘자에 미친 남자」의 "대위 선율"이라는 시를 낭독한다. 시관 충동pulsion scopique의 대상을 암시하기 위해 이 시를 잠시 낭독했던 것인데, 낭독 후 이에 대한 별다른 설명 없이 곧바로 다음 내용으로 넘어가 버린다. 라깡이 실제로 이 시를 분석하는 것은 왜상을 다루는 7번째 강의에서이다. 필자 역시 라깡을 따라서 이 시에 대한 논평을 7강에서 다루고자 하며, 이번 강해에서는 따로 언급하지 않겠다.

'무의식'이라는 개념

'무의식'과 '반복' 그리고 '주체', '실재'라는 단어를 칠판에 표기한 뒤 라
깡은 말하고 있다.

```
무의식 ⋯▸?
반복 ⋯▸?
        주체 — 실재
```

"저는 칠판에 '무의식'과 '반복' 다음에 두 개의 작은 화살표를 그려 놓고 그 뒤
에 물음표를 달아 놓았습니다. 이는 개념에 대한 우리의 관념 속에는 개념이란
항상 미적분에 의해 형식화되는 것과 무관하진 않은 어떤 접근법을 통해 확립

된다는 생각이 함축되어 있다는 것을 뜻합니다."(36쪽)

'무의식'이라는 용어는 프로이트에 의해 개념화되었다. 물론 프로이트 이전에도 같은 용어로 심리의 심층적 차원을 표현하거나 낭만주의적 환상을 상상하는 사람들이 없지 않았다. 그러나 프로이트는 새롭게 구조화된 이론적 틀로서 '무의식'이라는 단어를 새롭게 규정하고 그것이 가리키는 대상을 구체화시켰다. 이에 대해 라깡은 다음과 같이 논평한다.

"프로이트적 의미에서의 무의식은 무의식이라는 이름으로 이전부터 지칭되었거나 그 당시에 탄생한, 혹은 당시에 여전히 회자되고 있던 다양한 형태들과는 아무런 관련이 없습니다. [……] 프로이트적 무의식은 결코 상상력이 빚어낸 낭만주의적 무의식이 아닙니다."(42-43쪽)

지금 라깡은 칠판에 '무의식'이라는 기표가 하나의 물음표(?)를 향해 화살표 방향으로 나아가는 형상을 그렸다. 그리고 이에 대해서 '미적분에 의한 형식화'라는 표현을 쓰고 있다. 이를 통해 라깡은 하나의 기표가 그것의 대상이 되는 어떤 실재에, 물음표로서만 표지되는 미지의 대상에 접근하는 것이 곧 개념의 형성이라고 말하고 있는 듯하다. 이것이 미적분적 형식화인 이유는 개념이 결코 그 대상에, 즉 사물 그 자체에 도달하지 못하는 마지막 간극을 개념의 일부로서 포함하고 있을 것이기 때문이다. 프로이트 평생의 이론적 연구는 바로 이것, 개념과 실재 사이의 가능한 일치에 도달하려는 노력이었다고 가정해 볼 수도 있다. 그러나 이러한 방식의 접근은 오해의 시작이다. 하나의 개념이 도달하고자 하는 대상으로서의 실재는 개념에 앞서 먼저 존재하는 것이 아니기 때문이다. 오히려 그 반대라고 해야 한다. 하나의 개념이 등장하면, 그것이 정교화되는 방식으로 실재가 구성되며 구체화된다. 그리하여 출현했던 것이 **프로이트 판본의 무의식**[1]이라는 현상이다. 무의식이란 다른 모든 실재의 사태들이 그러한 것처럼 사유에 대해 선험적으로 존재하는 대상이 아닌 것이다. 그것은 그것을 규정하는 언어의 개념적 기능에 의해 형성되고 파악된다. '억압'이나 '부인' 그리고 이들을 작동시키는 '쾌락원칙'이나 '현실원칙'이라는 프로이트적 개념틀과의 연계가 없다면 무의식의 모호한 영역은 새로운 이론적 위상 속에서 프로이트가 가정했던 방식으로 출현할 수는 없었을 것이다. 나아가서 자유연상[2]이라는 새로운 문법의 도입이 없었다면 그에 상응하는 무의식의 구성 역시 불가능했다. 이를 보충하기 위해 자크-알랭 밀레의 1981년 강의록을 참조해 보자. 거기서 밀레는 라깡이 정신분석을 이론이 아닌 실천으로 간주하는 한 **무의식에는 이론이 존재하지 않는다**는 사실을 확인한 것에 다름 아니라고 말하고 있다. 선험적 존재로서의 무의식이 있다거나 그에 상응하는 절대적 개념이 존재하지 않는다는 것이다. 그런 의미에서 "무의식은 언어와 같이 구조화되어 있다"라는 라깡의 명제는 무의식이 어떠한 문법의 언어에 의해 포획되느냐에 따라서 그 성격을 달리할 수 있다는 사실을 가리키는 것으로 재해석될 수 있다. 여기서 밀레는 다음과 같이 말하고 있다. "언어와 같이 구조화된 무의식이란 엄밀하게 분석 실천에 관련하는 것으로서의 무의식입니다."[3] 이로부터 우리는 **분석의 끝**을 달리 규

---

1   필자가 지금 '프로이트 판본의 무의식'이라고 말하는 것의 고유한 새로움은 그것의 정치성이다. 타자의 언어에 저항하는 부분에 주목하고 그것에 귀를 기울이는 프로이트적 태도가 가진 급진성이 그의 정치적 새로움을 구성한다.

2   자유연상의 의미 역시 정치적이다. 그것은 타자-언어-권력의 지배를 빠져나가기 위한 느슨함의 문법을 취함으로써 타자의 지배로부터 무의식을 해방한다는 의미를 갖기 때문이다.

3   자크-알랭 밀레, 1981년 미출간 강의록.

정하는 결론에 도달할 수도 있다. 만일 주체의 무의식이 타자의 언어에 의해 이미 구조화된 것이라면, 분석 실천은 이것을 위반하는 언어의 도입을 통해 무의식의 재구조화에 도전하는 행위라고 말이다. 덧붙여서, 이러한 새로운 언어 도입의 주체는 분석가의 지식이나 이론이 아니라 내담자, 즉 분석 주체 스스로의 행위에 의한 것, 즉 그 자신lui-même에 의해 도입될 도래할 기표들이어야 한다. 라깡이 칠판에 주체와 실재가 대응하는 것으로 표기한 이유도 여기에 있다. 주체는 규정된 의미의 자아도 아니며, 통일된 의식의 성숙한 체계도 아니다. 주체는 분열된 것으로서의 무의식-의식의 양면적 대상도 아니다. 주체는 그 둘 사이, 즉 분열 그 자체이며 균열 그 자체이다. 그리하여 타자의 언어가 정지되는 순간, 즉 새로움이 출현할 수 있는 무한성의 사건 그 자체인 것이다. 이러한 논점은 주체를 심지어 '나'의 쪽이 아니라 '대상'의 쪽에서 파악되는 것으로 간주하게 만든다. 주체는 '나'를 구성한다고는 하지만 그럼에도 사실에 있어서는 타자의 권력에 속하는 의미화의 잉여물에 불과한 상상계적 영역이 아니다. 주체는 나르시시즘적 산물에 불과한 자아의 영역이 아니라 오히려 그것을 흔드는 이질적 대상에 속한다. 그것은 모든 현상에 대해 궁극의 타자라는 의미에서 타자의 타자인 증상의 영역이다. 라깡이 『세미나 7』에서 큰사물이라는 이름으로 불렀던 타자의 타자, 그리고 이제 『세미나 11』에서는 큰사물의 보다 일상적 판본인 대상 a라 부르는, 실재의 영역에 다름 아닌 그것에 속하는 사건이 곧 주체이다.

그런 의미에서이다. 라깡이 "개념의 완전한 실현은 오직 도약, 즉 극한으로의 이행을 통해서만 가능합니다"(36쪽)라고 말하는 것은. 개념이 새로운 상황을 출현시킬 수 있으려면 우선 그 용어를 사로잡고 있는 기존의 의미화-체계 또는 상징계로부터 실재의 방향으로 도약해야 한다. 그렇지 않다면 하나의 개념은 하나의 실재를 새롭게 출현시키는 대신 기존의 관념들의 체계로 재흡수될 뿐이다. 만일 프로이트의 '무의식'이라는 개념이 이전의 용어 체계와는 구별되는 전혀 새로운 사태를 출현시킨 것이라면, 그 개념은 이미 이전 개념들과의 연대를 파기하고 그로부터 실재에로 도약한 개념에 다름 아니다. 이는 또한 하나의 개념이 "극한으로의 이행"을 실행한 것으로 간주될 수 있다. 말할 수 있는 영역의 한계점에 도달한 개념. 그리하여 말할 수 없는 영역의 시작점에 위치한 개념. 그리하여 실재의 한가운데서 새로운 라깡적 방향성/진로orientation lacanienne[4]의 의미화를 가능하도록 만들었던 개념의 발명이 그것이다. 같은 논점을 주체의 범주에도 적용시킬 수 있다. 실재에 대응하는 주체라는 개념은 바로 이와 같이 극한으로의 이행을 위한 도약이 가능한 사건적 균열의 순간을 통해 주체를 다시 파악하는 태도에 다름 아니다. 그것은 선택의 순간인 동시에 망설이는 주이상스의 순간이다. 흔들림의 공간인 동시에 급격한 쏠림의 경사각이기도 하다. 다시 돌아올 것인가, 아니면 도약할 것인가의 기로에서 어느 한쪽으로 무너지듯 기울어 버리는 경사각의 사건이 그곳에 있다.

라깡의 주체 이론

이제까지의 논의로부터 우리는 하나의 강력한 주체-이론이 출현하고 있음을 간과할 수 없다. 지금 라깡은 주체를 하나의 기표 체계로부터 다른 하나의 기표 체계에로 도약하는 사건적 운동으로 간주하려는 것이다. 여기서 주체란 자신이 사로잡힌 개념의 체계로부터 다른 하나의 개념 체계

---

4   라깡적 방향성 또는 라깡주의의 진로라고 번역될 수 있는 L'orientation lacanienne은 자크-알랭 밀레가 수년간 지속해 온 강의명이기도 하다.

로 도약하는 운동 그 자체이다(그리고 다른 하나의 개념이란 기존 개념의 관점에서는 두 번째 죽음, 죽음충동의 표지에 다름 아니다). 이러한 도약을 위해 주체는 상징계의 한계점으로, 즉 극한으로의 이행을 추구한다. 오직 이와 같은 운동 속에서만 주체는 극한 너머의 비-장소(아토포스)에서 새로운 장소(토포스)의 가능성을 실험할 수 있다. 그곳에 던져진 새로운 기표-개념은 주인 기표(S1)의 형식으로 자신의 주변에 새로운 지식의 기표(S2)들을 구성해내기 시작할 것이기 때문이다. 물론, 이와 같은 절차 속에서는 우리가 흔히 말하는 실체로서의 주체를 찾을 수 없다. 의식적 통일성 따위는 존재하지 않는다. 단지 그것은 우리를 찾아온 하나의 새로운 증상적 기표에 흔들리는 과정 속에서 발생하는 사건적 경험에 불과하기 때문이다. 라깡이 주체의 위치가 주체가 아닌 대상 쪽에 있다고 강조하는 바의 의미가 바로 이것이다. 주체의 사건은 내가 나라고 생각하는 환영적 통일 의식의 위치에서 발생하지 않을 것이다. 사실에 있어서 그것은 타자의 지식에 사로잡힌 환영적 '나' 또는 '자아의식'일 뿐이니까. 그보다는, 주체성의 절차란 외부의 대상 쪽에서 출발하여 나라는 환영적 자아를 찾아오는 사건이다. 그것이 바로 정신분석이 주목하는 증상의 방문이다. 증상의 방문은 주체성의 사건에 핵심적인 절차인 것이다. 이러한 논변은 아감벤이 해석하는 사도 바울의 「로마서」의 한 구절을 떠올리게 한다.[5] 바울이 말하듯, 소명klesis 받은 자는 "마치 ~이 아닌 듯hos-me"의 삶을 살아야 하는 것이라면, 여기서 말해지는 그리스도적 주체성이란 "마치 ~인 듯"의 세계에 대립하여 빠져나가는 절차 그 이상도 이하도 아니기 때문이다. "마치 ~인 듯"의 세계는 타자의 세계이다. 중세 신학을 따라서 디디-위베르만이 언명하듯이 그것은 신과 닮지 않은 세계, 즉 비유사성dissemblance의 세계이다[6]. 우리의 삶을 마치

---

5   조르조 아감벤, 『남겨진 시간: 로마인들에게 보내는 편지』, 강승훈 옮긴, 코나투스, 2008.

6   George Didi-Huberman, *Fra Angelico: Dissemblance et figuration*, Flammarion, 2009.

~인 듯 살아가도록 만드는 타자의 권력은 가상적 세계의 틀이다. 이것을 깨달은 자라면 그곳에서의 삶에서 진정한 주체성이란 어디에도 존재하지 않는다는 부정적 진리에 도달하게 된다. 그리하여 "마치 ~이 아닌 듯"이라는 부정적 실천의 언명이 요청된다. 마치 이것이 나인 듯, 마치 이것이 세계인 듯, 마치 이러한 삶이 전부인 듯 세상을 살아갈 수 있었던 것은 실재의 형태로 보존된 진리를 억압하고 부인하는 쾌락원칙과 현실원칙의 보호 때문이었다. 그러나 증상은 이와 같은 보호막을, 완충장치를 뚫고 우리를 찾아온다. 그리하여 우리는 이제까지의 내가, 나 자신의 자아가 허상에 불과한 것, 마치 ~인 듯의 가상적 삶이었다는 느낌을 갖게 되는 것이다. 이것이 바로 사도 바울이 말하는 소명의 첫 번째 단계가 아니라면 무엇이겠는가? 그리하여 삶을 부정하는 태도가 오히려 삶의 가장 진실한 태도가 된다. 삶을 위협하고, 삶을 흔들고, 삶을 무가치한 것으로 만드는 증상들, 우울증과 공포증이, 거식증과 불안증이, 기면증과 불면증이 오히려 진리의 전령이 된다. 그리하여 삶의 안정을 약속했던 좌표들로부터 추락하는 주체의 순간을 주목하고, 그로부터 극한으로의 이행을, 그 다음의 도약을 돕고자 하는 것이 바로 정신분석 임상의 주요한 절차라고 한다면, 여기서의 주체 이론은 증상을 따르는 여정의 모습을 한다. 행복한 가정과 안정된 직장의, 아이들의 사랑을 꿈꾸던 어느 주부에게 찾아온 우울증과 불면의 밤들. 실망과 죄책감의 아침들. 가장 소중한 사람에 대한 뜻밖의 구토증들. 증오와 연민의 고통들. 그와 같은 흔들림으로부터 오히려 그녀는 그녀 자신이 진정으로 누구일 수 있는지에 대한 가장 진실한 질문 앞에 던져질 것이다. 도약, 극한으로의 이행, 이런 절차를 스스로 할 수는 없을 테니까. 그래서 증상이 온다는 것이다. 라깡이 지금 간단히 지나가는 말투로 언급하는 주체 이론의 단초들은 그렇게 급진적인 형태로 정리될 수 있다. 주체란 없으며, 없다고 생각하는 한 결코 도래하지 않을 것이라는. 그럼에도 주체는 증상의 형식으로 도래하여 우리에게 자신의 가능성을 강요하게 될 것

이므로. 정신분석은 바로 그러한 없음을 "없음이 있다"—라는 언명의 방식으로, 공백의 존재를 선언하는 방식으로 주체의 이론을 재구성하고 있다는 말이다.

같은 구조가 무의식이라는 현실을 새롭게 구성해 내는 차원에서, 즉 개념의 극한으로의 이행과 도약의 구도 속에서 그려지고 있었고, 그런 의미에서 프로이트의 성과는 실재의 영역으로 도약하여 표지된 개념이 실재를 새롭게 구조화된 언어 장치 내부로 끌어들이고 그것이 안정화될 수 있도록, 즉 하나의 지식이 될 수 있도록 그것을 "한정된 양의 형태로"(36쪽) 완성해 내었던 것이라 할 수 있었다.

언어와 같이 구조화된 무의식

"무의식은 언어와 같이 구조화되어 있다"—라는 무의식에 대한 규정은 이미 초기 라깡으로부터 시작된다. 그 최초의 명시적 언급은 1955-1956년에 진행된 『세미나 3: 정신병』에서이다. 여기서 라깡은 다음과 같이 말하고 있다. "프로이트를 번역하면서, 우리는 무의식이란 언어langage라고 말하게 됩니다."[7] 정신병을 다루는 이 세미나에서 라깡은 무의식이란 일종의 외국어와 같다고 말한다. 프로이트는 무의식의 언어를 마치 번역해야만 하는 외국어처럼 취급하고 있었다는 것이다. 여기서 실질적인 주체가 위치하는 장소는 이처럼 외국어로 자신을 표현하는 무의식의 영역이다. 그

---

7   1955년 11월 16일의 세미나, "Traduisant Freud, nous disons—l'inconscient, c'est un langage."

러나 의식의 영역에 있는 자아는 이 같은 무의식의 언어에 무지하다. 자신의 무의식이 발화하는 언어를 외국어와 같이 느낄 뿐이다. 이로부터 주체의 분열이라는 개념이 도출된다. 이에 대해 라깡은 레비-스트로스가 '야생의 사고pensée sauvage'라는 제목을 붙여 탐색했던 장을 통해 설명을 이어 나가겠다고 말한다. 라깡이 자신의 학문적 동지로 간주하는 레비-스트로스를 언급한 것은 이번이 처음은 아니다. 특히 1959-1960년에 진행된 『세미나 7: 정신분석의 윤리』에서 라깡은 단어 하나를 바꾸어 다음과 같은 개념으로 언급했는데, 그것은 '야생의 도덕l'éthique sauvage'이라는 용어다. '야생의 사고'와 '야생의 도덕' 모두 무의식의 사고를 가리킨다. 둘 모두 주체의 의식적 활동 이전에 타자의 세계로부터 유입되어 각인되는 방식으로 작동하는 언어 장치와 그 효과를 가리킨다. 그리고 이 둘은 같은 것을 지시하는데, 여기서 말해지는 언어란 현실원칙의 지배를 받는 것으로, 단순한 언어체계를 가리키기보다는 아버지의-이름을 중심으로 구성되는 억압의 언어체계이기 때문이다. 즉, 하나의 기표가 자유롭게 주체를 재현해 주는 것이 아니라 언제나 다른 하나의 중심적 기표에 데려가 검열을 받는 형식으로만 주체의 욕망을 재현한다는 의미에서 그러하다. "기표란, 주체를 다른 하나의 기표에게 재현하는 것Le signifiant, c'est ce qui représente le sujet pour un autre signifiant"[8]이라는 라깡의 명제가 의미하는 바가 그것이다. 따라서 '야생의 사고'와 '야생의 도덕'은 같은 것을 가리킨다. 그것은 언어와 같이 구조화된 무의식이 의식의 주체에 선재하는 방식으로 스스로를 작동시키는 같은 사태를 가리키는 두 가지 다른 표현인 것이다. 이로부터 라깡의 다음과 같은 설명이 연결될 수 있다.

---

8   "프로이트적 무의식에서의 주체의 전복과 욕망의 변증법Subversion du sujet et dialectique du désir dans l'inconscient freudien"이라는 제목으로 1960년 르와요몽Royaumont에서 개최된 국제철학회에서 발표된 논문이다. 이후 『에크리』에 실린다. Jacques Lacan, *Ecrits*, ed. du Seuil, 1966, Paris. p. 819.

"모든 경험 이전에, 모든 개별적 연역 이전에, 심지어는 사회적 욕구로 귀결될 수 있는 집단적 경험들이 새겨지기 이전에 무언가가 이 장을 조직하고 그것의 최초의 역선들을 그어 놓습니다."(37쪽)

인간의 실질적 경험 이전에 하나의 언어적 구조가 틀을 만든다는 것이다. 그 틀은 인간의 개인적 경험들과 그것을 관통하는 개별적 흐름을 생산하는 무의식의 일반 구조이다. 이로써 우리는 인간의 욕망이란 개인적인 것일 수 없다는 논의를 도출하게 된다. 모든 욕망은 그것이 제아무리 개인적이며 은밀한 외형을 가진 것이라 해도 무의식에 의해 생산된다는 의미에서 사회적인 것이다. 왜냐하면, 무의식의 언어적 구조가 형성되는 것은 바로 대타자의 권력틀을 통해서이기 때문이다. 쉽게 말해서, 한 남성이 여성을 욕망하게 되는 것은 남성의 유아기에 유입된 타자의 지식과 그것을 운용하는 언어적 구조의 효과에 다름 아니기 때문이다. 그런 의미에서 인간의 욕망은 언제나 타자의 욕망인 것이고, 따라서 개인적 욕망이란 존재할 수 없게 된다. "인간에게 고유의 관계들이 수립되기 전부터 이미 일정한 관계들이 결정되어"(37쪽) 있게 된다는 말이다. 여기서 중요한 것은 하나의 주체가 자신의 개인적인 욕망을 통해 행위하고 사유하며 세상의 사물들을 셈하는 주체적인 활동 이전에 이미 "그것이 셈을 하면서 셈해지고, 그리하여 그 셈 속에서 셈하는 자가 이미 포함되어 있는 심급을 확인할 수" 있다는 사실이다. 간단히 말해서, 인간 주체는 셈하는 자이기 이전에 이미 셈해진 자이며, 그러한 궁극적 셈을 실행하는 주체는 무의식의 언어-틀이라는 것이다. 이렇게 무의식의 장소에 선험적으로 존재하는 대타자의 사고가 바로 야생의 사고이다. 그것은 인간 문명의 토대에서 작동하는 무의식의 언어틀이다. 라깡은 그와 동시대에 시작된 언어학의 성과를 통해 무의식의 이 같은 전-주체적 구조와 기능을 탐사할 수 있었다고 말한다. 무의식에 대한 이러한 라깡의 일관된 태도는 그가 본격적으로 세미나를 시작한 1953년 이후 1963년까지 이어졌다. 그런데, 바로 오늘 라깡은 그러했던 자신의 무의식에 대한 규정에 질문을 제기한다. 무의식이란 과연 그런 것인가?—라고. "프로이트로 돌아가자!"라는 모토 속에서 라깡이 읽어 낸 언어적 구조의 무의식이라는 논점을 유지해야 하는가? 이에 대해서 라깡은 "물론 아닙니다"라고 말한다. "저는 그렇게 생각하지 않습니다. 제가 오늘 설명하고자 하는 프로이트의 무의식 개념은 그런 게 아닙니다"—라고 선언하고 있다. 이것은 결정적 방향 전환의 신호다. 이제 라깡은 무의식이 언어와 같이 구조화된 것이거나, 또는 언어 그 자체인 것이라는 규정으로부터 스스로 빠져나가 **다른 라깡**이 되고자 한다. 무의식이라는 개념에 결정적 변화를 주려고 하고 있으며, 그러한 방식으로 임상 실천에서 문제가 되는 주체의 무의식의 실재를 변화시키려 하고 있는 것이다.

간극으로서의 무의식

무의식에 대한 새로운 규정을 도입하기 위해 라깡은 원인cause이라는 용어를 사용한다. 무의식이란 원인의 차원에서 접근되어야 하는 개념이라는 것이다. 나아가서 원인에는 간극이 필연적으로 존재한다는 사실을 덧붙인다. 칸트의 「부정량 개념에 대한 시론」을 참조하면서 라깡은 원인과 결과로서의 현상 사이에 환원 불가능한 간극이 존재한다는 사실로부터 무의식의 새로운 규정을 시작하고 있다. 의식적 사유의 영역에서 이성이 작동하는 방식이 비교와 등가성의 원리에 토대한다면, 원인은 이러한 이성의 준칙이 접근할 수 없는 속성을 갖는다는 것이다. 보다 쉽게 말해서, 세계의 현상들이 이성의 준칙에 의해 비교되어, 다양한 집합으로 분류되는 방식으로 위계화될 수는 있겠지만, 그와 같은 세계가 출현하는 원인의 영역에 대해서는 현상적 이해의 준칙이 접근할 수 없다는 것이다[9]. 이에 대해서 라깡은 "원인은 법칙과 구분됩니다"라고 표현한다. 법칙의 세계는 **작용과 반작용**의 현상적 세계이다. 여기서는 각 요소들의 관계에 일관성을 부여하는 방식으로 현상이 포착된다. 또는, 일관성의 틀이 존재하며 그것이 현상을 지배하기에 현실은 그와 같이 일관된 방식으로 파악될 수 있다. 예를 들어 우울 증세가 나타났다면 그것은 현실에서의 실질적 상실을 경험했거나 아니면 신경전달물질들 중에서 세로토닌이 감소한 반작용이다. 현실은 그것을 지탱하는 구조에 의해 출현하는 효과이기 때문이다. 그러나 구조와 원인은 다른 것이다. 구조는 법칙들의 세계에 속한다. 여기서는 반작용으로서의 하나의 현상을 이해하기 위해 그것의 작용점을 찾아내면 된다. 고로 "하나는 다른 하나가 없으면 일어나지 않는다"(40쪽). 여기서의 하나는 다른 하나의 작용자에 의해 발생하는 현상에 다름 아니다. 이에 근거한다면 현상에 출현한 반작용으로서의 하나를 없애기 위해서는 다른 하나를, 작용 지점의 하나를 제거하면 된다. 법칙의 작용점을 찾아내어 치료하는 방식으로 반작용을 교정하는 것. 이와 같은 법칙의 세계에서 간극은 없다. 만일 간극이 있다면 법칙은 작용하지 않았을 것이고, 반작용으로서의 현실도 출현하지 않았을 것이기 때문이다. 간극은 법칙의 세계에서는 논외의 대상이다.

만일 이것이 의식적 현실의 세계 원리라고 한다면, 무의식의 세계에서는 다른 것이 작용한다고 라깡은 말하기 시작한다. 무의식은 의식적 세계

---

9 이에 대해서는 알랭 바디우의 존재론에 관한 참조가 도움이 될 수 있다. 세계의 존재는 귀속의 관계 속에서 전개되며, 그런 의미에서 법칙에 종속되지만 그것의 출현 장소에는 공백이 있다. 세계의 원인으로서의 사건은 공백이라는 것이다. 공백이 명명되는 과정 속에서 그것이 하나로 규정되면, 그 다음으로 자연수의 전개가 가능해지는 것도 이 때문이다. 바디우의 "존재의 존재"로서의 원인은 그렇게 무, 또는 없음을 표기하는 공백이다.

현실의 원인 장소이기 때문에, 그곳에서는 법칙이 아니라 그것과는 전혀 다른 양태인 원인이 작용한다는 것이다. 그리고 원인에는 그것의 개념적 규정상 필연적으로 간극이 존재한다고 말한다. 원인이란 자신의 고유한 양태로서 균열을 갖는다는 것인데, 도대체 무슨 뜻인가? 라깡의 설명에 귀를 기울여 보자.

"자, 저는 프로이트의 무의식이 위치하는 지점이 바로 여기, 원인과 그것이 영향을 미치는 것 사이에서 항상 무언가 절뚝거리는 것이 존재하는 지점이라는 것을 대략적으로나마 보여 드리고자 합니다. 무의식이 신경증을 결정한다는 것은 중요한 사실이 아닙니다. ─ 이에 대해서라면 프로이트는 빌라도처럼 정말이지 흔쾌히 손을 씻었었지요. 언젠가 체질적인 결정 인자가 발견되더라도 그것은 프로이트에게 중요한 게 아닙니다. 그에게는 별로 달라질 것이 없습니다. 무의식은 우리에게 간극을 보여 주며 신경증은 바로 이 간극을 통해, 결정될 수 없는 어떤 실재에 다시 연결되는 것이기 때문입니다."(40쪽)

라깡의 이와 같은 언급을 통해 우리는 비로소 원인으로서의 무의식 개념에 선명하게 도달하게 된다. 지금 라깡은 엄청난 선언을 하고 있는 것인데, "언젠가 체질적인 결정 인자가 발견되더라도" 중요한 게 아니라고 말하고 있기 때문이다. 원인 개념을 설명하기 위해 라깡이 말했던 이것은 정신분석의 위상 자체를 흔드는 것일 수도 있다. 정신분석이란 증상의 원인을 체질적이거나 생물학적인 것이 아닌 환경적이며 문화적인 요인으로, 즉 심인성으로 간주하는 임상학이다. 이것은 현대 정신의학의 생물학주의와 결정적으로 대립하는 부분이다. 프로이트의 정신분석이 억압이나 그것의 실패로 인해 증상이 출현한다고 말하는 것은 우리의 몸과 뇌의 어떤 부분에 억압하는 생물학적 기능이 있다고 말하는 것이 아니다. 억압과 초자아, 충동과 소망 같은 정신분석의 근본 개념들은 모두 인간의 마음이 문화적 규범을 내면화하는 과정에서 발생하는 현상들을 가리킨다. 그래서 정신분석은 심인성 요인에 의한 증상의 출현이라는 원칙을 고수한다. 더 쉬운 비유를 해보자. 예를 들어 컴퓨터가 고장이 났다면, 그것의 본체에 배치된 반도체나 스크린의 액정 부분을 수리해야 할 때도 있다. 그러나 대부분의 경우에는 바이러스가 들어왔기 때문에 고장이 나는 것이므로 하드웨어가 아니라 소프트웨어의 부분을 수리해야 한다. 컴퓨터가 기능하는 방식은 하드웨어의 성능과 관련된 부분도 있겠지만, 그것에 어떤 언어의 소프트웨어가 장착되느냐에 따라서 전혀 다른 기능을 하게 될 것이기 때문이다. 윈도우가 깔리면 윈도우적 기능 속에서 컴퓨터는 세상과 접속한다. 애플의 맥OS 시스템이 깔리면, 윈도우와는 상당히 다른 방식으로 세상과 접속하는 컴퓨터가 된다. 일반적으로 현대 정신의학이 약물 치료에 집중하면서 주목하는 부분은 하드웨어를 치료하는 부분이다. 뇌의 생물학적 변이가 정신질환을 일으킨다는 관점이 주를 이루는 것이다. 그래서 우울증자에게는 세로토닌의 수치를 높이는 약물을 투여하고, 집중력이 결핍되거나 과잉행동 장애를 보이는 아이에게는 ADHD로 판정하여 리탈린을 주성분으로 하는 약물을 투여하는 방식으로 주체의 심리적 태도를 교정하려한다. 그러나 심리학과 정신분석은 이에 대해서 전적으로 반대한다. 인간의 심리가 문제를 일으키는 대부분의 경우는 생물학적 요소가 아니라 환경적 요소에 더 많이 기인한다고 생각하기 때문이다. 특히 프로이트의 정신분석은 말을 배우는 단계에서의 어린아이가 자신의 충동을 억압하기 위해 받아들이는 성인 세계의 규범적 언어들의 역할이 결정적인 것으로 간주한다. 유아기의 말을 배우는 단계는 컴퓨터에 윈도우 운영체계의 언어가 다운로딩되는 사태에 비유될 수 있다. 이와 같은 절차에 문제가 생기면 성인이 된 후에도 충동에 대한 적절한 대처를 하지 못해 무의식이 혼란을 일으키게 되고, 그에 대한 결과로 현실적 고통을 경험한다. 그래서 프로이트의 정신분석 치료는 언어적 강화를 통해 증상의 해소를 목표로 하는 것이 된다. 따라서 프로이트로부터 시작된 정신분석의 주요한 태도는 증상의 원인을 심인성인 것으로 간주하는 것이 핵심인데, 지금 라깡은 신경증의 원인이 체질적인 것, 즉 생물학적인 것이라 밝혀진다 해도 정신분석의 근본적 임상의 방향은 변화하지 않을 것이라 말하고 있는 것이다. 왜냐하면 체질적인 것이 작용자로 작동한다고 해도 반작용으로서 나타나는 증상은 일정한 법칙을 따르지 않게 될 것이기 때문이다. 체질적인 작용자와 그것의 결과로서 등장하는 반작용자로서의 현상 사이에 무의식이 자리하기 때문이다[10]. 따라서 그것의 작용자의 측면에 체질적인 것이 확인된다고 해도 그것은 하나의 법칙을 구성하여 반작용자로서의 결과의 현상을 산출할수 없다. 그 둘 사이에 자리한 무의식은 그 자체로 균열이며 간극의 양태로 기능하기 때문이다. 무의식에서는 작용자와 반작용자 사이에 법칙이 구성되지 못하도록 하는 결정적 왜곡이, 예측 불가능한 우회가, 흔들림이 지배하기 때문이다. 그런 의미에서 원인으로서의 무의식은 체질적 작용자를 압도하며 그것을 무의미한 것으로 만든다.[11] 그러한 방식으로 원인의 자리

---

10 작용자와 그 효과 사이에 관하여 라깡은 프로이트의 표현, 살과 피부 사이라는 용어를 쓰기도 한다. 특히 앞으로 강해될 4번째 세미나에서 이에 대한 설명이 진행된다. 이에 따르면, 지각의 단계에서 무엇인가 인간의 감각 영역으로 들어오게 되면, 이것을 작용점이라고 표현할 수 있다고 말하면서 라깡은 그것을 살이라고 은유한다. 그처럼 지각된 것이 다시 의식의 영역에 전달되어 이해되는 단계는 피부라는 개념으로 은유된다. 살과 피부, 이 둘 사이에 언어의 타자가 자리하여 구조를 이루게 되며, 이것이 바로 무의식이다.

11 간단한 예로, 강한 성적 본능을 생체적 조건으로 가지고 태어난 주체가 모두 성욕이 왕성한 성인으로 성장하는 것은 아니다. 성적 본능과 현실을 중개하는 무의식의 영역에서 강한 성욕은 오히려 강한 초자아를 구성할 수도 있다. 이 경우 생물학적으로는 성욕이 왕성해야 하는 신체를 가진 주체는 자신의 본능을 부정하며 자기 비난의 충동을 더 많이 가진 주체가될 수도 있다. 성적 본능이 강한 주체는 한편으로는 카사노바가 될 수도 있지만, 다른 한편으로는 수도승의 삶을 살아갈 수도 있다는 것이다.

를 장악하는 무의식은 그것의 결과로서 산출되는 의식의 세계에 압도적인 영향을 미치기는 하지만 그것은 알 수 없는 원인 작용일 뿐이다. 마치 신과 인간 세계의 관계처럼, 무의식은 그 자신의 의지의 법칙을 인간 세계에 알려 주지 않을 것이다. 무의식은 기독교가 자신들의 신을 공백으로 간주하는 것처럼 법칙의 공백이며, 질서의 부재이며, 그런 의미에서 간극이기 때문이다. 정신분석이 무의식에 부여하는 이와 같은 간극으로서의 위상은 사실상 정신분석 이론의 시작에서부터 태동되는 것이기도 했다. 프로이트의 충동이론이 무엇인지를 간단히 고찰하는 것을 통해서 우리는 이것에 대한 충분한 이해에 도달할 수 있다.

(작용자로서의) 본능과 (간극으로서의) 충동

라깡은 자신의 여러 강연과 세미나를 통해서 프로이트가 Trieb라는 용어로 표현했던 충동을 당시 영미권 프로이트주의자들이 instinct-본능으로 번역했던 것을 비난했다. 프로이트가 충동을 독일어의 Instinckt가 아닌 Trieb로 표시했던 것에는 중요한 의미가 담겨 있다는 것이다. 물론 프로이트가 본능 자체를 부인하는 것은 아니다. 인간에게는 분명 그러한 생물학적이고 유전적인 작용자가 존재한다. 예를 들자면, 배고픔에 의해 촉발되는 음식물 섭취 본능이 그러하다. 이것은 인간뿐만 아니라 다른 모든 생물체에게 성적 본능과 함께 가장 기본적인 본능의 세계를 구성한다. 그러나 음식물 섭취 본능은 인간의 경험 속에서는 전혀 다른 것으로 우회한다. 프로이트는 이것을 구강 충동이라고 불렀다. 음식물에 대한 섭취 본능은 어머니의 젖을 빠는 행위 또는 어머니에게 젖병으로 구유되는 행위를 통해서 단순한 본능의 차원에서 충동의 차원으로 넘어가게 된다. 그리하여 인간은 음식물을 먹는다는 단순한 행위를 넘어서 구강을 통해 쾌락을 추구하는 보다 추상적 영역의 욕망을 추구하게 되는 것이다. 거식증이나 폭식증은 바로 이러한 구강 충동이 음식물에 의해 수위 조절되는 단계를 초과할 때에 발생하는 현상이다. 아이가 손가락을 빨거나 성인이 된 어른이 담배를 통해 취하게 되는 쾌락도 구강 충동의 영역에 속한다. 다른 한편으로 보다 일반적인 예를 들어 보자면, 성적 욕망이 있다. 그것은 물론 생물학적 본능에 속하는 작용자를 포함한다. 그러나 인간 세계에서는 성적 욕망이 여러 가지 방식으로 우회되어 전혀 성적으로 보이지 않는 영역에서 강력한 힘을 발휘하는 것을 발견하게 된다. 예를 들자면, 지적 욕구가 그것이다. 지식에 대한 무한한 탐사의 욕망을 가진 주체를 가정해 보자. 이 사람의 유아기를 관찰해 보면, 이미 어린 시절부터 지적 탐사에 대한 욕구가 풍부했던 것을 알게 되는 경우가 대부분이다. 그런데, 어린아이의 지적 욕망은 어떻게 구성되는가? 그것은 사실상 자신의 성적 본능을 억압하는 장치로서 프로이트가 인식애적 충동이라 부른 것이 작동한 결과로 볼 수 있다. 어린아이가 끝없이 세상사에 대해서 질문하고 부모를 귀찮게 만드는 것은, 아이가 정말로 질문하고 싶은 단 하나의 대상을 우회하기 위한 방편일 수도 있기 때문인데, 그 단 하나의 질문이란 바로 성행위와 성적 쾌락에 관한 것이다. 그러나 그것이 금지되어 있다는 것을 어린아이들은 잘 알고 있다. 따라서 아이들은 다른 질문들로 우회하는 방식으로 자신에게 금지된 성적 영역을 대리만족시킨다. 이 경우, 아이의 성적 본능은 충동의 영역에서 지적인 탐사의 형태로 우회된다. 따라서, 본능이라는 작용자는 무의식에서 작용하는 다양한 우회로들을 통해 왜곡되고 변형되어 전혀 다른 것으로 변화할 수 있다. 그러한 과정을 통해 현실의 다양한 사태들이 출현한다면, 작용자-촉발자로서의 본능과 반작용자-결과로서의 현실 사이에는 어떠한 일관된 법칙도 존재할 수 없게 된다. 여기서 원인의 자리는 본능이 아니라 무의식이며, 그것이 가진 간극으로서의 양태이다. 충동의 영역은 그렇게 무의식의 영역이며, 그것이 간극의 양태인 이유는 일관성의 법칙에 종속되지 않기 때문이다. 이에 대해 혹자는 프로이트가 무의식의 법칙을 쾌락원칙과 현실원칙이라고 규정했으며, 이 둘의 원칙은 억압과 부인이라는 일관된 양태를 갖는 것이라고 말할지도 모르겠다. 물론 그것은 맞는 말이다. 그러나 무의식의 영역에서 작동하는 이 두 법칙이 일관된 양상을 취하지 못하는 이유는, 억압과 부인이 최소 단위의 법칙을 구성할 뿐 그것이 실행되는 단계에서는 결코 일관된 방식으로 전개되지 않을 것이기 때문이다. 만일 쾌락원칙과 현실원칙이 단 한 번씩의 억압과 부인을 실행한다면 우리는 그것을 법칙으로 볼 수 있을 것이다. 그러나 무의식의 영역에서 억압이 두 번 연달아 일어나게 된다면 그것은 더 이상 억압이 아니라 적극적 표현이 된다. 억압의 억압은 해방이기 때문이다. 또는 두 번의 부인이 연달아 일어나면 적극적 긍정이 된다. 무의식의 법칙으로서의 억압과 부인이 궁극적으로는 하나의 법칙이 아니라 간극으로 이해되어야 하는 이유가 여기에 있다. 이를 도식으로 설명하면 다음과 같다.

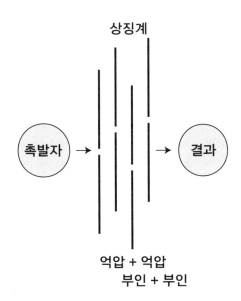

도식에서 촉발자를 본능의 영역으로 볼 수 있다면, 상징계의 구조를 통과하는 과정에서 그들은 억압과 부인의 불규칙한 반복을 경험하게 된다. 그리하여 결과의 세계에서 파악되는 현상들은 촉발자와 그 어떤 일관된 법칙을 구성할 수 없게 된다. 인과관계가 설정될 수 없게 되는 것이다. 촉발자와 결과 사이에 압도적인 원인의 장소로 구성된 상징계가 간극의 구조로 되어 있기 때문이다. 여기서 말하는 상징계란 라깡이 "언어와 같이 구조화된 무의식"으로 표현했던 장소이다. 이전까지의 라깡이 무의식을 언어 장치의 정교한 작동 장소로 보고 그것의 운용 원리를 탐사하는 것에 초점을 맞추고 있었다면, 이제 라깡은 그것의 내부에 존재하는 간극 자체를, 균열이자 공백인 그것의 역능 자체에 주목하자고 제안하고 있는 것이다. 다시 말해서 라깡은 무의식의 언어적 구조 자체가 아니라 그러한 구조가 **"절뚝거리는"** 현상에 주목하자는 것이다. 이제 라깡은 구조가 아니라 구조의 내부를 떠도는 공백의 유령을 주목하는 관점에서 무의식을 파악하려는 전회를 시도하고 있는 것이다. 무의식은 간극이기에, "그것을 통해, 결정될 수 없는 어떤 실재에 다시 연결되는" 사태에 주목하자는 것이다. 그리고, 여기서 말해진 '실재'란 존재의 무한성 그 자체라고 보아도 좋다. 앞선 강의에서 라깡이 실천이란 실재에 대한 상징화의 시도라고 말했던 것을 기억해 보자. 만일 무의식이 자신의 간극을 통해 우리를 다시금 실재에 연결해 주는 장소라면, 그것은 우리의 결정된 존재로서의 유한한 삶을 다시금 무한성으로 연결해 주는 통로가 된다. 그런 의미에서 무의식이 간극이라는 표현은 그것이 주체의 현실을 지배하는 타자-규정의 장벽에 뚫린 균열이고, 구멍이라는 것을 의미한다. 무의식은 그렇게 자신을 개방하는 방식으로 현실의 견고한 표면에 구멍을 낸다. 그러한 개폐 운동을 경험하는 주체는 자신의 유한성이 흔들리는 방식으로 무한성에 접근하는 것을 경험하게 된다. 그리고 여기서 말하는 무한성이란 변화 가능성이다. 주체의 삶이 타자에 의해 결정된 욕망 구조의 반복에 다름 아니었다면, 무의식은 이러한 반복의 현실을 흔들며 출현하는 균열이다. 모든 것이 이미 결정된 장소에서 문득 마주치게 되는 "결정될 수 없는 실재"를 대면한 주체는 이제 자신에게 고유한 새로운 결정을 준비해야 한다.

그러나 라깡은 필자가 해석하는 그런 수준으로까지는 말하지 않고 있다. 그는 자신의 급진성을 용어 사용의 미로와 같은 특성으로 은폐한다. 단지 이렇게 말할 뿐이다.

"이 간극 속에서 무엇인가가 일어납니다. 이 간극이 일단 메워지면 신경증은 치료되는 것일까요? 결국 문제는 해결되지 않고 계속 남아 있게 됩니다. 그저 신경증은 다른 것으로, 종종 단순한 장애로 바뀔 뿐입니다. 프로이트의 말에 따르자면, '흉터cicatrice'가 되는 것이지요. 신경증의 흉터가 아니라 무의식의 흉터 말입니다."(40-41쪽)

망각된 무의식, 망각된 공백의 유령

라깡 학파의 정신분석가들을 제외하면, 일반 정신의학이나 임상심리학은 물론이고 프로이트 후속 세대 정신분석가들까지도 무의식의 간극을 봉합하는 것을 치료의 방향으로 설정하고 있다. 여기서 말하는 무의식의 간극이란 증상 그 자체로 보아도 좋다. 심리치료란 증상의 해소이고, 증상으로 인해 출현했던 균열의 봉합이라는 것이다. 그러나 만일 무의식의 속성 자체가 간극이라는 논점을 받아들이면 이야기는 전혀 다른 방향으로 흐르게 된다. 증상을 해소시켜 상처를 봉합하면 신경증은 치료되는가? 결코 그렇지 않을 것이다. 왜냐하면, 무의식이 균열 그 자체인 이상 봉합은 무의식을 제거하는 것이 되는데, 그러한 일은 불가능하다. 무의식이 주체의 욕망의 원인인 한, 원인을 제거하는 순간 주체 역시 사라질 것이기 때문이다. 물론 간극으로서의 무의식이 사라진 인간의 이미지를 상상해 볼 수는 있다. 공동체를 지배하는 담론에 자신의 신체를 온전히 장악당한 주체. 프로그램된 로봇의 삶. 오류 없이 작동하는 신체와 정신. 이것이 바로 무의식 없는 인간의 이미지이다. 불안에 흔들리지도 않으며, 우울의 나락으로 빠져들지도 않는. 스스로의 욕망에 질문을 던지지 않는 인간. 초과하는 욕망으로 인해서 일탈하는 모습을 상상할 수 없는 존재의 삶. 언제나 예측 가능한 방향으로 돌진하며, 부모 세대의 욕망을 한 치의 오차도 없이 반복하는 사람들의 공동체. 사유를 고정시키는 담론들, 즉 고정관념의 주어진 체계에 포획당한 욕망의 주체들. 그래서 더 이상 욕망이라 부를 것조차 소유하지 못하게 되는, 평온한 세계 공동체의 이미지. 라깡이 첫 번째 죽음이라 부른 정적의 세계가 상상 가능할 수는 있다. 그러나 실제에 있어서의 언어는 언제나 한계를 가지며, 신체는 그러한 한계 너머로 초과한다. 질서의 상대항으로서의 간극은 이미 질서에 내재적인 부분집합이다. 체르멜로-프랭켈 공리가 말해 주듯, 공집합이란 모든 집합의 부분집합이기 때문이다.

따라서 무의식은 봉합되어 사라지는 것이 아니라 잠시 자신을 닫을 뿐이다. 증상의 형식으로 주체를 찾아왔던 무의식은 잠시 어둠 속으로 물러날 뿐이다. 그러나 무의식이 의식 세계의 원인인 한 그것은 언제든 다른 균열의 모습으로, 다른 형태의 증상으로 주체를 찾아올 것이다. 라깡적 정신분석의 관점에서 보기에 증상을 제거하려는 모든 치료의 경향들이 덧없는 시도인 것은 이 때문이다. 증상을 소멸시키는 것은 불가능하다. 이론적으로 그러한 설정이 가능해 보인다 해도 사실에 있어서 증상의 소멸이란 무의식 자체의 소멸을 의미하며, 나아가서 그것을 원인으로 하는 의식 세계의 소멸을 의미할 뿐이다. 임상의 차원에서 보자면, 그와 같은 시도는 내담자에게 고유한 무의식을 망각하도록 유도하는 방식으로 분석가가 속해 있는 공동체의 평균적 (무)의식 수준을 강제하는 것에 다름 아니다. 예를 들자면, 어느 한 여성 주체를 찾아온 실어증을 단순한 언어 기능의 장애로 판단하도록 만드는 것은, 그 사회의 가부장적 담론이 해당 여성을 억압할 때에 사용했던 아버지의 언어를 다시 그대로 내담자에게 받아들이도록 강제하는 것에 다름 아닐 수 있다. 쉽게 말해서, 내담자의 여성적 무의식의 장소에 공동체의 남성적 무의식을 이식하는 행위라고 할 수 있다. 그러나 여성의 실어증은 여성이 자란 가족 공동체를 지배하던 '아버지의 언어'에 대한 무의식의 저항일 수 있다. 따라서 실어증자가 말을 하도록 종용하는 것은 치료가 아니다. 실어증자가 침묵의 형식으로 발화하는 공백의 언어를 스스로 이해하도록, 공백이 가리키는 방향을 이해하도록 만드는 것이 중요하다. 그 방향이란 바로 실재의 방향이다. 주어진 언어-의미의 세계에 사로잡혀 그것만을 탐닉하던 주체가 간극에 자신을 개방하는 순간이 바로 실어증의 순간일 수 있기 때문이다.

그런 의미에서, 라깡이 무의식을 원인 개념에 대응하는 것으로 다루려는 시도는 그것의 실재로서의 특성을 강조하는 것에 다름 아니다. 실재로서의 무의식은 간극이며, 영원히 실현되지 않은 차원에 속한다. 그런데, 실현된 세계의 차원에서 그것은 논리적 기원이 아닌, 단지 실재로서의 기원이라는 사실에 유념하자. 그것은 단지 간극으로서의 기원일 뿐이다. 둘 사이에는 그 어떤 법칙도 성립하지 않는다. 실현되지 않은 것으로서의 무의식이 마침내 현실에서 실현되고 나면, 둘 사이의 내재적 불일치 때문에 무의식은 논리적 기원으로서의 자리를 즉각 빠져나갈 것이다. 그리하여 무의식은 '실현된 세계'인 의식의 차원에 대해서 오직 불확정적 원인의 위상만을 갖게 되는 것이다. 법칙으로 매개될 수 없는 원인으로서의 무의식. 간극으로서의 원인. 이에 대해 라깡은 다음과 같이 정리하고 있다.

"원인에 특징적인 것이라 할 수 있는 구멍, 틈새, 간극 속에서 그는 무엇을 발견하는 것일까요? 그것은 바로 '실현되지 않는 것non-réalisé'의 차원에 속하는 어떤 것입니다."(41쪽)

여기서 라깡은 간극으로서의 무의식에 대한 규정을 '실현되지 않은 것'이라는 표현에 연결하고 있다. 그것은 현실réalité이라는 개념에 대립하는 용어로서 사용된다. 의식의 차원에서 경험되는 현실에 대립하는 개념으로 비현실irréel이나 탈현실dé-réel을 사용하지 않고, 실현되지 않은non-réalisé이라는 용어를 사용하고 있는 것이다. 왜냐하면 무의식은 의식의 세계에 비해서 덜 현실적인 것이 아니기 때문이다. 그것은 심지어 현실로부터 벗어난 탈현실적인 장소도 아니다. 비현실과 탈현실이라는 표현은 현실에 대하여 단지 양적인 모자람이나 넘침의 차이를 가질 뿐 질적 차이를 가리키는 표현은 아니다. 반면 무의식은 의식의 기원이며 원인이 된다는 의미에서 아직 실현되지 않은 세계이지만, 그럼에도 질적 연속성을 갖지 않는다. 달리 표현한다면 그것은 아직 상징화되지 않은, 또는 상징화에 저항하는 영역인 동시에, 영원히 상징화되지 않을, 실현되지 않을 모순된 원인의 장소이다. 실재로서의 무의식이란 상징화되는 순간 그 자신과는 다른 것이 될 숙명이기 때문이다. 이처럼 무의식은 상징계의 억압 장치들에 의해 본질적으로 거부된 기표들의 세계라는 의미에서 태어나기도 전에 낙태된 운명의 기표들이 떠도는 장소와 같다. 라깡이 "낙태 전문 산파와 림보의 관계와 같다"고 말하는 것은 이 때문이다. 그리하여 억압된 기표들을 찾아내어 그것들을 움직이게 만드는 것이 정신분석 실천이라면, 그것은 라깡의 표현대로 "악령들의 영역에서 무언가를 움직이게 만드는" 위험한 행위라고도 할 수 있겠다. 그렇게 해서 자극된 내담자의 무의식이 충분히 능숙하게 다루어지지 못할 경우 그것을 불러낸 분석가가 괴롭힘을 당하게 될 수도 있다는 것이다. 그럼에도 분석가는 내담자의 무의식의 간극을, 그것의 개폐 운동을 포착하여 접근해야 한다. 그러한 실천만이 주체의 실현되지 않은 장소로, 순수한 무한성이자 가능성 그 자체인 그곳으로 내담자를 데려갈 수 있을 것이기 때문이다. 그런 다음에야 우리는 내담자의 소외된 리얼리티에 관련한 변화를 기대할 수 있게 된다.

그러나, 프로이트 이후의 세대들이 걸었던 길은 반대의 방향이었다. 라깡이 환기하고 있는 무한성으로서의 무의식은 완전히 망각되어 버렸다. 라깡은 이에 대해서 그들이 정신분석을 "심리학화하면서 간극을 봉해 버리는 데 총력을 기울였다"고 비난한다. 간단히 말해서, 포스트-프로디언들은 증상을 소멸시키고, 무의식을 봉합하여 폐쇄시켜 버리는 것에 모든 헛된 노력을 기울였다는 것이다. "정형외과 의술"이 되어 버린 정신분석 실천. 그리하여 프로이트에 의해 처음으로 개방된 인류의 무의식은 자신의 메시지를 닫아 버린다. 그렇게 해서 인류의 무의식은 그것을 봉합하기 위해 시도된 또 다른 종류의 정형외과술의 희생자가 된다. 온통 봉합의 상처만 남겨진 무의식. 라깡이 조금 전에 상흔cicatrice이라고 말했던 이것을 우리는 일종의 성흔stigma으로 달리 표현해 볼 수 있을 것이다. 무의식이란 어쨌든 최초의 봉합에 의한 성스러운 흔적과 그러한 아문 상처의 잠재적 개방 가능성을 의미하는 것이니까. 그것은 마치 기독교의 이론가들이 성흔-스티그마라는 개념에 부여하는 의미와도 같다. 미신적 종교 담론들이 그것을 신비스러운 신의 초월성을 강조하는 데에 사용하는 것과는 다르게, 기적으로서의 스티그마는 진리의 기능에 관련하여 다시 해석될 수 있다. 그것은 예수의 상흔이 가장 성스러운 상처로서 인간의 신체에서 반복되어 개방될 수 있는 가능성을 가리키는 것이지 않은가? 세계의 현실에 피 흘리는 상처로서 자신을 등장시켰던 예수, 그리하여 세계의 유한성의 피부를 찢어 개방하는 성스러운 상처가 되고자 했던 그의 고통을, 지고의 주이상스에 다름 아닌 그것을 다시 반복하여 체험하는 것이 스티그마라는 사건의 본질이지 않은가?

공동체의 고정관념에 다름 아닌 아버지의-법에 의해 거세되고 봉합된 무의식의 상처는 성흔이 그러하듯이 언제든 자신을 새롭게 개방할 가능성을 갖는다. 이것이 단순한 상실의 상처와 그로 인한 피흘림의 오래된 기억이 아닌 이유는, 바로 그것의 재개방으로 인하여 타자의 삶을 반복하던 주체가 소외된 삶으로부터 빠져나와 다른 무엇인가가 될 수 있는 가능성을 획득할 수 있기 때문이다.

이처럼 무의식에 관한 새로운 규정을 시도하는 라깡에게, 국제정신분석협회는 오히려 무의식의 망각에 열중하는 모순된 흐름을 보여줄 뿐이었다. 이에 맞서 정신분석의 새로운 출범을 알리는 라깡은 다음과 같이 선언하고 있다.

"제가 오직 세심한 주의를 기울여 그 간극을 다시 열어 보이리라는 것을 믿고 지켜봐 주시기 바랍니다."(42쪽)

라깡은 지금 자신이 무의식의 원초적 상흔을 다시 열어 보이는 방식으로 인류의 사고를 무한성에 개방하고자 한다고 선언하고 있는 것이다.

무의식의 토포스, 시-공간

프로이트의 무의식 개념에는 낭만주의적 신비주의가 자리할 공간이 없다. 그것은 주체의 일상에서 명백히 관찰되는 꿈, 실수 행위, 재담 등에서, 그리고 증상의 출현 속에서 확인 가능하다. 이 모든 것을 라깡은 '헛디딤, 실패, 균열'이라는 용어로 표현하고 있다. 프로이트가 무의식을 발견한 것은 바로 이러한 현실의 표면에 일시적으로 출현하는 구멍들을 통해서이다. 그런데 이러한 간극에는 어떠한 시간성이 가능한 것일까? 최소한 그것은 의식의 세계를 지배하는 시간성, 예를 들자면 뉴턴의 세계에서 일자로 가정되는 그러한 시간성이 아닌 것만은 분명하다. 그럼에도 우리의 의식 세계와 그것을 지탱하는 지식의 세계는 뉴턴적 일관성의 시간에 의해 지배받는다. 실재로서의 무의식은 분명 그와 같은 시간성에 무심하지만, 언어적 문명은 실재를 인위적으로 분절하는 방식으로 시간과 공간의 질서를, 상징계의 토포스를 구성해 낸다. 무의식의 시공간 감각과 의식 세계의 시공간 감각은 이처럼 근본적으로 이질적일 수밖에 없다. 그럼에도 무의식이 간극의 형태로만 의식 세계에 자신을 드러낼 수 있는 한 우리는 간극을 둘러싼 현실의 표면적 시간성의 틀을 통해서 그것을 파악할 수밖에 없게 된다. 그런 이유로 무의식의 시간성은 언제나 너무 이르거나 너무 늦은 듯, 빗나감 속에서 파악될 뿐이다. 의식의 시간-틀과 무의식의 시간성이 갖는 근본적 불일치와 그럼에도 필연적인 상보적 특성이 그와 같은 어긋남을 파생시킨다. 이에 대해서 우리는 재현된 세계와 현시되는 무의식이라는 틀을 통해 파악해 볼 수도 있다. 의식의 세계는 재현의 틀을 갖는데, 그것은 억압과 부인이라는 형식의 틀이다. 하나의 기표가 하나의 대상을 대리하여 드러낸다면, 라깡적 의미에 있어서 그것은 재현이 아닌 현시이다. 재현이란 하나의 기표가 대상을 표지한 뒤에 그것을 다시 다른 하나의 기표에게, 일종의 지식 기표라고 할 수 있는 권력의 기표에게 검열받는 과정이 전제된다. 그리하여 하나의 대상은 두 개의 기표에 의해서 재현될 수 있을 뿐이다. 재현의 중심에는 권력의 일자가, 아버지의-이름이라고 라깡이 표현하는 것이 존재해야 한다. 이와 같은 이중의 과정 속에서 주체는 시간과 공간의 안정된 토포스를 갖게 되는 것이다. 그런데, 앞서 언급된 꿈, 실수 행위, 재담의 형식 속에서 발생하는 '헛디딤, 실패, 균열'의 사건이란, 하나의 기표가 대상을 데려가 검열을 받아야 하는 중심된 기표가, 즉 아버지의 이름이 제 기능을 수행하지 못하는 순간에 다름 아니다. 팔루스적 중심을 잡아 주는 권력의 검열 기표가 흔들리는 순간, 주체는 무의식을 경험한다. 의미의 통제권을 행사하는 아버지의 이름이 제 기능을 하지 못하는 순간, 그리하여 의미의 일관된 흐름이 분산되는 순간, 무의식은 통제된 뜻-의미에 대하여 외부의 사건으로서 등장한다. 그 때문이다. 무의식의 사건이 언제나 뜻밖의 것surprise, 즉 의식적 이해를 빗나가는 형태를 갖는 이유는. 이러한 절차가 '발견'에 비유되는 이유는 놀람의 효과 속에서 등장한 간극이 전혀 새로운 것이기 때문이다. 그것은 우리가 기대하던 그런 것이 아니다. 주체의 기대가 예측하고 고대했던 대상이 아닌 것이다. 그러나 자아는 또한 이러한 새로움의 놀람 효과에 대해서 스스로를 방어한다. 그것이 순수한 발견이 아니라 재발견된 것이라는 자기 최면 속에서. 왜냐하면, 순수하게 발견된 것은, 그리하여 낯섦을 통해 주체를 불안으로 몰아넣는 그것은 의식적 사유의 자기방어 속에서 여과되어야 하기 때문이다. 자아는 그것을 이미 알려진 것의 목록에 재편함으로써 간극 자체가 가지고 있었던 파괴적 불안을 중화시킨다. 그리하여 간극의 사건, 무의식의 사건은 이제 뜻밖의 것이 아니라 **다시 뜻 안의 것**이 된다. 그러한 방식으로 무의식의 사건은 (되)찾아지는 순간 이미 다시 사라질 준비를 한다. 현시présentation의 사건은 재현시re-présentation의 방어 속에서 **페이드-아웃**되는 것이다. 그런 의미에서 자아와 의식의 세계는 재현된 세계이고, 재현으로 폐쇄된 유한성의 장소이다. 그에 얽혀 있는 간극으로서의 무의식은 바로 이러한 재현의 폐쇄성을 위협하는 공백의 현시라고 할 수 있다. 그것은 마치 사랑과 같아서, 다시 돌아보려 하면 사라지는 무엇이다. 돌이켜 생각하는 순간 달아나는 무엇이다. 재현이란 재고再考에 다름 아니니까. 이를 설명하기 위해 라깡은 오르페우스의 신화를 언급한다. 되찾기 위해 '다시-현시하면re-présentation' 사라지고 마는. "하나를 잃으면 열을 찾는" 것이 아니라 오히려 모두를 잃게 되는…… 현시와 재현 사이의 불연속성. 무의식의 이와 같은 속성들에는 불연속성 말고는 다른 어떤 일관성도 존재하지 않는 것처럼 보인다. 간극이라는 양태에 일관성이라는 것이 존재할 수는 없기 때문이다. 거기에는 어떤 통일성도, 전체의 개념도 존재할 수 없다. 이와 관련하여, 라깡은 무의식의 불연속성에 대하여 '하나'가 선행할 수 없다고 말한다. 여기서 말하는 하나란 존재의 양태이다. 이로써 라깡은 무의식의 존재론에 관한 암시를 했던 것으로 이해될 수 있다. 그리고 바로 이 순간 강의를 듣고 있던 미래의 라깡주의자 자크-알랭 밀레, 아직은 라깡이 그의 존재에 대해서 알지 못했던, 고등사범학교의 평범한 철학과 학생이었던 밀레가 귀를 기울이고 있다. 무의식이 만일 간극이라면, 그것의 존재론적 위상은 무엇인가─라는 의문과 함께. 바로 이 질문이 라깡과 밀레를 처음으로 만나게 한 문제의식이었다는 사실에 주목해 보자. 밀레의 이 같은 질문에 관하여 라깡은 바로 다음 주 강의에서 화답하게 될 것이기 때문이다. 그러나 현재로서는, 라깡은 다음과 같이 말하면서 무의식의 반-존재론적 위상에 관하여 모호하게 설명하고 있다.

"무의식의 경험이 도입하는 '하나'가 있다면, 그것은 오직 균열, 자취, 결렬의 '하나'일 뿐이라는 저의 주장에 여러분도 동의하시게 될 겁니다."(46쪽)

그렇다. 무의식의 존재 양태는 오직 결렬의 하나, 즉 하나의 공백이다. 그것은 전-존재론적인pré-ontologique '존재로서의 존재-l'être de l'être'이다. 만일 대타자가 무의식의 언어적 구조라면, 무의식의 존재는 바로 그러한 대타자의 대타자일 것인데, 지금 라깡은 "대타자의 대타자는 없다"라고 말하고 있는 것이 된다. 뒤집어 말하자면, 대타자를 지탱하고 있는 존재로서의 대타자는, 즉 무의식의 토대는 "없음"의 형태로 (비)존재한다는 것이다. 무의식에 해당하는 독일어 Unbewußte에서 Un은 독일어에서는 부정의 접두사이지만 프랑스어에서는 '하나'를 의미한다. 이러한 기표의 다의성을 이용하여 라깡은 무의식이 '부정의 일자'라는 사실을 말하고 있다. 거기에 분명 하나가 있지만, 그것은 일반적인 존재론이 수렴하여 도달하는 존재로서의 일자는 아닌 것이다. 그것은 오히려 모든 존재의 출현에 장소가 되어 주는 간극, 공백으로서의 하나의 장소인 것이다. 이후 라깡이 무의식은 오직 전-존재론적 차원에서만 파악할 수 있을 것이라 말하는 것의 의미도 이에 관련된다. 바로 이 장소가 모든 현실-리얼리티를 가능하게 만드는 장소로서의 실재-리얼이다. 그리고 이 장소에는 아무것도 없는 것이 아니라, **아무것이, 즉 무-rien가 있다.** 실재는 단순한 부재가 아니라는 말이다. 그런 의미에서 라깡이 말하는 균열과 간극은 언어의 통시태diachronie적 흐름 속에서 출현하는 것이 아니라 이미 구조적으로 주체의 구조 내부에 내재된 것이기도 하다. 무의식을 공시태Synchronie의 차원에 위치시켜야 한다는 말의 의미가 그것이다. 만일 무의식이 어떤 존재의 수준에 있는 것이라면, 그것은 모든 존재 구조의 토대를 이루고 있는 공백의 비-존재 수준에 자리하고 있기 때문이다. 그것은 현상의 세계에 어쩌다 출현하는 유령적 사건이기보다는, 모든 현상의 토대가 되는, 심지어 모든 존재의 토대가 되는 전-존재론적 장소로서의 공백에 위치하고 있다. 통시태와 공시태를 사용하는 이 같은 대립적 설명은 결국 언표의 주체sujet d'énoncé와 언표화의 주체sujet d'énonciation로 다시 설명될 수 있다. 현상의 세계는 의미화의 세계이며, 언표들의 세계이다. 무한하게 연쇄되는 방식으로 통시태적 흐름을 이어나가는 말들의 세계. 그곳은 말해진 것들의 세계이며, 언표된 것의 의미에 사로잡힌 세계다. 그러나 이러한 언표들의 토대에는 무엇이 있는가? 그곳에는 언표화의 주체가 있다. 즉, 말해진 세계 이전에 말하려는 욕망의 차원이 있으며, 이것이야말로 말-존재로서의 인간 세계의 전-존재론적 장소라는 것이다. 그런 의미에서 무의식이 위치하는 곳은 바로 언표 행위의 수준일 수밖에 없다. 의미에 의해 결정된 주체의 세계가 현상계라면, 발화의 주체, 언표화의 주체, 따라서 말하는 욕망의 주체는 아직 결정되지 않은 주체, 즉 실현되지 않은non-réalisé의 무의식의 주체에 다름 아니다. 실현된 세계는 언제나 언표화된 세계이며, 그것은 또한 언제나 사후에 등장하는 또 다른 기표의 영향력에 의해 흔들리는 세계라는 점에서 불안정한 세계이다. 이러한 언표 세계의 불안정성을 방어하기 위해서 도입되는 것이 바로 팔루스의 권력이다. 끝없이 이탈하는 의미의 불안정성을 고착시키는 팔루스의 폭력. 이와 같은 통합의 권력을 언표의 일자라고 한다면, 그것의 기원적 장소에서 작동하는 절대적 차이의 일자가 있으며, 이것을 라깡은 무의식에 대응시킨다. 라깡이 말하는 무의식의 일자-Un, 즉 '개념의 하나'가 그것이다. 개념을 뜻하는 독일어 begriff에 부정의 접두사 Un을 붙여 비개념을 뜻하는 Unbegriff라는 단어를 제시하지만, 이것은 또한 하나-개념을 가리킬 수도 있다. 개념 중의 개념, 단 하나의 개념이자 기원적 개념인 그것은 부재를 가리키는 기표 그 자체라는 의미에서 비개념이다. 결여가 표지되지 않는다면, 그것이 만들어 내는 공백을 채우러 오는 개념들의 연쇄란 불가능할 것이기 때문이다. 따라서 무의식의 장소에 존재하는 기원적 개념으로서의 기표는 비개념인 동시에 공백을 가리키는 이름으로서의 일자-개념, 즉 Un-begriff이다. 그런 의미에서 최초의 기표인 그것은 공백을 가리킨다기보다는 공백을 창조해 낸다. 기표가 만들어 내는 결렬과 균열, 흔들림에 의한 열림을 통해 그것의 결과로서의 결여를, 부재를 창조해 내는 것이다. 무의식의 바닥은 바로 그러한 기표가 자리한 장소이다.

그리하여 부재를 가리키는 원초적 기표는 억압되어 바닥에 침잠한다. 라깡이 삭제라고 말하는 조작이 일어나는 것이다. 망각이란 그런 의미에서 기표를 억압하고 지우는 조작의 효과이다. 이를 설명하기 위해 라깡은 프로이트의 유명한 기억 장애의 사례를 간단히 언급한다. 프로이트가 여행 중 시뇨렐리Signoreli라는 이름을 망각한 경험이 그것이다. 이것은 억압의 작용이 기표의 수준에서 이루어지고 있다는 것을 증명하는 사례이다. 나아가서, 억압된 것 중의 가장 억압된 기표는 죽음과 거세 위협에 관한 것이라는 사실 또한 드러내는 사례이다. 기억 장애에 관한 이러한 논점은 결국 주체가 기억의 집적체라고 할 수 있는 자기 자신에 관하여 얼마나 확신할 수 있는가의 문제를 제기한다. 다음 강의에서 라깡은 이것을 밝히기 위해 "확실성의 주체"라는 데카르트적 화두를 다루기 시작한다. 만일 우리 자신의 정체성에 관하여 제시되는 모든 기억과 이미지들이 억압 과정을 거쳐 왜곡된 가상들이라면, 진정한 우리 자신의 존재는 어디에서 찾아야 하는가를 질문하는 것이다.

3번째 강의

무의식은 존재가 아닌 윤리적 위상을 갖는다

주요 개념(차례)

개요

무의식이 그곳에 존재한다는 사실이 어떻게 증명될 수 있는지를 해명하는 강의다. 이를 위해 라깡은 존재론적 접근을 시도한다. 무의식은 존재론적 차원에서는 상당히 취약한 위상을 갖는다는 설명을 이어 나간다. 틈, 균열, 간극 등의 개념을 통해서만 파악되는 무의식은 존재론적 담화가 포획할 수 없는 대상이다. 오히려 그것은 존재론적 사유로부터 빠져나가는 특성을 가질 뿐이다. 무의식의 위상은 그렇게 존재론적 차원으로 포획되는 것에 저항하는 반면 윤리적 위상에 보다 가까운 것으로 설명된다. 존재론이란 있음의 차원을 가리키며, 그것이 초월적 장소 어딘가에서 주체를 기다리고 있다는 뉘앙스를 갖는다. 그러나 만일 그것이 윤리적 차원으로 간주될 경우 무의식은 **주체가 도달해야만 하는**, 그러지 않으면 실현될 수 없는 무엇이라는 의미를 갖게 된다. 라깡에게 무의식이란 그렇게 주체의 참여 없이는 존재할 수 없다는 점에서 윤리적 요청에 관련된 대상이 된다. 이를 보다 정교하게 설명하기 위해서 라깡은 데카르트의 주체의 확실성이라는 논점을 끌어들이고 있다. 프로이트의 무의식이 가진 확실성을 데카르트적 논제를 통해 논리적으로 해명하려는 것이다. 이와 같은 라깡의 강의는 무의식이 무엇인지에 대한 확실한 규정에 도달하고 있다. 무의식은 실체로서의 대상이나 장소가 아니며, 초월적 에너지와 같은 힘도 아니다. 그와 같은 낭만주의적 규정을 거부하는 라깡은 프로이트의 무의식을 일종의 사건적 장소로서 파악하려 한다. 세계-환상의 권력이 멈추는 증상적 균열의 지점이 곧 무의식인 것이다.

무의식의 존재론

라깡은 이 강의에서 처음으로 자크-알랭 밀레를 언급한다. "지난주에는 간극의 구조를 통해 무의식을 소개한 바 있는데, 그것을 계기로 수강자 중 한 사람인 자크-알랭 밀레가 이전의 제 논문들을 읽고 자신이 결여의 구조화 기능이라 이해한 것에 관한 훌륭한 발제를 해주었다"는 것이다. 라깡 학파의 전개에 있어서 역사적 순간이라고 할 수 있겠다. 고등사범학교의 철학과 학생이던 밀레는 머지않아 라깡 세미나의 충실한 조력자이자 텍스트의 출간 책임자로서 자리 잡게 될 것이기 때문이다. 뿐만 아니라 밀레는 파리 8대학에 설립될 라깡의 정신분석학과 학과장에 위임된 이후 프랑스 라깡 정신분석 운동의 선두에 서게 되며, ECF 즉 "프로이트 대의학교"를 실질적으로 이끌게 될 것이다. 이번 강해는 이 모든 사건들의 시작점에 하나의 질문이 있었음을 짚어 보는 것으로 시작해 보도록 하자. 라깡의 표현대로 그것은 간극으로서의 무의식과 '존재의-결여manque-à-être'에 관한 질문이다. 지난 강해에서 충분히 살펴보았듯이, 이제 라깡은 무의식을 언어의 대타자로 보는 대신 간극으로 파악하려 하고 있다. 죽음충동의 장소이며,

어머니-큰사물로서의 대상을 둘러싸는 억압 장치가 쾌락-현실원칙의 언어-구조라고 한다면, 이제부터는 이것을 무의식으로 간주하기보다 그것의 내부를 떠도는 간극의 유령을 무의식으로 간주하겠다는 표현이다. 그런데 이와 같은 간극은 단순한 균열이 아니라 구조화된 간극이다. 또는 구조화된 결여이다. 소실되었으므로 그것이 어떤 내용이었는지는 알 수 없지만, 지난주 밀레가 발제했다고 언급된 내용에는 무의식을 '구조화된 결여'로 파악하는 논점이 제시되었고, 이에 라깡이 화답하고 있는 것으로 짐작된다. '존재의-결여' 개념은 라깡이 1958년에 발표한 논문 「치료의 방향」에 처음 등장한다. 이 논문은 라깡이 이전까지 정신분석 임상을 내담자의 욕망의 인정에 초점을 맞추던 포지션으로부터 방향을 바꾸던 시기에 작성된 것이다. 1953년 「로마 보고서」로부터 시작된 라깡 정신분석 임상은 상징계를 강조하면서 상상계적이며 나르시시스적인 이미지에 사로잡힌 주체의 욕망을 일소하는 것에 집중되었다. 라깡이 L 도식에서 상상계적 벡터 $a\text{-}a'$에서 상징계적 벡터 S-A로 나아가는 분석을 추구했다는 사실은 잘 알려져 있다. 이와 같은 분석의 포지션에서 가장 중요한 것은 내담자가 자신의 욕망의 인정을 추구할 때에 분석가는 그것의 상징계적 인정을 수행하는 말의 대타자 위치에 선다는 것이다. 여기서 분석가는 명명하여 인증해 주는 말의 상징계적 신전의 제사장과 같은 역할을 한다. 이처럼 보수적인 면모를 보였던 초기의 라깡은 상징계의 우위라는 낯선 포지션을 고수하고 있었다. 급진적이며 전복적이고 나아가 위반의 정치학을 토대로 수행되는 예술적 기예로서의 정신분석을 추구하는 후기 라깡의 면모는 그곳에서 발견되지 않는다. 이에 덧붙여서 초기의 라깡이 대타자라는 개념을 세공하는 태도에서 발견되는 것은 그것을 말의 권위적 주체인 동시에 인증의 신전이라는 의미에서 장소로 파악하는 관점이다. 이 같은 초기 이론에서의 대타자 개념을 이해하기 위해서는 라깡에게 많은 영향을 주었던 알렉상드르 코제브의 『정신현상학』(헤겔) 강의를 염두에 둘 필요가 있다.

주인과 노예의 변증법을 통해 『정신현상학』의 모든 논점을 재구성해 내고 있었던 코제브의 이 강의는 라깡의 욕망 이론에 토대를 제공해 주었다. 이로부터 영향을 받은 라깡의 초기 대타자의 개념과 정신분석 임상에 관하여 밀레는 성서적 라깡 또는 인문주의자로서의 라깡, 심지어 촌스런 라깡이라고 논평한다.[1] 성서적이라는 표현은, 마치 우상에 사로잡힌 주체의 방황을 정지시키기 위해 십계명을 가져온 모세와 같은 역할을 분석가에게 부여하고 있다는 것을 가리킨다. 인문주의자humaniste라는 표현은 보편적 언어의 가치에 대해서 절대적 신뢰를 보내고 있었다는 사실을 가리킨다. 그리하여 이 시기 임상의 이미지는 다음과 같은 것이 된다. 한쪽에는 우상과 같은 상상계적 이미지의 포획에 사로잡힌 내담자가 있다. 그리고 맞은편에는 말의 권위를 통해 우상을 파괴하는 분석가가 있다. 내담자는 자신의 정체성을 인정받기 위해 상상계적 이미지들의 끝없는 경쟁적 순환에 사로잡히는 대신 분석가의 매개를 통해 도입된 말의 추상적 권위와 협약을 맺게 된다는 것이다.

그러나 1958년 이후 라깡은 이와 같은 보수적 태도를 버린다. 이론적 전환이 일어나고 있는 것인데, 그 중심에 '간극'과 '존재의-결여'라는 개념이 있다. 그리하여 주체는 정체성을 가질 수 없게 된다. 주체성의 본질은 오히려 간극이나 결여가 된다. 타자의 모든 영향력으로부터 점차적으로 일탈해 가고 있는 정신분석의 흐름이 본격화되고 있었던 것이다. 초기의 라깡에게서 그것은 상상계적 타자, 즉 작은 a(utre)의 영향력으로부터 벗어나는 양상이었다. 이를 위해 상징계적 대타자Autre가 요청되었던 것인데, 1958년의 라깡은 이마저도 거부하려 하는 것이다. 상상계적이건 상징계적이건 타자의 권력으로부터 빠져나가는 주체를 상정하는 방식으로 임상의 방향

---

1   Jacques-Alain Miller, 1981년 12월 9일 강의, 미출간.

을 전환하고 있었던 것이다. 그리하여 이제 1964년의 라깡은 자신의 입장을 보다 명백하게 정립하고 있다. 분석이 도달해야 하는 무의식의 장소는 상상계적 타자도, 상징계적 대타자도 아닌 **결여의 장소**라고 말하고 있는 것이다. 도달해야 하고, 그로부터 다시 출발해야 하는 무의식의 장소는 이미지의 장소도, 말의 장소도 아니다. 그곳은 이미지(상상계)나 말(상징계)이 잠시 정지되는 간극의 (비)장소이자, 주체의 통시적 역사가 단선을 일으키는 (비)시간성이다. 간극의 구조라는 말로 라깡이 의미하고자 하는 것이 바로 이것이다. 만일 무의식에 존재론적인 설명이 가능하다면, 그것은 오직 '간극'이라는 개념을 통해서만 해명될 수 있기 때문이다. 이에 대해서 라깡은 다음과 같이 말하고 있다.

"무의식의 간극, 우리는 그것을 전-존재론적pré-ontologique이라 말할 수 있을 겁니다."(52쪽)

만일 존재론이 '있음'의 궁극적 질서를 파악하고자 형성된 담론의 형식이라는 사실을 유념한다면 간극으로서의 무의식에 관한 존재론적 묘사가 불가능하다는 것을 이해할 수 있다. '있음'의 질서에 대해서 '간극'이라는 용어는 '없음'의 (무)질서를 가리키기 때문이다. 그러나 '있음'의 존재론적 질서를 존재의 궁극적 본질로서 가정하는 고전주의적 태도가 아니라면, '있음' 뒤에는 그것의 토대로서 '없음'이 (비)존재할 수 있다는 사실을 가정할 수 있다. 존재의 펼쳐짐이 가능할 수 있는 공백이 가정되어야 하기 때문이다. 무의식을 전-존재론적인 것으로 파악하는 라깡은 바로 그러한 토대의 장소로서 간극을 상정하고 있는 것이 된다. 그것은 존재들의 펼쳐짐이 시작되기 이전의 장소이며, 존재의 시간이 연쇄되기 이전의 시간이다. 그러나 너무 멀리까지 가진 말도록 하자. 존재의 기원이 간극으로서의 무의식이라는 표현은 그것을 초월적이며 시원적인 것으로 상상하도록 만드는 오류의 위험이 있기 때문이다. 모든 사유의 가장 엄밀한 형식으로서의 존재론적 사유의 대상이 생성될 수 있는 기원으로서 무의식을 가정하는 그러한 태도는 무의식을 신비화할 위험이 있다. 라깡이 그것을 전-존재론적 차원의 위상으로 가정하는 이유는 그런 신비주의를 위한 것이 아니다. 그보다는, 무의식이란 존재론적 질서의 정지점이고, 간극이고, 단선이고, 기능장애의 사건적 장소라는 것을 말하려는 것일 뿐이다. 간극이 질서보다 먼저 있는 것은 아니며, 그렇다고 질서가 간극보다 먼저 있는 것도 아니다. 둘은 뫼비우스의 띠처럼 연결된 구조일 뿐이다.

사건적 간극으로서의 무의식은 그렇게 구조적이다. 그것은 실체가 아니며 대상도 아니다. 또한 그것은 실현된 것들의 세계, 즉 의식의 세계에 대해서 간극의 위치에 상정됨으로써 일종의 잠재적 가능성으로 이해된다. 실현된 것들의 세계 질서를 정지시킴으로써 변화를 초래할 수도 있는 간극으로서의 무의식. 그런 의미에서 실현되지 않은 가능성의 사건적 장소가 무의식이라는 것이다. 이로부터 우리는 어째서 무의식이 자신을 드러내는 방식이 오직 증상을 통해서인가에 대한 이해에 도달할 수 있다. 증상이란 실현된 질서가 기능장애를 일으키며 정지되는 사건이지 않은가? 그것은 실현된 세계가 더 이상 자신의 일관성을 지속시킬 수 없는 사태에 다름 아니다. 무의식은 그러한 방식으로 실현된 세계 질서의 권력에 대항하며 자신의 잠재성을 드러낸다. 세계의 질서를 정지시키는 증상적 형식을 통해서 무의식은 출현한다. 거시적 차원에서 세계의 권력은 이와 같이 질서를 교란시키는 증상을 포획하여 억압하려 할 것이다. 현재 상황의 항상성을 추구하는 권력은 증상의 간극을 이미 존재하는 현재의 언어로 봉합한다. 미시적 차원에서도 마찬가지이다. 신체를 지배하는 욕망의 질서는 이것을 교란시키는 증상의 출현을 봉합하려 시도하며, 이것이 곧 일반적 의미에서의 '치료'이다. 프로이트의 정신분석이 여타 정신의학과 자신을 구별할 수 있었던 특이성은 증상을 곧바로 봉합하려 하지 않았다는 점에 있다. 프로이트는 증상의 목소리에 귀를 기울인 최초의 정신의학자였던 것이다. 히스테리 환자의 증상적 언어 표현에 몇 시간이고 귀를 기울여 주었던 최초의 의사. 프로이트 정신분석이 가진 역사적 단절과 도약의 지점은 바로 여기에 있다. 만일 천상이 세계의 가정된 질서를 담보하는 이데아의 환영적 장소를 의미한다면 프로이트는 그것의 토대에 자리한 무의식의 장소를, 저승(지옥)에 비교될 만큼 어두운 장소에 억압된 그것의 문을 개방하려 했던 것이다. "천상의 힘들을 꺾을 수 없다면 저승을 움직이련다 Flectere si nequeo superos Acheronta movebo."(52쪽)[2]라는 프로이트의 인용은 그러

---

2 이 문장이 처음 공식적 텍스트에 등장한 것은 프로이트의 『꿈의 해석』에서이다. 보다 정확하게는, 1900년에 출간된 이 책의 7장 「꿈-과정의 심리학」의 5번째 글: "일차 과정과 이차 과정, 억압"에서 인용되었다. 책의 한국어판 각주에서는 이 문장에 대해 다음과 같이 설명하고 있다. "고대 로마의 시인 베르길리우스의 서사시 『아이네이스Aeneid』 제7절, 312행. 프로이트는 전집의 주해에서 '베르길리우스의 이 시구를 이용해 억압된 무의식적 충동의 노력을 묘사할 생각이었다'고 설명한다. 그는 이 시구를 책 전체의 모토로 사용하였다." 그러나 프로이트는 이보다 앞서 플리스에게 보내는 1896년의 편지에 같은 문장을 언급하고 있다. 여기서 그는 "천상의 힘들을……"의 이 문장이 자신의 정신분석 연구에 가장 우선적 명제가 될 것이라고 강조하고 있다. 프로이트의 이 문장 인용에 대해서는 많은 프로이트 학자들의 해명이 있어 왔고, 그중에서 가장 보편적인 것은 다음과 같다. 즉, 프로이트는 "천상"이라는 용어로 의식의 로고스적 세계를 암시하며, "저승"이라는 단어로는 무의식의 충동을 가리키고 있다는 것이다. 이는 프로이트가 충동의 세계를 흔드는 방식으로 주체의 변화를 초래하도록 만들려 한다는 의미로 해석될 수 있다. 이로 인해 프로이트는 고전주의자가 아닌 독일 낭만주의자로서의 태도를 보인 것이라 해석되기도 한다. 물론 베르길리우스의 이 문장을 프로이트가 처음으로 주요하게 인용한 것은 아니다. 프로이트는 그와 동시대인이었던 라살의 인용을 참조하고 있었고, 거기에는 사회정치적 암시가 내포되어 있었다. 즉, 천상은 사회정치적 상부구조를 의미하며, 저승은 대지를, 즉 민중을 의미하는 것이었다. 프로이트가 이와 같이 다의적 해석이 가능한 문장을 인용한 이후, 그에 대한 확대된 해석들이 분분하자, 1927년의 편지에서 그는 자신이 이 문장을 그 어떤 계몽적이거나 유토피아적 해석을 위해 사용하지 않았다고 말하고 있다. Werner Achelis에게 보낸 한 편지에서 프로이트는 베르길리우스의 문장을 인용하는 데에 있어서 자신은 그 어떤 프로메테우스적 의도를 갖

한 차원에서 이해되어야 한다. 그러나 이처럼 무의식을 개방하여, 그것이 가진 역동을 보전하여 사용하려는 시도는 프로이트 이후 망각된다. 라깡의 표현대로 무의식은 "무균 처리"(53쪽)된다. 박제된 무의식. 그리하여 다시금 의식의 세계가 지배하게 되며, 자아를 중심으로 구성된 나르시시스적 세계가, 유한성의 코스모스적 우주가 승리한다. 일종의 '의료적 고전주의'라 불릴 만한 세기가 다시 시작되는 것이다. 정신분석과 무의식의 본질을 호도하는 영미권 정신분석의 승리. 상품-고전주의라 불릴 만한 "아메리칸 웨이 오브 라이프 스타일american way of life"의 전 지구적 지배. 이제 주체를 찾아온 증상은 자아를 지배하는 현실 담론의 권력으로부터 일탈하여 새로운 욕망의 구조를 구성해 낼 수도 있는 가능성이 아니라 단지 퇴행적 병증으로 폄훼된다. 증상에 귀 기울이기보다는 아버지 같은 의사의 고매한 인격을 모방해야 하는 모델로 상정하게 만든다. 내담자가 자신의 증상이 가진 힘을 이용하여 새로운 자기를 생산하는 절차로 나아가는 대신 "충분히 좋은 엄마"의 모성적 이미지에 낯 뜨거운 위로를 구하는 패배적 주체의 시대가 다시 시작되고 있는 것이다. 주체의 욕망이 가진 한계를 너무 쉽게 인정해 버리는 **메디컬 클라시시즘**의 시대. 너무도 쉽사리 타자의 권력에 양보해 버린 욕망의 패배주의. 프로이트 이후 세대가 보여 주었던 이와 같은 고전주의적 정신분석의 경향에 라깡은 반기를 들었지만, 그렇다고 라깡이 낭만주의적 위치를 고수했다고 생각한다면 오해다. 라깡이 무의식의 보존과 개방을 주장한 것은 그것이 욕망의 주체적 변화를 초래할 수 있는 유일한 힘의 장소이기 때문이다. 이러한 변화의 추구를 라깡 스스로는 창조론적 진리관이라 부른다. 또는 무로부터의 창조ex-nihilo라는 개념으로 규정하는데, 이는 그 어떤 낭만주의적 태도와도 다른 것이다. 프로이트와 마

지 않았다고 말하고 있었던 것이다. Sigmund Freud, lettre à Werner Achelis, 30 janvier 1927, *Correspondance, 1873-1939*, trad. Anne Berman et Jean-Pierre Grossein, Paris, Gallimard, 1979, p. 408.

찬가지로 라깡은 모든 종류의 낭만주의적이거나 신비주의적인 태도를 거부하고 있기 때문이다. 라깡에게 오직 명백한 것은, 인간의 심리는 언어의 지배를 받으며, 그로부터 특정한 욕망의 구조가 발생하는데, 이것이 타자로부터 온 것인 만큼 그것에 변화를 추구하는 것이 타당하다는 관점일 뿐이다. 무의식과 증상을 보존하려는 태도는 바로 이러한 변화의 추구를 위한 것이다. 타자-언어의 지배로부터 벗어나 새로움을, 절대적 차이를 창조해 내기 위해서 증상의 힘을 빌리려는 것이다.

라깡의 이러한 방향성은 온갖 종류의 "고딕풍 심리학"과 구별될 뿐만 아니라 전통 심리학과도 구별된다. 이에 대해 라깡은 다음과 같이 말하고 있다.

"전통 심리학의 영역에서는 신이 인간의 욕망에 남긴 것이라 생각되는 그 뭔지 모를 자취를 보면서 인간 욕망이 통제 불가능하며 무한한 것임을 강조하는 경향이 있지만, 분석 경험이 확인시켜 주는 것은 오히려 욕망의 유한한 기능입니다. 인간의 그 어떤 가능성보다도 더 어딘가에서 한계 지어져 있는 것이 바로 욕망입니다."(54쪽)

여기서 라깡이 언급한 "신이 인간의 욕망에 남긴 것"이란 심리학에서 가정되는 본능이다. 이것에 대한 흔한 오해는 그것이 무제한적이며 통제할 수 없다는 생각이다. 심리의 중핵에 동물적인 것이 있다는 것이다. 이로부터 야기되는 원초적 욕망에 대한 환상은 프로이트가 "망망대해 같은 느낌"이라 지칭하여 비판한 것이다. 이 용어는 로맹 롤랑이 프로이트에게 보낸 편지에서 궁극적 욕망의 망아적 상태를 표현하기 위해 언급했던 것으로,

프로이트는 그것을 종교적 환영으로 비판한다.[3] 프로이트는 인간의 욕망을 철저하게 한계 지어져 있는 것으로 간주하고 있었기 때문이다. 욕망의 본질이란 타자의 언어가 신체에 표지한 상흔stigma과 그렇게 패인 상처의 흔적vestigium으로부터 발생한 루틴을 따라서 한없이 단조로운 방식으로 반복되는 리비도의 흐름에 다름 아니다.[4] 그런 의미에서 인간의 욕망은 유한하며 그 한계가 명백하다. 라깡의 정신분석이 반복 강박으로서의 증상을 탐사하는 이유는 이처럼 유한한 욕망의 구조를 변화 가능하도록 만들기 위해서이다. 필자가 『세미나 7』의 강해서 『라깡의 인간학』에서 그의 정신분석을 **무한성 분석**으로 규정했던 이유도 여기에 있다. 만일 "인간의 욕

---

3   지그문트 프로이트, 『문명 속의 불만』, (1930/1929). 이 논문은 1930년 국제정신분석 출판사에 의해 출판되었으며, 『전집』 제14권(1948)에 실려 있다.

4   필자가 타자의 흔적으로서의 욕망이라는 개념 설명을 위해 스티그마stigma와 베스티지움vestigium이라는 기독교적 용어를 사용하는 이유는, 주체의 욕망이 비로소 주체적인 것이 되기 위해서는 타자-권력의 질서가 정지되는 외상적traumatique 사건이 요청되어야 함을 강조하기 위해서이다. 엄밀하게는, 두 개의 상흔과 두 개의 베스티지움이 있다. 첫 번째의 기원적 상흔과 베스티지움은 타자에 의해 남겨진 흔적이며, 이것을 봉합하러 오는 것이 바로 '세계의 애도', 또는 '팔루스의 봉합술'이다. 거세당한 주체에게 가부장적 세계 이데올로기는 팔루스라는 보편적 애도의 담론을 강제한다. 두 번째 스티그마와 베스티지움이 출현하는 것은 이 같은 팔루스의 강제가 실패하는 지점에서다. 정신분석은 그것을 외상, 즉 트라우마라고 명명한다. 그러나 두 번째 트라우마는 원초적 트라우마인 거세와 연결되어 있다. 두 번째 트라우마가 첫 번째의 그것을 소환하지 못하면, 그것은 진정한 트라우마로서의 역능을 가질 수 없기 때문이다. 이처럼 두 번째의 상처가 기원적 상처를 소환하고 환기시키는 현상을 기독교는 스티그마의 기적으로, 또는 베스티지움의 기적으로 개념화하고 있다. 예수의 성흔이 인간의 신체에서 반복되는 현상은, 예수라는 진리 사건이 타자의 언어에 봉합되지 않고 그의 사후에 다시 반복되는 것을 의미한다. 진리 사건으로서의 성흔의 반복, 즉 부활이 그것이다. 바디우의 정치철학은 이것을 단순히 사건événement이라고 규정한다. 세계의 질서가 논리적 초과에 맞닥뜨리는 사태, 또는 그러했던 흔적은 주체 발생의 조건이다. 그것은 세계의 신체가 상처의 균열을 개방하는 순간이다. 또한 그것은 벌어진 상실의 빈자리가 완전히 애도되지 못하여 언제든 다시 벌어질 가능성을 드러내는 순간이고, 그러한 사건적 절차가 사후적으로 다시 발견될 수 있는 흔적이 곧 즉 베스티지움이다. 철저하게 유물론적 관점을 취하는 필자와 라깡의 주체 이론에서 스티그마와 베스티지움이라는 기독교적 용어가 도입될 수 있는 것은 그러한 조건 속에서이다.

망이 언제나 타자의 욕망"이라면 그것은 타자의 언어가 남긴 흔적을 끝없이 반복하는 꼭두각시 인형 놀이에 다름 아니다. 라깡 정신분석은 인간 욕망의 이와 같은 타자적 반복의 루틴에 변화를 도입하고자 한다. 그러한 변화의 도입은 역설적이게도 유한한 욕망이 자신의 한계점에서 초과하는 증상적 현상의 반복 구조에 주목함으로써 가능해진다. 타자의 반복이 어찌하지 못하는 또 하나의 반복, 라깡이 Wiederholung이라는 프로이트의 용어로 지적하는 그것이 필연적으로 존재하기 때문이다. 따라서, 반복에 대항하는 또 다른 반복의 실재는 라깡 주체 이론의 조건이 된다. 변화가 도입되기 위해서는, 변화를 가로막는 타자의 반복이 정지될 수 있는 외상적 힘이 또한 반복되어야 하기 때문이다. 나아가서 정신분석이 추구하는 변화는 분석가라는 또 다른 타자에 의해 도입되는 것이 아니라 내담자 자신의 **언어 실험**에 의해서여야만 한다.[5] 그런 의미에서 라깡 학파의 정신분석은 인간 심리를 유한한 것으로, 일종의 가무한적 자연수의 반복과 같은 것으로 간주하며, 이것의 변화 가능성을 증상의 반복이 도입하는 무한성의 사건으로부터 찾는다. 바로 그러한 측면에서 정신분석은 전통 심리학과 정반대의 방향성을 갖는 것이라 할 수 있다. 전통 심리학은 인간 욕망의 동물적 특성에 무한성이라는 낭만주의적 위상을 부여한 뒤에 이것을 인간적인 것으로, 즉 타자의 언어 질서에 다름 아닌 그것으로 길들이려는 유한성의 목표를 추구하기 때문이다.

---

5 이와 같은 정신분석의 "언어 실험"에 관하여 라깡은 『세미나 7』에서 "사드의 실험문학"이라는 표현을 쓴다. 정신분석 임상이 언어의 전개를 통한 실천이라면, 사드적 승화에 준하는 파괴적 실천에 비교될 수 있다는 것이다. "사드의 실험문학"에 대한 보다 자세한 참조는 『라깡의 인간학』을 참조.

무의식의 시간

무의식이 간극 또는 틈새의 형식을 통해 작동한다는 사실에 대한 보충설명을 위해 라깡은 무의식의 시간성을 언급한다. 프로이트를 따르자면 무의식은 시간의 작용에 영향을 받지 않는다. 무의식에 억압된 기억들은 시간의 순서대로 작동하지 않기 때문이다. 예를 들어 프로이트의 『늑대인간』의 사례에서 내담자가 생후 6개월경에 보았다고 증언하는 부모의 성관계 장면은 그것이 목격되었을 당시에는 성적인 의미를 가질 수 없었다. 유아기의 사유가 그것을 성적인 행위로 이해할 수는 없을 것이기 때문이다. 그러나 어쨌든 그것은 부모의 성행위라는 의미를 담는 기억으로 구성되고 무의식에 억압되는데 여기서 작동하는 시간은 사후성이다. 어느 정도 성적인 판단을 하게 되었을 시기의 어린 소년은 자신의 기억 속에 자리한 부모의 어떤 이미지를 성적인 것으로 재해석해 내었을 것이기 때문이다. 그러한 방식으로 기억은 무의식의 바닥으로 다시 가라앉아 억압된다. 이렇게 억압된 기억들은 순차적인 시간의 흐름을 가질 수 없다. 심연에 침잠한 채로 뒹굴고 있는 파편들이 그러하듯이, 그들은 순서 없이 조류에 휩쓸려 떠오를 수 있다. 트라우마 역시 마찬가지다. 그것이 하나의 기원적 사건으로 기능할 수도 있겠지만, 많은 경우 사후적 재해석의 과정 속에서 트라우마로서 재구성되는 것이 사실이다. 그런 의미에서 무의식의 시간성은 역사적 일관성을 갖지 않는다. 오직 우발성만이 무의식의 시간을 지배하는 것이다. 하나의 아주 오래된 기억이라 해도 최근의 사건을 통해서 진정한 과거가 되는 일이 가능하다는 말이다. 그러한 방식으로 무의식에서 시간은 역행하거나 침잠한다. 우회하거나 초과한다. 이처럼 무의식이 일관된 시간의 작용에 영향을 받지 않는다는 언급은 시간의 질적 사태와 관련하여 무의식을 설명해 준다.

한편 라깡의 시간에 대한 양적 규정으로서 **"시간은 흐르지 않는다"**는 언명은 주체의 역사 속에서 시간은 흐르지 않고, 오직 반복될 뿐이라는 사실을 가리킨다. 프로이트를 인용하며 라깡이 도입하는 '불멸'의 개념이 이를 해명한다. 프로이트가 『꿈의 해석』에서 언급했던 욕망의 특수성으로서의 '불멸'―이것은 시간의 양적 안정성과 대립하는 개념이다. 만일 '지속'이 시간의 양적 흐름을 파악하는 고유한 규준이라고 한다면 '불멸'은 끝을 갖지 않는다는 의미에서 그와 같은 양적 파악을 불가능하게 만든다. 얼마만큼 지속되었는지 파악하기 위해 시작과 끝의 기간을 측정하는 것이 시간의 양적 개념의 토대라고 한다면, 무의식의 장소에서 작동하는 욕망의 불멸성은 뉴턴적 시간의 틀을 통한 이해를 불가능하게 만든다. 주체의 역사속에서 과거에 구성된 하나의 욕망의 유형이 이후의 삶에서 동일한 방식으로 반복된다는 의미에서 그것은 과거에 의한 현재와 미래의 지배라고 할 수 있고, 따라서 오직 과거만이 존재한다고 말할 수도 있다. 그리고, 이와 같은 욕망의 지배는 파괴 불가능한 특성을 갖는다. 그것은 "과거의 이미지를 통해 지탱하고 있는 것을 항상 일순간의 한정된 미래로 실어 나르기만 할 뿐"(56쪽)이지만, 그러나 실어 나름의 힘은 소멸될 수 없다. 프로이트에 의해 지적된 욕망의 파괴 불가능성에 대한 이와 같은 논점은 라깡에게서 다음의 두 가지 시간적 개념을 이끌어 냈다.

우선 먼저 초기 라깡에게서 시간의 불멸성은 상상계적이며 따라서 나르시시스적인 이미지의 포획에 사로잡힌 주체의 욕망에 귀속된다. 이러한 욕망은 막강한 힘을 발휘하며 소멸 불가능한 것처럼 보였기 때문이다. 초기 라깡이 분석을 상징계의 대타자에게 연결하는 과정으로 간주했던 것은 바로 이와 같은 욕망의 파괴 불가능성을 정지시키기 위함이었다. 어떤 의미에서 이러한 태도는 주체에게 뉴턴적 시간성을, **대타자의 시간**에 다름 아닌 그것을 되돌려 주려는 시도였다고 볼 수도 있다. 시작이 있으면 끝이 있어야 한다는 관점. 하나의 이미지에 사로잡혀 자신의 자아를 온전히 장악당했지만, 그리하여 반복 강박의 무시간성에 포획당했지만, 그러나 이제는 그로부터 벗어나 욕망이 인증된 다른 누군가가 될 수 있어야 한다는 임상적 태도가 그곳에 있었다. 상징계를 강조하고, 그곳에서 내담자의 사유가 전개될 수 있도록 말의 대타자가 되어 주려는 분석가의 태도는 시간에 관한 다음의 목표를 갖는 것이다. 즉, 주체를 그가 사로잡혀 있는 상상적이며 폐쇄적이고 그런 의미에서 지극히 개인적일 수밖에 없는 (비)시간의 함정으로부터 벗어나게 하는 동시에, 대타자에 의해 인증된 공인된 시간성을 그에게 되돌려 주려는 전략.

그러나 이와 같은 라깡의 보수적인 태도는 1958년 「치료의 방향」이라는 논문을 작성하면서 포기된다. 이 시점에서 라깡은 대타자를 말parole이 아닌 언어langage의 장소로 간주하기 시작한다. 언어는 기표의 연쇄가 무한정 전개되는 장소이다. 여기서의 욕망은 환유의 법칙에 사로잡힌다. 하나의 기표가 다른 하나의 기표의 의해 대체되는 무한반복의 절차에 사로잡힌 욕망은 절대로 소멸하지 않으며, 이미 무시간성의 함정에 갇혀 버린 현상이 된다. 욕망의 불멸성, 또는 비시간성은 욕망 자체의 조건이 되는 것이며, 어떠한 대타자의 보편적 역사성도 그것을 길들일 수 없다. 따라서 그것은 기표를 통해 사유하는 인간 욕망의 고유한 특성이 된다. 그것은 임상이 변화시킬 수 있는 특성이 아니라, 받아들여야 하는 욕망의 절대적 조건이 되는 것이다.

이것이 1958년에 즈음한 라깡의 시간관이라면, 이제 1964년의 라깡은 **간극의 시간성**이라는 또 다른 개념을 도입하고 있다. 만일 언어 장치에 사로잡힌 욕망의 고유한 구조가 환유의 무한 전개라고 한다면, 이에 더해서 무의식이 가질 수 있는 또 다른 시간성이란 그와 같은 욕망의 환유적 절차 내부에 존재하는 간극이 된다. 이에 대하여 라깡은 "사라지면서 출현하는 것apparition évanouissante"이라는 표현을 쓴다. 『세미나 11』에 즈음하여 라깡이 가정하는 무의식의 시간성은 이처럼 오직 논리적인 방식으로만 표현될 수 있는 역설적 구조를 갖게 된다. 직관이 의존하는 시작과 끝 사이의 지속이라는 감각에 대해서 무의식은 빠져나가는 형식의 시간성을 구성한다는 것이다. 그것은 열리는 동시에 닫히는, 라깡이 "틈새 박동의 절분된 구조la structure scandée de ce battement de la fente"라는 용어로 가리키는 특수한 시간성을 가진다. 이로서 라깡은 언어와 같이 구조화된 것으로서의 무의식과 그것 내부의 환유적 시간이라는 규정으로부터, 개폐 박동의 시-공간적 장소로서의 무의식이라는 규정으로 이행하고 있다. 이제 시간은 대타자의 공인된 흐름을 따르는 것이거나, 또는 대타자의 환유적 전개를 따르는 것이 아니다. 그러한 공적이거나 시스템적 시간성은 무의식의 간극 효과를 표현할 수 없다. 이제 진정한 시간성이란 오히려 그와 같은 흐름의 파열적 장소에서 일어나는 '순간성' 또는 사건적 시간성이다. 그것은 흐르는 것이 아니라 개폐 운동 속에서 사건처럼 불현듯 출현하는 것, 타자-권력의 시간을 정지시키는, 기적에 가까운 시간성이다.

무의식의 위상은 윤리적인 것이다

만일 무의식이 이처럼 간극의 구조로 되어 있는 것이라면, 그리하여 그것의 존재론적 위상을 균열과 틈이라는 구조로만 파악할 수 있다면, 무의식의 존재 양태는 "없음의 형식으로 있다"라고 말해져야 한다. 그것은 존재론적 차원에서 그저 주어진 채로 발견되어야 하는 것이 아니라, 출현 자체가 명명이라는 인위적 절차에 의존하기 때문이다. 따라서, 그것은 "아무것도 없는 것이 아니라, 아무것도 없는 것이 아닌 것이리라"(103쪽)와 같은 종류의 인위적 발화에 의존한다. 그것은 비존재의 존재라는 논리적 초과의 표현을 통해서만 등장하는 존재의 유령이다. 이와 같은 무의식의 역설적 존재 양식은 다음의 주체 논리를 도출한다. 즉, 무의식은 그것의 '없음'이라는 존재 양태를 '있음'의 형식으로 욕망하는 주체의 절차를 통해서만 자신을 드러낼 것이라는 말이다. '없음' 즉 무는 새로운 생성의 조건이다. 모든 있음은 없음의 상태로부터 발생론적 사건을 통해 등장하기 때문이다. 그러나 없음은 또한 소멸이며 무질서이고 상징화될 수 없다는 의미에서 주체에게 사유될 수 없다. 주체라는 절차, 세계의 질서로부터 관찰하면 단순한 이질성인 그러한 절차가 개입되지 않는 상황에서 그것의 중립적 형상은 말 그대로 없음 그 자체이다. 주체의 욕망이 무의식에 대해서 또 다른 하나의 촉발자인 이유가 여기에 있다. 중립적 상태로서의 무의식은 그것의 비존재를 존재의 양태로 욕망하는 주체를 통해서만 자신을 드러낼 수 있기 때문이다. 주체의 관점에서 그것은 없는 것이 아니라, 없음의 형식으로 있다. 그런 의미에서 무의식은 "무슨 일이 있어도 거기에 가야만 한다"라고 말하며 욕망하는 주체에 의해서만 '생성'될 것이다. 이에 대해서 라깡은 무의식이 존재의 수준이 아니라 윤리적 관점에서 파악되어야 할 것이라고 말하고 있다.

"제가 존재의 수준에서는 매우 취약하다고 지적한 무의식의 위상, 그것은 윤리적인 것입니다. 프로이트는 진리를 갈망하면서 이렇게 말합니다. '무슨 일이 있어도 거기에 가야만 한다.' 왜냐하면 무의식이 어디선가 자신의 모습을 드러내고 있기 때문입니다."(57쪽)

거꾸로 이야기해 보자. 만일, 무의식의 위상이 존재론적으로 확고하다면 우리는 굳이 그곳으로 가야 하는 노력을 할 필요조차 없을 것이다. 마치 타자의 지배가 그러하듯이, 그것은 언제나 거기서 우리를 지배하면서 마치 인간의 삶이란 필연적으로 그러해야 하는 것처럼 삶을 이끄는 영향력을 행사할 것이라면, 그리로 가려는 노력 없이도 언제나 우리는 그리로 가게 될 것이니까. 그런 의미에서이다. 간극으로서의 무의식의 위상이 취약하다는 명제가 윤리적 요청을 이미 내재한다고 말할 수 있는 것은. 나아가서, 프로이트가 이와 같은 표현을 했을 때에는, 그리고 라깡이 이를 다시 강조하려 했을 때에는 다음과 같은 명확한 사태가 가정된 것으로 이해할 수 있다. 즉, 거기에 가야만 하는 이유는, **가지 않는 것이 비윤리적**이기 때문이다. 그곳에는 진리[6]가 있고, 지금 이곳에는 진리가 없다. 지금 이곳, 즉 의식의 현실 세계는 타자의 권력으로 소외된 장소이다. 무의식은 그와 같은 현실의 허상을 폭로해 주는 진리의 장소이다. 그러나 여기서 오해하지 말아야 할 것은, 라깡이 강조하는 무의식의 장소가 이제껏 알려지지 않은 비밀스런 진리를 숨기지는 않을 것이라는 사실이다. 그것이 진리의 장소인 이유는 타자적 현실의 견고한 환상의 담벼락에 발생한 균열의 역할을 하기 때문이다. 팔루스의 마취가 강제한 잠으로부터, 모두가 잠든 세계로부터의 깨어남이 가능할 것이기 때문이다. 간극으로서의 무의식이란 실체가 아니라 공백의 형식으로만 그곳에 균열을 만든다. 따라서 무의식에 도달해야만 하는 이유는, 현실의 환상을 몰락으로 이끌기 위해서이고, 그로부터 도

---

6 여기서 말해지는 진리vérité는 전적으로 발생론적 진리를 말한다. 그것은 진리가 아닌 것, 즉 타자-권력의 지배에 대한 저항의 절차를 의미하며, 그러한 절차를 통해 생산된 새로움을 가리킨다. 이렇게 생산된 진리는 현재를 지배하는 유한성의 담벼락을 무너뜨리고, 보다 확장된, 그리고 보다 새로운 세계를 출현시킨다. 이것은 실체가 아닌 것으로서의 진리이며, 진리가 아닌 것에 대한 빠져나감의 절차 속에서 발생할 수 있는 최선의 효과이다. 그런 의미에서 주체라는 용어와 진리라는 용어는 같은 범주를 가리킨다. 주체는 진리 생산의 절차이고, 진리는 주체 과정의 결과이다. 정신분석이 타자-언어의 권력에 소외된 주체와 그로부터 빠져나가는 증상적 절차를 강조하는 것은 이와 같은 진리관, 주체 이론에 근거해서이다.

래할 새로움을 창조하기 위해서이지, 초월적인 실체로서의 진리를 찾아내기 위한 것이 결코 아니라는 말이다. 그런 의미에서 무의식이 숨기고 있는 진리는 실체가 아닌 공백의 형식으로 존재할 뿐이다. 그것은 순수하게 절차로서의 진리이며, 발생론적 의미에서의 진리일 뿐이다. 주체의 욕망의 구조가 변화한다면, 바로 이러한 진리 효과의 결과라고 이해될 수 있을 것이다. 그럼에도, 욕망의 구조가 변화한 상태 자체는 진리가 아니라는 사실 또한 유념해야 한다. 진리, 또는 주체는 순수하게 절차적인 것이며, 그 효과로서의 결과와 구분되어야 한다.

아이가 불타는 꿈—1: 큰사물에 너무 가까이 다가선 주체

무의식의 윤리적 위상에 대해 설명한 뒤 라깡은 문득 프로이트의 『꿈의 해석』 마지막 장에 등장하는 사례 하나를 언급한다. '아이가 불타는 꿈'이라고 명명된 것인데 그 내용은 오랫동안 병을 앓던 아들의 죽음을 감당해야 했던 한 아버지의 꿈에 관한 것이다. 아들의 장례식을 치르던 날 밤 피로에 지쳐 잠시 잠이 든 아버지는 죽은 아들이 침대에서 일어나 불타고 있는 모습을 본다. 꿈속의 아들은 "아버지 제가 불타고 있는 것이 보이지 않으세요?"라며 원망스레 외치고 있었다. 그런데 이 꿈은 실제의 사건에서 촉발된 것이다. 아들의 시신이 모셔진 침상에 촛대가 넘어져 그만 불이 붙고 말았던 것이다. 시신에 옮겨 붙은 불길과 연기의 냄새를 지각한 잠든 아버지의 무의식은 즉각 잠에서 깨어나도록 하는 대신 그를 자극하는 감각을 재료로 실제 벌어지고 있었던 사건과 거의 다를 바 없는 꿈을 만들어낸다. 이 이야기는 꿈이란 욕망의 우회적 실현이라는 프로이트의 이론에 대립하는 듯하다. 꿈이 현실의 상황을 그대로 베껴 쓴 것처럼 흡사했던 것이다. 게다가 여기서의 현실은 꿈의 주체에게 고통을 가져다주는 참혹한 사태였다. 프로이트의 이론에 따르면 꿈은 불쾌한 현실을 피하고 억압된 쾌락을 교묘히 등장시키는데 이 사례에서는 그런 것 같지 않다. 주체의 억압된 쾌락은 우회적으로 만족되지 않으며, 오히려 은폐된 고통에 한 걸음 더 다가서는 것처럼 보인다. 주체의 욕망의 대상이던 사랑하는 아들은 불타는 모습으로 그를 원망하고 있기 때문이다. 이에 대해서 라깡은 질문하고 있다. "프로이트는 왜 이 예를 가지고 꿈이 욕망의 이미지라는 이론을 펼치고 있는 것일까요?"(59쪽). 그렇게 말한 다음 라깡은 다시금 이렇게 자문한다.

"아들은 무엇에 의해 불타고 있는 것일까요? 그것은 프로이트의 위상학 속에 표시된 다른 지점들을 통해 드러나게 될 어떤 것, 다시 말해서 프로이트가 오이디푸스 콤플렉스와 결부시킨 햄릿 신화 속에서 망령이 짊어진 아버지의 죄악의 무게[가책]에 의해서가 아닐까요? 아버지, 아버지의-이름은 법의 구조를 가지고 욕망의 구조를 지탱하지요. 하지만 키에르케고르가 지적했듯이 아버지가 물려준 유산은 곧 아버지의 죄악입니다."(59쪽)

라깡은 꿈속의 아들이 불타는 이유가 아버지의 죄악 때문이라고 말하고 있다. 아들의 신체를 감싼 채 타오르는 고통스런 화염은 죄악이라는 이름을 갖는다는 것이다. 그러나 여기서 분명히 해야 할 것은, 라깡이 말하는 '아버지'란 지금 꿈을 꾸고 있는 주체를 가리키는 것은 아니라는 사실이다. 여기서 말해지는 아버지는 법의 아버지이다. 즉, 아버지들의 아버지인 것이다. 이와 같은 상징적 아버지는 실제 아버지의 매개를 통해 모든 아들들에게 법을 강제하지만, 실제의 아버지 역시 상징적 아버지의 지배를 받는다는 사실을 잊지 말아야 한다. 따라서, 꿈속에서 불타고 있는 아들의 이미지는 상징적 아버지의 법에 의해 금지된 욕망의 원초적 대상이라고 할 수 있다. 주체가 자신에게 소중한 누군가를 잃게 되었을 때 그가 꿈속에서 만나게 되는 것은 실제로 상실된 것 이상의 어떤 것이다.[7] 그것은 실제의 상실이 촉발시킨 근원적 상실의 대상이다. 꿈속에서 그가 만난 것은 죽은 아들인 동시에, 그가 아주 오래 전에 잃어버린 근원적 상실의 대상이기도 하다는 말이다. 여기서 라깡이 '아버지의-이름'이라고 지시하는 것은 법의 구조이다. 그것은 모든 아들들이 안정된 욕망의 항상성을 추구할 수 있도록 하는 장치이다. 그러나 이러한 법의 강제는 또한 복종의 쾌락과 더불어 위반에 대한 충동을 남기는 것 역시 사실이다. 법은 질서와 함께 죄의 탐닉도 생산한다. 사도 바울이 말하듯 "율법이 없었다면 죄를 탐함도 알지 못하였을 테니" 말이다. 아버지의 법을 수용함으로써 극복되는 오이디푸스 콤플렉스는 이처럼 초자아의 목소리와 함께 큰사물의 죄악에 대한 정념을 욕망의 쌍둥이처럼 주체에게 심어 놓는다. 이는 또한, 분석 상황에서 내담자들이 무의식으로 접근할 때에 예외 없이 보여 주는 죄책감과 불안 그리고 반항의 정동을 설명해 준다. 아버지의-이름이 도입된다는 것은 악이 도입된다는 말이기도 하며, 그로부터 기인하는 죄책감과 반발의 증오심이 도입된다는 말이기도 하다.[8] 꿈속의 아들이 아버지의 죄악으로 불타고 있

---

7 상실된 것이 진정으로 상실의 기능 속에 들어갈 때에 상실된 실제의 대상 이상의 것을 소환한다는 관점은 앞서 설명된 트라우마의 해명과 연결된다. 하나의 사건이 트라우마로 구성되기 위해서는 원초적 상실로서의 트라우마에 연결되어야 한다는 것이다. 다른 한편으로, 이와 관련하여 『세미나 7』에서 분석되는 안티고네의 상실에 대한 논평을 상기해 보는 것도 흥미롭다. 안티고네가, 자식이나 남편을 잃는 것과는 다르게 자신의 오라버니 폴리네이케스를 잃는 것이 어떻게 돌이킬 수 없는 상처인지를 해명하는 대목이 그것이다. 남편을 잃게 되면 다른 남자와 결혼하고, 아이를 잃게 되면 다시 낳으면 되지만, 오라버니만은 그럴 수 없다는 안티고네의 한탄에서 추론해야 하는 것은, 그녀의 현실적 상실이 원초적 상실을 건드렸다는 점이다. 그것 말고는, 그녀의 한탄에서 논리적 타당성을 찾을 수 없다.

8 큰사물과 이를 억압하는 아버지의-법의 도입은 상호적이다. 큰사물이 악의 관념을 갖게 되

다고 라깡이 말하는 것은 바로 그런 의미에서이다. 마치 햄릿이 아버지 세대의 죄로 인해 비극에 던져지는 것처럼. 그리하여 복수에 대한 열망과 근친상간적 원죄의 불꽃으로 자신을 불태우는 것처럼 말이다. 그런 의미에서 '아이가 불타는 꿈'에서 꿈을 꾸는 주체는 아버지가 된 햄릿이다. 그는 자신의 욕망의 대상을 아들의 형상으로 만나게 되며, 심지어 그것이 불타는 꿈을 꾸게 됨으로써 상실된 근원적인 대상에 접근하고 있기 때문이다. 그 불꽃은 바로 꿈을 꾸는 아버지 자신의 아버지, 즉 절대적 아버지에 대한 원한의 감정이자 그로 인한 죄책감이다. 자신이 상실한 것이 불타는 모습으로 자신에게 접근하고 있는 것은 바로 그러한 원한의 현실에 접근한 주체의 근본적 체험에 다름 아니다. 그래서 라깡은 말하고 있다. "아버지[라는 역할]에 대해 매 순간 깊은 의구심을 갖고 있다는 것을 그 스스로 드러내는 곳이 아닐까요?"(60쪽)라고. 꿈을 꾸는 아버지는, 자신이 아버지의 대리인 역할을 하고는 있지만, 그럼에도 "아버지 제가 불타는 것이 보이지 않으세요?"라고 원망하듯 말하는 주체에 다름 아니라는 사실에 접근하고 있는 것이다. 그것은 한없이 부서지기 쉬운 무의식의 일렁이는 무늬를 통해 출현하는 욕망의 가장 근원적 체험이다. 여기서 불타는 시신이란 주체의 욕망의 가장 뜨거운 대상이며, 라깡이 『세미나 7』에서 큰사물Chose이라는 프로이트의 용어를 통해 해명하려 했던 대상이기도 하다. 그것은 또한 "극심한 불안을 야기하는 미스터리의 입구에서 멈춰진 꿈"을 통해서만 마주

는 것은 아버지의-법의 출현에 기인하며, 아버지의-법이 초자아의 힘을 획득하는 것은 큰사물의 무게 때문이다. 이와 관련하여 성도착의 구조를 이해할 수 있는 단초도 발견된다. 성도착이 악으로서의 큰사물에 대하여 시도되는 쾌락에 관한 또 다른 하나의 해석이라고 한다면, 이 역시 아버지의-법의 도입 없이는 불가능한 사태이다. 그런 의미에서 성도착의 구조는 신경증의 억압 구조와 분리될 수 없다. 이러한 관점을 조금 더 밀고 나간다면, 성도착을 신경증의 분과로 귀속시킬 수도 있는 가능성이 발견될 수 있다는 것이 필자의 생각이다. 성도착을 독립된 구조로 다루기에는, 비록 그것이 위반의 대상이기는 해도, 아버지의-법의 기능이 너무도 중심적이기 때문이다.

할 수 있는 상실의 대상이다. 너무 근접하게 된 주이상스로서의 불타는 시신의 이미지. 이에 대해서 우리는 라깡이 『세미나 7』에서 분석했던 안티고네와 그녀가 욕망했던 폴리네이케스의 시신을 소환하지 않을 수 없다. 또한 같은 세미나에서 탐사된 사드의 욕망과 그 대상으로서의 불멸의 희생자들을 환기하지 않을 수 없다. 그것은 큰사물의 각기 다른 형상들이기 때문이다. 그것은 극심한 불안 속에서 진리를 대면하도록 만드는 큰사물과의 조우에 대한 라깡의 다양한 해석 사례들이다. '아이가 불타는 꿈'에서 프로이트는 신경증적 주체가 공포와 불안이라는 방어적 감정을 통해 욕망의 대상(아들)의 불타는 시신으로부터 물러서는 모습을 보여 주고 있다. 잠에서 깨어나 현실의 부산스런 장소로 도망치는 방식으로 실재réel로부터 현실réalité로 달아나는 주체의 모습이 그것이다. 반면 죽음충동의 화신인 안티고네는 폴리네이케스의 시체에게 망설이지 않고 돌진하여 들어간다. 시신의 썩는 냄새는 아이를 불태우는 화염처럼 범인凡人의 접근을 가로막지만 그녀는 직진한다. 그녀는 근친상간적 욕망의 궁극적 대상에 다름 아닌 폴리네이케스의 시신에 광적으로 집착한다. 마치 한 편의 악몽과 같은 상황극 속에서 안티고네는 죽음충동을 따르는 여정의 마지막에 이르고야 마는 것이다.[9] 그러한 방식으로 그녀는 욕망의 상실된 대상에 대한 애도의 절차를 국가-권력-장치의 매개에 양도하지 않으며, 스스로 그것을 완수한다. 안티고네는 모든 타자적 매개에 맞서 주이상스에 대한 직접적 애도를 시도하고 있으며, 그와 같은 절대적 차이의 절차를 불안과 공포 속에서 탐닉하고 있다. 시체 앞에서 그녀가 부르는 새소리와 같은 휘파람의 노래를

---

9   소포클레스의 모든 작품들이 갖는 특징은 다른 어떤 극작가로부터도 발견되지 않는 파멸의 연쇄적 형상들이라고 할 수 있다. 라깡은 이에 대해서, 마치 도미노처럼 무너져 들어가기만 하는 기이한 플롯이라고 논평한 바 있다. 소포클레스의 작품에서 서사는 그것의 처음부터 몰락을 향해 직진하는 죽음충동의 연쇄반응과 같은 형상이다.

상기해 보자.[10] 만일 이것이 히스테리적 주체가 보여 줄 수 있는 최고의 영웅적 형상이라고 한다면, 이에 반하여 사드는 불안도 공포도 없이 불멸의 아름다운 시신에 다름 아닌 희생자들의 신체를 탐닉한다. 욕망의 대상은 **물신화**되며, 그리하여 죽지 않는 세계, 거세되지 않은 도착증의 왕국을 구축해 낸다. 이는 도착적 주체가 보여 줄 수 있는 큰사물에 대한 탐닉의 태도에 다름 아니다. 큰사물은 물신으로 전환되며, 물신은 아버지의 법을 폐지한다. 물신의 기능으로 축소된 큰사물은, 그것이 가지고 있었던 불안의 힘을 상실한다.

'아이가 불타는 꿈'에서 자식을 잃은 한 남자가 마주하고 있었던, 원죄로 불타는 욕망의 대상은 이처럼 세 가지 방식으로 달리 해석될 수 있다. 만일 "꿈이 욕망의 이미지"라면, 꿈은 그러한 욕망의 대상에 얼마나 가까이 접근하느냐에 따라서 각기 다른 세 가지 형상을 할 수 있기 때문이다. 강박증의 꿈은 실재로부터 현실로 즉각 도망치듯 잠에서 깨어날 것이며 '아이가 불타는 꿈'에서의 아버지가 그러하다. 그는 상실의 애도를 꿈속에서 완료하지 않고 즉각적으로 꿈에서 깨어나 현실의 장례식을 따른다. 현실 권력이 제공하는 애도의 절차를, 크레온의 애도를 수용하는 것이다. 그러나 히스테리적 주체는 불타는 시신 앞에 보다 오래 머문다. 그녀는 공포와 함께 그곳에 머물면서 자신만의 애도를 수행한다. 그리하여 불타는 상실의 대상의 불꽃이 팔루스의 지배를 받는 현실적 영토로 침노하여 들어오는 것을 허용한다. 히스테리적 주체에게 상실의 꿈이 어른거리지 않는 현실이란 없기 때문이다. 그러나 성도착은 시신에 입을 맞추며 공포의 불을 끌 수

---

10 안티고네가 도착적 구조에 속한다고 볼 수 없는 이유는, 그녀가 불안의 고통을 표현하고 있으며, 스스로 목매달아 자살하기 때문이다. 큰사물로서의 폴리네이케스의 시신에 가장 가까이 접근한 주체이면서도, 그로부터 파생되는 주이상스를 고통의 형태로만 감당하는 주체라는 의미에서 그녀는 여전히 신경증자, 즉 히스테리적 주체이다. 『세미나 7』의 라깡에게서 히스테리적 영웅으로 그려지는 안티고네는 위대한 고통의 탐닉자이며, 그것을 쾌락의 형태로 번역하는 도착적 주체는 아니라는 것이다.

도 있다. 물신으로서의 시신은 불타는 대신 위반의 쾌락을 발산할 것이다. 그러한 방식으로 도착증은 실재에 오른발을 담근 채 현실의 삶을 영위할 수 있을 것이다.

그러나 이번 강의에서 라깡은 거기까지 말하고 있지는 않다. 꿈에 대한 해석은 아주 간단한 암시만을 남긴 채 데카르트적 주체의 확실성에 대한 논제로 넘어가고 있기 때문이다. 라깡이 다시금 '아이가 불타는 꿈'에 관하여 논하는 것은 이어지는 강의들에서 자기 자신의 꿈에 대한 에피소드와 연결하는 장면에서이다. 우리 역시 그의 흐름을 따라서 이 꿈에 대한 설명을 다음 강해에서 다시 이어가 보려고 한다.

무의식적 사유의 확실성, 데카르트주의자로서의 프로이트

프로이트의 꿈에 관한 다른 각도의 논평을 이어 나가기 위해서 라깡은 '확실성의 주체'라는 개념을 도입한다. 그러면서, 꿈의 작업과 그에 대한 해석에 있어서 중요한 것은 '진리'[11]의 개념이 아니라 '확실성'이라고 말한다. 꿈의 내용이 구체적으로 무엇을 지시하고 있는지 또는 어떤 숨겨진 의미를 내포하고 있는지 따위는 중요하지 않다. 그보다는, 꿈이 어떤 종류의 주체의 확실함을 증언한다는 점이 더 중요하다. 분석가가 내담자의 꿈 이야기를 통해 확신할 수 있는 것은 그것이 내포한 의미의 진위 여부가 아니

---

11 여기서 라깡이 말하는 진리la vérité는 앞서 필자가 언급했던 주체의 절차를 말하는 것이 아니라 사실 관계의 진위 또는 진실을 말한다. 바디우는 이에 대해서 주체의 절차로서의 진리 vérité와 언표와 대상의 일치라는 의미에서의 진실véridicité를 구분한 바 있다. 알랭 바디우, 『존재와 사건』(조형준 옮김, 새물결, 2013) 참조.

라 그 너머에 은폐되어 있는 무의식의 주체의 확실성이라는 말이다.[12] 이에 대한 필자의 논평을 덧붙이자면 다음과 같다. 만일 진리가 주체의 절차이며, 그로부터 파생되는 세계 내 효과에 다름 아닌 것이라면, 사실상 주체의 확실성을 증명하는 것이 곧 진리의 확실성에 대한 논증이 될 수 있다. 삶이라는 한 편의 꿈에서 실체로서의 진리가 어디에 있는지를 탐사하는 것은 무의미할 뿐이니까. 언표와 대상의 일치를 가정하는 진실성, 바디우가 『존재와 사건』에서 véridicité라고 언명하는 그것의 확인은 무의미하다는 것이다. 언표의 질서가 권력에 의해 출현하는 순간 이미 그것의 대상들이 함께 출현하여 리얼리티라는 환영적 세계를 구성해 내는 것이므로. 언표와 사물의 일치를 찾아 헤매는 실증과학적 태도의 나이브함은 논할 가치조차 없다. 언어가 출현하는 순간 산물sache이 함께 생산되는 것이므로, 그리하여 사물das Ding은 영원히 억압되는 것이므로, 그러한 언어 권력의 논리로부터 초과하는 지점을 찾아내는 것이 유일하게 중요하다. 어떻게 세계라는 폐쇄된 타자의 장 속에서 그와 같은 주체(초과)의 절차가 존재할 수 있으며, 또한 출현하는지를 파악하는 것이 중요하다. 바로 그러한 구도에서 라깡이 말하는 "프로이트의 행보는 확실성의 주체를 토대로 해서 출발한다"(60쪽)라는 표현을 이해할 필요가 있다. 그런 의미에서 라깡은 이러한 프로이트적 특수성이 "데카르트적"이라고 말하고 있다. 이것을 이해하기 위해서 우리가 해야 하는 "(……) 첫 번째 과제는 무의식의 내용이라 할 만한 것을 함축하는 모든 것을 넘어서는 것"(60쪽)이다. 사실에 있어서 꿈의 내용들이란 무의식에 의해 생산된 의미이며, 깨어난 뒤에는 다시금 해석

---

12 여기서 라깡이 사용하는 "꿈"이라는 용어를 "세계"로 바꾸어 환유해 볼 수 있다. 세계 역시 팔루스를 중심으로 구성된 하나의 환상이라는 의미에서 꿈의 형식을 하고 있지 않은가? 이러한 논점을 따를 때 세계에서 생산되는 의미는 중요치 않으며, 그러한 의미 생산의 구조 내부에서 발생할 수 있는 균열에 주목해야 한다는 논의가 가능하다. 세계라는 폐쇄된 타자의 장 속에 균열, 간극 또는 사건으로서의 개방성이 존재할 수 있는지를 타진해 보아야 한다는 것이다. 주체라는 개념은 바로 그와 같은 균열을 가리킬 것이기 때문이다.

을 요청하는 언표들이라고 할 수 있다. 꿈 내용들은 무의식이 자신의 충동에 대해서 실행하는 하나의 해석들인 동시에 의식-지식에 대하여 두 번째 해석을 요구하는 특성을 갖는다는 것이다. 따라서 꿈의 내용적 차원에 주목하는 것은 결국 이미 해석된 욕망의 의미들을 현실적 지식의 권력으로 다시 해석하며 필터링하는 과정이 될 뿐이다. 그러나 라깡은 무의식의 주체가 사유하는 것을 확인하기 위해 다른 길을 가려고 한다. 그는 꿈의 경험 속에서 꿈 사유의 내용들이 아닌 사유 자체의 차원으로 접근하는 길을 택해야 한다고 주장한다. 이를 논증하기 위해 라깡은 데카르트의 코기토를 소환하는 것이다. 모든 것을 의심하며, 그렇게 의심하는 주체의 사유 자체만은 의심할 수 없게 되는 논증의 절차를 통해 도달하는 주체의 확실성. 데카르트에게는 의식적 주체의 확실성을 논증하는 방편이던 이것이 라깡에게는 무의식의 주체의 확실성을 논증하기 위한 것으로 전유되고 있다. 특히 꿈의 내용을 증언하는 내담자의 태도로부터 그러한 논증을 이끌어내고 있다. 모든 내담자가 자신의 꿈을 증언하면서 보여 주는 불확실성의 태도는 오히려 무의식의 사유가 존재한다는 것을 증명한다는 것이다. "꿈의 텍스트를 얼룩 지우고 더럽히고 오염시키는 것 —"나는 확신할 수 없다, 나는 의심한다"로써 표현되는 의심, "그런데 의심은 바로 프로이트에게 확실성의 근거"(60쪽)라는 것이다. 내담자 스스로가 자신의 꿈의 내용에 대해서, 즉 무의식의 사고에 대해서 의심할 수밖에 없다는 것은 그곳에 무언가 은폐되어야 할 것이 존재한다는 것의 반증이기 때문이다. 그런 의미에서 "의심은 저항의 기호"(61쪽)이며, 저항이 있다는 것은 그 너머에 자신을 숨기고 있는 무의식의 사고가 있다는 사실을 증명한다. 이를 뒤집어 말한다면, "숨겨야 할 무언가란 또한 드러나야 할 무엇일 수 있다"(61쪽).

예를 들어, 무의식의 사고가 자신을 진정으로 드러내고자 할 때는 특별히 서툴게 숨기는 전략을 사용하곤 한다. "들통 나기 십상인 변장이나 가발 속에서만 자신의 모습을 나타내니 말입니다"(61쪽)라는 문장이 가리키는 것이 그것이다.[13] 따라서, 분석에서의 주체는 의심의 형식을 통해서 주체의 확실성에 도달한다. 그런데 여기서 말해지는 주체의 확실성이란 의식의 주체가 아니라 무의식의 주체이다. 즉, 내가 아니라 **그것이 사유**하며, 그러한 사유의 확실성은 의심이라는 기호를 통해 표지된다는 것이다. 사유의 주체가 "나"가 아닌 만큼, 의식의 주체는 "그것의 사유"에 대한 의심을 거둘 수 없기 때문이다. 이것이 바로 "데카르트의 행보와 프로이트의 행보가 서로 근접해 수렴하는 지점"(61쪽)이다. 데카르트의 명제에서 "나"를 생략한 채 "생각한다"만 남기면서 주체의 존재에 관한 확실성에 도달할 수 있다면, 여기서 생각하는 것은 무의식이다. "의심한다는 사실로부터 나는 내가 생각한다는 것을 확신한다"라고 말해지는 데카르트의 명제는, "의심한다는 사실로부터 무의식이 생각한다는 것을 확신한다"라는 명제로 전환되어야 하는 것이다. 그러한 방식으로 프로이트는 의식적 사유의 존재 이전에 그것을 결정짓는 무의식적 사유가 "부재자로서 자신을 드러낸다는"(61쪽) 사실을 발견한다. "사유하지만 존재하지 않는, 또는 존재하지만 사유하지 않는" 등과 같은 표현은 무의식의 사유를 의식적 차원에서 파악할 때에 감지되는 모순적 언표다. 무의식은 간극 그 자체이므로 그것에는 존재의 형식을 부여할 수 없으나, 그럼에도 무의식은 진정으로 사유하는 유일한 것이다. 전-의식과 의식의 사유란 무의식의 사유에 대한 반작용 효과 또는 끝나지 않는 해석의 해석들일 뿐이다. 다른 한편으로, 무의식은 전-존재론

---

13   예를 들어, 내담자의 꿈이 분석가에 대한 성적 욕망을 표현하기 위해 대역을 사용하는 경우가 있다. 분석가의 외모나 의복 또는 습관의 일부분이 과장된 채로 다른 인물에 의해 대리될 수도 있다. 한 내담자는 나이 많은 백인 남성이 등장하는 꿈을 꾸고, 그에게 성적인 욕망을 느꼈다. 꿈에서 백인 남성은 금발이었다. 그런데 실제에 있어서 분석가의 머리는 백발이었다. 상담실의 창을 통해 들어오는 햇살을 받은 분석가의 하얀 머리가 아주 미세하게 노란색으로 반짝이는 순간을 기억한 무의식은 그것을 재료로 해서 백인 남성의 금발 머리라는 조금은 뻔한 변장술을 실행했던 것이다. 이처럼 "들통 나기 십상인 변장"을 통한 꿈의 표현은 욕망에 대한 보다 도발적인 탐닉을 의미한다. 들통 나기 쉬울수록 은폐된 것이 폭로될 위험도 증가하며, 이러한 위험은 욕망을 위태로운 만큼 강력한 것으로 만든다.

적이며, 존재론적 대상들의 출현을 가능하게 만드는 공백 또는 간극이라는 의미에서 분명히 (실체는 아니고) "실재"하는 것이지만, 그와 같은 존재의 확실성에도 불구하고 언표적 사유의 0도에서만 파악되는 사유라는 점에서 존재하지만 사유하지 않는다는 묘사 또한 가능할 수 있다. 그런 의미에서 무의식이란 사유하지 않는 방식으로 사유하는, 사유의 0도라는 논리적 극한의 장소로까지 추론을 밀어붙일 때에만 도달되는 사유의 역설적 장소인 것이다.

데카르트의 코기토와 의심의 논리를 사용하여 라깡이 논증하는 것은 그렇게 "독립적으로 존재하고 있는"(62쪽) 무의식의 사유이다. 그것은 우리의 의식적 주체 이전에 그것을 "대신하여"(62쪽) 사유하고 있는 무의식의 존재를 가리킨다. 사유의 주체의 위치에 대한 이와 같은 차이점이 바로 "프로이트와 데카르트 사이의 비대칭성"(62쪽)을 구성한다. 데카르트의 의식적 주체와, 그것 이전에 그것을 대신하여 사유하는 무의식의 주체는 등가적 대상이 아니기 때문이다. 모든 사유의 의식적 주체에 대하여 무의식의 사유 주체는 보다 근본적이며 보다 확실한 존재를 구성한다. 이에 비해서 의식적 사유의 주체란 오직 "나는 생각한다"라는 발화를 통해서만, 즉 "그것을 말로 진술함으로써만 비로소 공식화될 수 있다는 사실"(61쪽)로부터 출현하는 의미론적 환상에 불과하다.

그러나 이와 같은 의식의 주체와 무의식의 주체 사이의 비대칭성은 프로이트라는 선언자에 의하지 않았다면 그것의 확실성을 보장받을 수 없었다는 점에서 여전히 **위태로운 확실성**이라고도 할 수 있겠다. 라깡이 "프로이트가 세상을 변혁시킬 만큼의 진보를 완수해 낸 것은 그가 그 무의식의 장의 확실성을 단언했기 때문"(62쪽)이라고 말했던 것을 우리는 그렇게 이해해 볼 수도 있는 것이다. 그런 의미에서 프로이트는 무의식의 주체가 자리한 실재의 진실성을 보장해 줄 수 있었던 유일한 대타자였다. 그러나 데카르트에게는 사정이 달랐다. 사유의 객관성과 엄밀성을 주장했던 17세기의 이 철학자에게서 "나는 생각한다"와 "나는 존재한다"라는 서로 다른 담화의 이질성을 매개해 주는 것은 다름 아닌 전능한 신이었기 때문이다. 이제 진리는 절대적 대타자의 소관이 된다. 의식의 주체가 무엇을 사유한다 해도 그것이 데카르트가 요구하는 사유의 엄밀성을 충족시킨다면 그대로 실재의 대상들의 존재를 보장해 주는 것으로 인정될 수 있다. 이로부터 기하학이라는 추상적 사유의 학문이 실재의 대상에 관여하는 해석학으로 인정되는 사태가 발생하는 것이다. 추상적 사유의 공간 속에서 순수한 직선이 상상된다면, 실재에서도 그것의 존재가 보장된다는 식이다. 왜냐하면, 신이라는 대타자가 사유와 실재의 매개를 보장해 줄 것이기 때문이다. 그리하여 요소들의 귀속과 포함 관계를 논하며 위계적 요소들의 층위를 상상하는 집합론은 그대로 존재론이 되어 버린다. 그것은 사유의 엄밀성만을 추구하는 것이 아니라 실재에 대한 "진리의 가설로서 허용된다는 것"(63쪽)이다. "나는 생각한다"는 그것이 "나는 존재한다"로 전환되는 한에서 어떤 실재를 겨냥"(62쪽)하게 된다는 말의 의미가 그것이다. 여기서의 대타자는 그러한 방식으로 어떤 균열도 갖지 않는 전능함을 보유한다. 그러나 우리의 대타자는 더 이상 그런 식으로는 기능할 수 없다. 이제 20세기의 대타자는 언어의 대타자이며, 균열을 내포하며, 그래서 언제나 실재를 놓치게 되는 대타자이다. 그것은 신이 아니라 무의식에 장착된 언어 장치로서의 대타자일 뿐이니까 말이다. 그러나 "데카르트는 이 점을 알지 못했던 것"(63쪽)이다. 물론 데카르트의 주체 이론이 도달한 뛰어난 성과의 장소를 무시할 수는 없다. 그는 "주체가 이전의 모든 지식을 폐기한 확실성의 주체"(63쪽)라는 논점에 도달하고 있었기 때문이다. 다시 말해서, 데카르트는 기의의 차원, 그러니까 언표의 주체sujet d'énoncé의 차원에서는 결코 주체의 확실성에 도달할 수 없다는 것을 알고 있었던 것이다. 모든 의미는 기표의 한시적 효과들에 불과한 것이니까. 그는 모든 의미를 무화시키는 방식으로 사유의 0점에 도달하여 주체의 확실성을 획득할 수 있다는 사실을 깨달은 최초의 주체 이론가였다. 이를 위해서 그가 사용했던 방법론은 모든 의미화의 효과들을 의심하는 것, 즉 폐기하는 것이다. 이와 같은 과정 속에서 데카르트는 기의의 주체 또는 언표의 주체sujet d'énoncé를 횡단하여 라깡이 언표화의 주체sujet d'énonciation라 부르는 동사적 심급에 거의 도달하는 듯 보인다. 한 가지 사실만 제외한다면 그렇다는 말인데, 그것은 데카르트가 언표화의 차원을 여전히 의식적 주체의 심급으로 가정했던 사실이다. 발화자를 여전히 의식적 주체의 차원에서 파악하는 태도는 무의식을 알지 못했던 르네상스의 철학자에게는 당연한 일이었다. "하지만 프로이트 덕분에 우리는 무의식의 주체가 자신을 드러낸다는 사실을"(63쪽) 알게 되었다. 의식의 주체라는 나르시시스적 환영의 효과가 자아의 이미지를 통해 확실성을 획득하기 이전부터 무의식이 사유하고 있었다는 사실을 알게 되었기 때문이다.

바로 이와 같은 지점에서 라깡은 데카르트와 프로이트의 교차점을, 그리고 결정적 차이점을 정확히 제시하고 있었던 것이다.

인간의 욕망은 대타자의 욕망이다

이어지는 설명에서 라깡은 무의식의 사유가 어떻게 자신을 드러내는지에 관하여 사례를 제시한다. 프로이트의 도라 사례와 여성 동성애자의 사례가 그것이다. 특히 여기서 문제가 되는 것은 내담자의 무의식이 분석가에게 거짓말을 할 수도 있다는 사실이다. 이에 대해서 라깡은 "주체의 상관항이 더 이상 속이는 타자가 아니라 속는 타자"(63쪽)의 문제를 제기한다고 지적한다. 데카르트에게는 주체에 대한 상관항으로서 교활한 신이 문제가 될 수 있었다. 즉 환영을 보여 주며 속이는 신이 주체를 난관에 빠트릴 수도 있다는 것이었는데, 분석 경험에서는 그 반대의 상황이 일어난다. 즉 내담자의 무의식의 사유가 분석가로서의 대타자를 속일 수도 있다는 사실이 그것이다. 그 예로 라깡은 프로이트의 환자였던 여성 동성애자가 남자를 욕망하는 꿈을 꾸었던 일을 언급한다. 그것은 환자의 무의식이 아버지의 대리자로서 간주되는 분석가를 위하여 작업한 꿈에 다름 아니다. "아버진 제가 남자를 사랑하길 원하시겠죠. 그러니 원하시는 대로 남자를 사랑하는 꿈을 얼마든지 꾸어 드리죠"(66쪽)라고 말하는 꿈. 이것은 전형적으로 환자의 무의식이 분석가로서의 대타자를 가지고 놀기 위해 꿈을 꾸는 형식이다. 그런 의미에서 이것은 무의식의 거짓말에 속하는데, 이런 사실이 "프로이트를 곤란하게 하지는 않는다"(64쪽)고 라깡은 말한다. 왜냐하면, 바로 이렇게 속이는 꿈이야말로 무의식이 자신의 고유한 욕망을 추구하기 위해 그곳에서 사유하고 있었다는 사실을 반증해 줄 것이기 때문이다. "인간의 욕망은 타자의 욕망"이기에, 무의식은 타자로서의 분석가의 욕망을 들쑤시기 위해서 자신의 고유한 욕망의 구조를 변형시킬 수도 있다는 것이다. 그리하여 동성애자의 무의식은 오히려 이성애적 욕망의 표현을 꿈의 형식을 통해 분석가-아버지에게 제시하게 되었던 것이다. "자, 이걸 보고 싶었나요? 그렇다면 얼마든지"라고 말하는 무의식의 교묘함이 그곳에 있다. 무의식의 사유가 의식의 사유 이전에 보다 확실한 장소에서 활동하고 있다는 사실을 논증하기 위한 라깡의 강의는 그렇게 무의식의 욕망은 타자의 욕망에 연결되어 있다는 논점을 언급하며 마무리되고 있다.

4번째 강의

✍

그것이 있던 곳에 내가 도래해야 한다
Wo Es war, soll Ich werden

"그것이 있던 곳에 내가 도래해야 한다는 문장은 우리가 여러 번 해석했고,

그리고 이제 곧 달리 이해해 보려고 한다."

―『에크리』, p. 801.

주요 개념(차례)

실패로서의 무의식

이미 수차례 언급했던 것처럼,『세미나 11』에서의 라깡은 무의식에 대한 규정을 대폭 수정하고 있다. 1957년 이후 언어의 환유 기능에 의해 설명되던 무의식의 구조에 대한 관점에 커다란 변화가 시작되고 있는 것이다. 1964년의 라깡은 이제 더 이상 무의식이 기표의 연쇄를 통해 작동되는 환유의 무한 전개이거나, 이러한 전개에 틀과 방향성을 강제하는 현실원칙의 권력이 아니라고 생각한다. 그보다는, 무의식이란 바로 그러한 기표의 연쇄가 발을 헛딛는 지점들, 즉 실패의 지점에 위치하게 된다. 무의식이란 기표의 연쇄라고 하는 타자적 질서와 단절하는 순간에 다름 아니다. 이러한 이론적 태도의 변화는 정신분석 임상 전체의 방향을 수정하게 만드는 결과로 이어진다. 이제 분석은 무의식을 구성하는 기표들의 논리적 연결에 주목하기보다는 실패에 주목한다. 무의식에서 논리적으로 추론되는 개념에 주목하기보다는, 그러한 추론에 저항하는 Unbegriff, 즉 비개념 또는 결여 개념에, 단절하게 만드는 문자에 주목하게 된다. 라깡이 이미 두 번째 강의에서 충분히 설명했던 것처럼, 무의식을 가리키는 독일어 Unbewußte

에서 부정의 접두사 Un은 프랑스어의 하나, 즉 일자에 해당하며, 이로부터 그는 무의식이 단지 의식이 부재하는 장소, 부정적 개념의 장소가 아니라 그러한 부재를 드러나게 만드는 어떤 돌출된 하나의 기표의 장소, 하나의 외침에 의해 공백이 드러나는 장소라고 설명하고 있다. 부재가 드러나는 것은 그와 같은 차이의 일자에 의해서라는 것이다. 만일 기표의 연쇄가 의미를 생산하고, 그러한 의미가 개념을 구성하는 것이라면, 이와 구별되는 방식으로 무의식은 하나의 결여-개념이 등장하는 장소가 된다. 그런 의미에서 무의식의 일자는 전체를 통제하고 셈하는 일자가 아니라, 그러한 셈의 전개를 방해하는 절대적 차이로서의 일자이고 사건적 하나이다. 무의식은 언어 장치 속에서 기표가 연쇄되는 환유의 안정적 전개, S'-S"를 교란시키며 등장하는 의미 없는 기표, 유령적 기표, 증상적 기표, 즉 문자의 사건이 된다. 라깡이 무의식의 기능을 "본원적인 Un(하나)의 Begriff(개념) 기능"(72쪽), 즉 시원적인 **일자**인 동시에 결여 개념의 기능이라고 말하며 가리키는 바가 이것이다. 그것은 모든 의미의 기원이 무의미의 기표라는 말인 동시에, 언어의 환유적 전개가 시작되기 이전에 일종의 단절로서의 절대적 차이가, 결여의 일자가 존재한다는 설명이다. 보다 간단히 해명하자면, 무의식은 언어의 안정된 구조 장치가 아니라 그러한 장치의 표면에 뚫린 구멍이고, 틈이며, 기능장애의 장소라는 것이다. 이전의 라깡이 무의식을 언어와 같이 구조화된 것이라 지칭하며 언어의 환유적 장치를 떠올리게 했다면, 이제 무의식은 그러한 장치를 교란하는 증상적 기표, 즉 떨어져 나온 뒤 장치의 내부를 떠돌며 기계를 상하게 만드는 작은 부속품 조각이다. 어디에도 쓰이지 못하는 조각으로서의 고장난 부속품의 이미지는『세미나 11』에서 대상 *a*의 개념으로 정교하게 세공될 것이다. 그것은 무의식의 기능이 고유하게 실패의 기능이라는 사실을 증명하게 된다. 기표의 연쇄는 사유의 성공이며, 그러한 연쇄의 실패는 무의식의 기능이다. 기표의 연쇄가 대타자의 기능이라고 한다면, 이제 무의식은 대타자가 아니라 그것의 실패의 지점에 위치된다. 무의식은 대타자가 실패하는 순간 출현하는 기표의 사건이다. 마찬가지 이유에서 주체 역시 동일한 차원에서 파악된다. 타자는 주체가 아닌 모든 것을 가리킨다는 규정은 정반대의 위치에서 그대로 주체에게도 적용될 수 있다는 사실에 주목하자. 주체는 타자가 아닌 모든 것이다. 그것은 타자가 실패하는 순간 그 자체이다. 따라서 무의식은 언어-타자의 실패의 사건이며, 그러한 실패가 출현하는 순간이 곧 주체라고 할 수 있다. 사유란 곧 기표 연쇄에 다름 아닌데, 이러한 연쇄가 하나의 소멸점으로 환원되는 순간을 주체의 확실성으로 간주하는 것이 데카르트적 관점이라면, 라깡은 그것을 무의식의 사유로 전환시키면서 주체의 확실성에 도달하려는 것이다. 이 모든 것을 라깡은 다음과 같이 정리하고 있다.

"저는 그 단절을 시니피앙 자체와 구성적인 관계를 맺고 있는 주체의 기능과 긴밀히 연결시켰습니다. 무의식에 대해 말하면서 주체를 언급하는 것이 뜬금없는 이야기처럼 들리는 것은 당연합니다. 하지만 저는 이 모든 것이 하나같이 동일한 장소, 주체라는 장소에서 일어난다는 점을 여러분이 이해하실 수 있도록 충분히 설명했다고 생각합니다."(72쪽)

여기서 단절이라고 말해지는 용어 rupture는 사유의 전개 또는 쾌락원칙과 현실원칙을 따르는 기표의 연쇄에 저항하는 속성을 가리킨다. 바로 그것이 무의식의 속성이자 주체를 현시하는 사건적 기표의 특성이라는 것이다. 언어와 같이 구조화된 대타자의 일관된 흐름을 뚫고 출현하는 균열의 자기 개방과 같은 속성. 라깡이 '박동적 기능'(73쪽)이라는 말로 가리키고자 하는 것 또한 그것이다. 대타자의 표면을 뚫고 자신을 개방하는 공백의 박동 운동이 무의식의 고유한 기능이기 때문이다.

실패로서의 사유

무의식이 가진 박동의 기능과 단절의 속성을 설명하기 위해 라깡은 프로이트를 따라서 '거부된 사유'(73쪽)라는 개념을 도입한다. 무의식이란 본질적으로 '거부된 것에 의해 구성되며', 그처럼 거부된 채로 '의식 너머의 장'에 도사린 사유이다. 무의식의 사유의 장소에 도달하기 위해서는 그것을 거부하고 억압하는 의식의 지층이 만들어 내는 왜곡과 우회의 덫을 경계해야 한다. 라깡은 경계의 주요한 형식으로 의심을 강조한다. 데카르트가 주체의 확실성에 도달하기 위해 '받침점'의 위상으로 사용했던 사유 Gedanken는 의심하는 사유였다는 사실을 강조하는 방식으로. "'나는 생각한다'의 주체가 '나는 의심한다'라는 진술과 동일한 상동 관계 속에 결정되어 있다"(73쪽)는 데카르트의 논점은 이제 무의식의 주체의 확실성을 논증하기 위해 전유된다. '사유'의 동사적 층위를 언표 행위l'acte de l'éonciation로, 그것이 생산하는 의미의 차원을 언표l'énoncé로 환원하는 방식으로 라깡은 데카르트의 논점을 뒤집고 있는 것이다. 데카르트의 '나는 의심한다'가 의미를 생산하는 것이 아니라 의미를 파괴하는 특수한 언표 행위라는 사실에 주목해 보자. 그것은 불안정하다는 의미에서 거짓말하는 것으로 간주되어야 할 언표의 층위를, 의미의 안개에 다름 아닌 그것의 표면을 뚫고 발화의 0도에 도달하도록 만드는 특권적 명제이다. 여기서 라깡이 언표라고 부르는 것은 의미로서의 지식에 다름 아니며, 이것은 지식의 형성 이후에도 언제든 침노할 수 있는 또 다른 이질적 기표들의 위협에 의해 항구적으로 흔들리는 속성을 갖는다. 그런 의미에서 주체의 확실성을 지식과 의미의 차원에서 포착하는 것은 불가능하다. 내가 누구인지 말해 주는 모든 지식은 기표의 운동에 의해서 항구적으로 흔들리며, 결국은 거짓말로 판명될 의미의 불안정한 안개로 나의 존재를 왜곡하게 될 것이다. 게다가 그와 같은 의미의 차원을 흔들거나 고착시키는 것은 주인 기표이다. 그리고, 주인 기표를 소유한 것은 언제나 아버지의 권력을 어깨에 달고 등장하는 현실 권력이다. 초월적 권위를 소유했다고 주장하는 현실의 권위들이 의미의 지배자이다. 그런 의미에서 '나는 의심한다'라는 언표 행위는 의미의 권력에 대항하는 혁명 정치적 발화라고 할 수 있다. 의미의 권력에 대항하고 그것을 폐지시키는 '의심'의 언표 행위를 통해 주체의 확실성을 획득하려는 데카르트의 행보가 가진 역사적 가치가 바로 그것이다.

"데카르트가 '나는 생각한다'를 통해 포착한 것은 '나는 의심한다'라는 언표 행위를 통해서이지 그것의 언표를 통해서가 아닙니다. 왜냐하면 언표는 여전히 의심에 부칠 수 있는 지식 전체를 담고 있기 때문입니다."(74쪽)

한편 라깡은 그와 같은 데카르트적 주체의 확실성이 프로이트에게서 구체적으로 어떻게 다시 발견되는지를 하나의 개념을 사용하여 설명하는데, '의심의 콜로폰'이 그것이다. 히스테리증자의 담화 속에서 억압된 기표들이 자신을 드러내는 방식이란 우회와 왜곡, 즉 거짓말의 형식이다. 억압과 부인의 방어적 필터링을 뚫고 의식의 영역으로 등장하기 위한 무의식의 전략을 따르기 때문이다. 또는, 현실원칙에 의해 방어되는 의식의 권력이 무의식의 억압된 기표들을 평가절하하여 다시 억압되었던 장소로 되돌려 보내는 방법이 그들에게 의심의 콜로폰을 부여하는 것이기도 하다. 의심할 만한, 또는 의심받을 만한 속성은 억압된 것의 차원에서나 억압하는 차원에서 모두 동일한 전략이 된다. 그러한 방식으로 증상적 기표는 자신의 진리를 오직 거짓과 오류의 형식을 통해서만 표현할 숙명이다. 라깡이 무의식의 텍스트에 '의심의 콜로폰'이 인쇄되어 있다는 은유적 표현을 쓰는 이유가 여기에 있다. 이는 프로이트가 환자들의 진술 자체에서 텍스트 자신을 의심해 달라고 요청하는 흔적을 발견했던 것을 염두에 둔 표현이다. 무의식으로부터 솟아오르는 기표들에는 고서의 여백에 인쇄해 넣었던 작은 손 표시의 콜로폰처럼 의심의 표식이, 또는 의심해 달라고 요청하는 표식이 발견될 것이기 때문이다. 팔루스-의미화의 선명한 지배를 벗어나 있는 무의식의 흔적들은, 모호함의 안개를 통해 자신이 그곳에 있음을 신호한다는 것이다.

그것이 있던 곳에 내가 도래해야 한다 Wo Es war, soll Ich werden

이제 라깡은 프로이트의 유명한 명제를 새롭게 해석하는 강의로 넘어가고 있다. "Wo Es war, soll Ich werden." 라깡은 이것을 프랑스어로 다음과 같이 번역한다. "Là où c'était, je doit advenir." 한국어로 하면, "그것이 있던 곳에, 내가 도래해야 한다"로 번역된다. 여기서 Es, '그것'은 다형적 충동이거나(프로이트), 상상계적 고착이거나(초기 라깡), 실재(『세미나 11』의 라깡)이다. 어쨌든 그것은 상징화에 저항하는 무엇이다. 한편, "그것이 있던"이라는 표현을 위해 라깡이 프랑스어의 반과거 imparfait로서 'était'를 사용하고 있는 점에 주목해 보자. 반과거는 과거의 어느 시점에 사건이 시작되지만 그것의 명시적 종료점이 불투명할 때에 사용되는 존재 동사이다. '그것'의 사건은 상징계의 선형적이며 인과율에 의한 시간성 속에 안정적으로 포획되지 않기 때문이다. 내담자의 무의식을 찾아오는 증상적 사건이란 그렇게 상징계의 안정된 시-공간 질서를 혼돈에 빠트리는 사태를 말한다. 프로이트는 바로 이곳에 Ich가, 즉 '내가' 도래해야 한다고 말하고 있는데, 이것을 어떻게 해석하느냐에 따라서 임상의 방향 자체가 뒤바뀔 수 있다. 후기 프로디언들은 이에 대해서 '자아'를 강조했었다. 그러나 라깡은 처음부터 이에 반대한다. Ich를 자아로 번역하는 것에 대해 심지어 그것을 "쓰레기 같은 번역"이라고 평가절하하고 있다. 그의 이야기를 들어 보자.

"이 독일어가 뜻하는 바는 뭔지 알 수 없는 저 쓰레기 같은 번역이 말하는 것처럼 "자아가 이드를 몰아내야 한다"가 아닙니다. 소크라테스 이전 시대의 언술만큼이나 깊은 울림을 자아내는 프로이트의 원문을 프랑스어로 어떻게 옮겨놓고 있는지 잘 보시기 바랍니다. soll Ich werden에서 문제는 자아가 아닙니다."(75쪽)

라깡의 비난이 겨냥하는 것은 의심의 여지없이 영미권의 "자아 심리학"이다. 라깡에게서 자아라는 것은 그의 초기 이론에서부터 비판의 대상이 되었다. 초기 라깡의 저 유명한 논문 「나 기능의 형성자로서의 거울단계」[1]는 프로이트의 이론을 자아와 이드의 대립 관계로 재설정하려던 하르트만과 안나 프로이트를 정조준하여 만들어진 일종의 비판론이라는 사실에 주목해 보자. 이에 따르면 자아란 상상계적 반영 이미지에 불과하다. 그것은 프

---

1 자크 라깡이 "거울단계" 이론을 재규정한 것은 1936년 마리앙바드에서 개최된 국제정신분석협회IPA의 컨퍼런스에서였다. 이후 라깡은 1938년에 작성하여 프랑스 백과사전 *Encyclopédie française*에 수록한 논문 「Le complexe, facteur concret de la psychologie familiale」에서 거울단계에 대한 자신의 견해를 분명히 하고 있다. 이후 1949년 취리히에서 열린 제16차 국제정신분석대회에서 발표한 논문 「나 기능의 형성자로서의 거울단계」가 1966년에 출간된 『에크리』에 수록되어 '거울단계'의 기능이 보다 널리 알려지게 되었다.

로이트가 비판하던 나르시시즘의 효과에 다름 아니라는 것이다. 자신이 누구인지 알기 위해 주체는 타자의 이미지에 의존할 수밖에 없다는 사실을 염두에 둔다면 자아가 무엇인지 보다 쉽게 이해될 수 있을 것이다. 주체는 자신의 주변에서 영향력을 행사하는 하나의 이미지에 자신을 비추어 보는 방식으로만 스스로의 정체성에 관하여 파악하게 된다. 마치 어린아이가 거울에 비친 자신의 온전한 이미지를 확인하는 방식으로 신체-자아-이미지의 통일성을 획득하게 되는 것처럼 말이다. 그리고 여기서 거울에 비친 이미지는 어린아이의 신체 그 자체는 아니라는 의미에서 초기 라깡이 a(utre), 즉 작은 타자로 표기하는 대상이다. 욕망의 상상계적 대상으로서의 타자적 이미지. 그것에 대한 대응 관계로 연결되는 방식으로 자아는 확실성을 획득하며, 이것을 표기하는 라깡의 수식이 $a\text{-}a'$이다. 초기의 라깡에서 이러한 자아-나르시시즘은 상상계를 구성한다. 라깡은 이러한 상상계적 자아le moi imaginaire에 대해 "소외된 동일시identifications aliénantes"라는 용어로 비판한다.(『에크리』, p. 417) 초기 라깡의 임상 분석은 바로 이러한 상상계적 포획에 사로잡힌 내담자를 상징계의 영역으로 이끌고 가는 것으로 구성된다. 주체가 더 이상 나르시시즘적 이미지-타자를 욕망의 대상으로 추구하지 않도록 하는 것이다. 그리하여 $a\text{-}a' \rightarrow S\text{-}A$ 라는 도식이 설정된다. 여기서 S는 무의식의 주체이다. 그것이 상징계(A)의 보증자를 자처하는 분석가에게 연결되어야 한다. 큰타자 A는 말의 타자이며, 작은 타자 a는 이미지의 타자이다. 그래서 A는 a가 갖지 못한 말의 보편적 권위를 소유하고 있다. 그러한 방식으로 주체는 자아의 협소한 감옥에서 상징의 보편적 세계로 나아갈 수 있다. 무의식의 주체의 욕망이 상징계의 추상적 대타자에게 인정받게 되는 과정을 정신분석의 임상의 목표로 설정했던 이유가 여기에 있다. 초기 라깡의 이러한 태도가 가장 잘 드러나는 텍스트가

『에크리』에 수록된 「프로이트적 사물La chose freudienne」[2]이다. 특히 "Wo Es war ……"에 대한 언급이 처음으로 등장하는 이 발표문의 417-418페이지에서 라깡은 그것, Es의 자리가 말의 주체le sujet de la parole의 장소가 되어야 한다는 것을 강조하고 있다. 한편 'Es-그것'은 상상계적 자아의 고착으로 간주되며, 그것을 일소하는 방식으로 들어서야 하는 것은 S-A, 즉 상징계의 주체로 규정된다. 자크-알랭 밀레는 1981년의 세미나[3]에서 이러한 변화를 지적하면서 초기 라깡의 상징계 우위적 태도를 성서적bibllique이라고 부른다. 심지어 이 시기의 라깡이 유치했다고까지 말하고 있다[4]. 상징계의 매개자로서의 분석가와 그에게 인정받고 자신의 욕망의 상징적 좌표를 확인받는 내담자의 관계는 마치 우상에 떠밀려 광야를 방황하던 유대인들과 이들을 구하기 위해 십계명의 형식으로 권위의 말parole을 가져오는 모세를 떠올리게 하기 때문이다. 한편 밀레는 같은 강의에서 이 시기의 라깡을 인문주의적humaniste이라고 표현하기도 했다. 라깡의 상징계에 대한 신뢰가 르네상스의 고전주의적 인문주의자들이 인간 언어의 보편적 기능에 전적인 신뢰를 보이는 태도를 떠올리게 만들기 때문이다. 이러한 라깡의 초기 임상은 한마디로 유한성의 분석이라는 인상을 준다. 그것은 대타자-언어의 한계 안에서 주체의 좌표를 확인해 주는 방식으로 그의 욕망을 이미 알려진 의미화의 세계로 다시 데려오는 과정처럼 보이기 때문이다. 그러나 1955년 라깡의 이러한 관점은 1960년에 발표된 「주체의 전복」(『에크

---

2 「La chose freudienne」은 원래 1955년 11월 7일 비엔나의 신경정신의학 클리닉 컨퍼런스에서 발표된 논문이었다. 이후 1956년에 출간된 *L'évolution psychiatrique*지 1호에 수록되었으며 다시 『에크리』에 수록된다.

3 자크-알랭 밀레, 1981년 12월 1일 강의, 미출간.

4 그럼에도, 초기 라깡의 인문주의적 관점이 동시대의 다른 프로이트 후속 세대들과 견주어 볼 때에는 이미 충분히 급진적이었다고도 할 수 있을 것이다. 자아를 나르시시즘의 결과물로 간주하는 태도는 프로이트의 이론을 실증과학화하려는 영미 정신분석학자들에게 찬물을 끼얹은 것과 다를 바 없었기 때문이다.

리』, p. 802)에서는 전혀 다른 방향으로 선회하고 있었다. 여기서 분석되는 "Wo Es war ……"는 그것의 자리에 말의 주체가 들어서는 것이 아니라 소멸의 주체가 도래해야 한다고 주장하고 있다. 이를 표현하는『에크리』의 본문을 살펴보자.

"그것이 있던 바로 그 순간, 하마터면 그것이 있었을 그 순간, 아직 잔영이 남은 소멸과 부딪쳐 넘어지는 시작 사이에서, 나는 나의 말의 사라짐의 존재에로 도래할 수 있다. 스스로를 고발하는 발화Enonciation qui se dénonce, 스스로 포기되는 언표énoncé qui se renonce, 흩어지는 무지ignorance qui se dissipe, 상실되는 기회occasion qui se perd. 여기서는 존재의 추락을 위해서pour choir de l'être 그러해야 하는 흔적이 아니라면 무엇이 남겨지게 될 것인가?"[5]

이미 설명했듯이 그것이 있던 자리, c'était의 시간성은 반과거적이다. 불확정성의 시제. 잔여적이며, 달아나는 (비)시간성. 초기 라깡은 이러한 불확정적 시간성을 말의 권위를 통해 확정하려는 태도를 보였지만, 그러나 1960년의 라깡, 그리고 1964년 현재의 라깡은 시간의 선명함보다는 다시 불확실함을, 포착 불가능성을 선택한다. 욕망의 불확실한 안개를 일소하여

---

5   여기서는 프랑스어 표현 자체의 기표 전개가 중요한 만큼, 원문을 제시하면 다음과 같다. "Là où c'était à l'instant même, là où c'était pour un peu, entre cette extinction qui luit encore et cette éclosion qui achoppe, Je peux venir à l'être de disparaître de mon dit. Enonciation qui se dénonce, énoncé qui se renonce, ignorance qui se dissipe, occasion qui se perd, qu'est-ce qui reste ici sinon la trace de ce qu'il faut bien qui soit pour choir de l'être?" 『에크리』, p. 802. 한편 이에 덧붙여서, 새물결출판사에서 출간된 한국어 번역판본『에크리』의 오류를 지적하고 싶다. 상기의 인용에 대한 번역을 비롯하여, 이 번역본의 여기저기서 발견되는 오류는 영역본을 번역했다는 의심이 들게 한다. 프랑스어의 기본 맞춤법에도 익숙지 않은 채 작업한 흔적이 너무도 자주 발견되며, 이에 대한 정정이 시급하다.

말의 주체를 들여놓는 방식으로 존재에 도래하기를 실현하는 대신 존재의 추락choir de l'être을 주장하고 있다. 그는 이제 대타자의 말에 의해 규정되는 존재에 관하여, 그것 역시 제거가 문제시된다고 말하고 있는 것이다. 말의 완수가 아니라 말의 실패점에 주체를 위치시키는 이와 같은 전략적 변화는 무엇을 위한 것인가? 그것은 반과거적 시간의 불확정성을 정지시키는 시간의 선명성이 여전히 타자의 시간성이기에 그러했던 것 아닌가? 욕망의 불확실한 안개를 일소하며 등장하는 존재의 안정성이란 결국 타자에 의해 실현되는 것에 불과할 것이기 때문이다. 타자의 이미지에 의한 동일시만이 주체를 소외시키는 것이 아니다. 대타자의 언어에 의한 동일시 역시 주체의 소외를 야기한다. 초기 라깡이 자아를 비판하기 위해 상상계를 자아의 태반으로 간주했던 태도는 보다 발전하여 상징계 역시 소외된 자아의 태반으로 간주하게 된다. 그리하여 프로이트의 "Wo Es war……"에 대한 라깡의 해석은 타자의 이미지에 대한 저항뿐 아니라 대타자의 말에 대한 저항까지 포함하는 급진성으로 나아가고 있다. 주체는 타자의 이미지만을 소멸시키는 것이 아니라 대타자의 언어이자 그 자신의 언어에 다름 아니었던 것으로부터 스스로를 소멸시킴으로써 엑스-니힐로의 창조적 개방성으로 자신을 나아가도록 만들어야 하기 때문이다. 새롭게 말하기 위해서는 이미지의 권위뿐만 아니라 말의 권위로부터 역시 빠져나가야 한다. 상상계와 상징계 모두로부터 자신을 폐지시키는 절차 속에서 주체는 비로소 공백에 도달하며, 그곳으로부터 새로운 문법을 창안해 내는 시적 실천으로 나아갈 수 있게 될 것이다. 이와 같은 라깡의 변화는 이미 1959년의 세미나에서 강하게 부각되고 있다. 큰사물의 기능을 강조하고 안티고네와 사드라는 전복적 욕망의 영웅들을 부각시키거나 리어왕과 같은 희극적 몰락의 캐릭터를 묘사하면서 모든 것을 폐허로 이끌어야 한다고 주장하는 급진적 라깡의 모습은 이후의 텍스트 「주체의 전복」에서, 그리고 『세미나 11』의 강의에서 보다 정교한 방식으로 세공되고 있다.

이제까지의 언급에서 라깡이 자아 개념을 어떻게 파악하고 있었는지가 분명해졌다. 자아는 상상계적 산물일 뿐만 아니라 **상징계적 산물**이기도 하다. 그것은 한정된 시대에 그곳을 지배하는 타자 권력이 흔적으로 남기는 정체성의 그림자에 불과하기 때문이다. 예를 들어 보자. 만일 한 여성이 자신이 누구인지, 또는 누구여야만 하는지를 파악하고자 할 때 자아의 이상적 이미지로서 떠올리게 되는 것은 바로 그 시대를 지배하는 권력이 이상화해 놓은 여성상에 다름 아닐 것이다. 그리고, 모든 시대를 예외 없이 지배해 왔던 것은 가부장적 권력이다. 그런 의미에서 여성 주체가 자신의 자아를 찾아 떠나는 실존적 여행이란 사실에 있어서 이미 답이 정해진 막다른 골목으로 매번 다시 돌아오는 모순된 여정에 다름 아니다. 그녀는 자신이 누구이며 누구여야 하는지에 대한 해답을 우리 사회의 가부장적 권력이 이미 정해 놓았다는 사실을 알아차리지 못한 채로 자신이 발견한 자아의 이미지를 마치 자기 자신의 실존적 획득물인 양 소중히 받아들이려 할 것이다. 좋은 여학생, 좋은 딸, 좋은 아내, 좋은 어머니, 좋은 여직원, 등등의 이미지는 여성의 자아가 모방해야 하는 이상적 이미지라고 가정된다. 그러나 이 모든 이미지의 배후에는 가부장적 권력이 은폐되어 있다. 자아라는 것은 공동체의 권력이 우리에게 강제한 고착된 이미지의 그림자이자, 그것을 지탱하는 고정관념의 기표 관계들이다. 초기의 라깡은 이와 같은 자아를 단지 상상계적인 것으로 간주함으로써 그것을 나르시시즘적 효과로 보았다. 그 이유는 자아가 매달린 상대항으로서의 타자-이미지에 상징계적 순환의 가능성이 배제되어 있다고 판단했기 때문이다. 자아를 결정하기 위해 권력이 강제하는 타자-이미지는 기표가 아니라 상상적 이미지처럼 보였던 것이다. 그것은 사유에로 개방되기보다는 이미지의 고착에로 폐쇄되는 것처럼 보였다. 초기 라깡이 이러한 자아의 나르시시즘적 고착 기능에 상징계를 도입하고자 했던 것은 사유의 개방을 위해서라고 할 수 있다. 최소한 상징계 내부에서만이라도 사유가 전개되어 한정된 것이긴 하지만 그럼에도 보편성이라 불릴 수 있는 기표에로 도달할 수 있을 것이기 때문이다. 그러나 1960년의 「주체의 전복」이후, 그리고 『세미나 11』에서의 라깡은 상상계적 자아를 비판할 뿐만 아니라 상징계의 한계 역시 넘어서려 하고 있다. 여기서의 라깡은 주체를 상징계에 의해서 좌표화되어야 하는 존재가 아니라 그러한 인정과 고정으로부터 달아나는 순간 소멸하면서 출현하는 불꽃과 같은 것으로 간주하려 하기 때문이다. 자아의 상대항으로서의 주체는 그렇게 이미지는 물론 기표 작용 속에서도 페이드-아웃되는 사건성이어야 한다. 그것은 상상계적 이미지의 포획을 빠져나가는 사건일 뿐만 아니라 **상징계-대타자의 명명nomination으로부터 달아나는 사건성**이다. 주어진 상징계의 좌표와 그로부터 생산되는 자아의 상상계적 이미지로부터 달아나는 극도로 혁명 정치적인 사건에 다름 아닌 이것을 라깡은 충만함 또는 완전함이라는 역설적 표현으로 언명하고 있다. 다시 『세미나 11』로 돌아가 보자.

"프로이트의 전 저작에서 Ich는―물론 그것의 위치를 알아볼 수 있다면―시니피앙 그물망의 충만하고 완전한 장소, 다시 말해 주체를 가리킵니다."(75쪽)

"시니피앙들의 그물망의 충만하고 완전한 장소le lieu complet et total du réseau des signifiants"라는 표현이 역설적인 이유는 그것이 영원히 포착 불가능한 공간성의 토포스, 즉 아토포스이기 때문이다. 시니피앙의 관계망 réseau이 상징계라면, 그것의 기능은 자신의 내부에 자리들을 배분하면서 욕망의 흐름을 좌표화하는 것이다. 상징계를 설명하는 여러 가지 해명들 중에서 토포스의 개념은 가장 근본적이다. 그것은 명명의 세계이며, 명명된 욕망의 흐름이 좌표화되는 과정에서 안정화되는 장소이다. 그런데 지금 라깡은 바로 그렇게 배치된 관계망의 틈이 예기치 않은 방식으로 벌어지거나 찢어지는 순간을 주체의 장소라고 말하고 있다. 무의식의 주체는 그와 같은 간극의 사건을 가리키는 것이니까, 이에 대해서 충만하고 완전하다고 말하는 것은 전적으로 **주이상스-사건의 편에서 주체를 해명**하는 것이라고 볼 수 있다. 상징화된 신체를 소외aliénation의 장소라고 한다면, 그러한 상징화에 끝내 포획되지 않고 남겨진 잔여분으로서의 대상 a가 출현하는 순간의 주이상스적 충만성이 바로 주체라는 사건이다. 이것은 상징계의 좌표를 흔들 뿐만 아니라(고발하는 발화) 상상계적 자아의 이미지를 흩어 버린다(흩어지는 무지). 상징계의 좌표화로부터 빠져나가기 때문에 장소화될 수 없을 뿐만 아니라 상상계의 이미지로부터 역시 빠져나가는 것이므로 대상화될 수조차 없다. 따라서 라깡이 말하는 충만함이란 온전히 불확정적인 것이 되는 순간의 충만함, 결정 불가능한 것으로서의 공백의 역설적 충만함이다. 충만하게 텅 비워지는 순간. 이것이 시니피앙의 관계망 속에서만 가능한 이유는 시니피앙의 연쇄 과정 속에서만 간극이 발생할 수 있기 때문이다.[6] 하나의 주인 기표가 하나의 욕망을 고정시킬 수 있다면, 그것에 이어지는 다른 하나의 기표로 나아가는 연쇄의 과정 속에서 이러한 고착은 잠시 흔들린다. 시니피앙의 연쇄 속에서 발생하는 이와 같은 흔들림이 바로 주체의 충만함이다. 간극으로서의 주체가 가능하도록 만들어 주는 기표와 기표 사이의 간극-시간성. 이미 도래한 기표와 이제

---

6 시니피앙의 그물망(관계망) 속에서만 주체의 충만함이 가능하다고 말하는 이 시기의 라깡은 『세미나 20』의 지점에서 태도를 달리하게 될 것이다. 『세미나 20』에서 라깡은 잉여 향유가 대타자의 결여와 관계없이 실체로서 단독적으로 존재할 수 있을 것이라 말하게 되기 때문이다. 시니피앙의 그물망 속에서 발생하는 간극과 대상 a를, 즉 충동을 연결시키는 『세미나 11』의 논점은 이후 변화될 것이라는 말이다. 그런 의미에서 『세미나 11』의 충동 개념과 『세미나 20』의 잉여-향유 또는 주이상스 개념은 많은 부분 교차하면서도 결정적 차이를 갖는다. 1960년대의 충동 개념은 여전히 결여를 중심으로 운동하며, 1970년대의 주이상스는 결여 없는 절대적 단독성을 갖는다.

도래할 기표 사이의 시차적 간극이 곧 페이드-아웃의 충만함, 공백의 충만함이다. 그렇다면 이처럼 간극의 시간성인 주체가 들어서야 하는 그곳, 나 이전에 나를 대신하고 있었던 Es는 어떤 장소였는가? 이에 대하여 라깡은 아래와 같이 답하고 있다.

"그리고 그것이 있던 곳'은 언제나 그랬듯이 바로 꿈입니다. 고대인들은 꿈속에서 온갖 것을 알아보았습니다. 때로는 신들의 메시지도 꿈속에서 찾아냈지요―왜 아니겠습니까? 그들은 그것을 신들의 메시지로 삼았습니다."(75쪽)

이러한 라깡의 발언은 우리에게 Es를 근본 환상의 장소라고 가정하게 만든다. 기표 연쇄가 억압(쾌락원칙)과 부인(현실원칙)의 작용 속에서, 말 parole의 은유-명명nomination과 언어langage의 환유-연기의 양동작전 속에서 하나의 강력한 방어막을 형성하고 있다면, 그 아래에 억압된 것은 죽음충동을 표지하는 이탈된 기표이다. 한편 주체란 기표 연쇄의 질서에 간극이 발생하는 사건이므로, 그 틈을 통해 드러나게 되는 것은 바로 죽음충동이 꾸는 꿈이다. 그것은 가장 잔혹한 꿈, 지난주 세미나에서의 라깡이 '아이가 불타는 꿈'을 통해 보여 주고자 했던 근본 환상의 형식을 한 꿈에 다름 아니다. 또한 그것은 죽음충동이 자신을 환상화하는 방식으로 자신의 존재를 가시적인 것으로 만드는 장소이기도 하다. 우리는 이것을 죽음충동의 피부라고 부를 수 있다. 또는, 그것은 죽음의 살갗이다. 그 아래로 흐르는 죽음충동의 검붉은 박동이 희미하게 비쳐 보이는. 바로 그곳에서 주체는 큰사물의 메시지를 오인의 형식으로 듣는다. 억압이 느슨해진 꿈속에서 그 메시지는 반투명의 가벼운 망토를 걸친 모습으로 우리를 찾아오기 때문이다. 아리송한 신탁의 말처럼 자신의 본래 의미를 살짝 가린 메시지이긴 하지만. 그로부터 주체는 자신의 욕망에 관한 은밀한 속삭임에 이끌리게 될 수밖에 없다. 라깡은 이것을 신들의 메시지라는 용어로 암시하고 있다.

"이후의 제 논의에서 확인하겠지만 꿈에서 신들의 메시지를 들을 가능성을 배제할 순 없을 겁니다—물론 그것의 사실 여부는 그다지 중요하지 않지만 말입니다. 우리의 관심사는 이러한 메시지들을 총괄하는 조직, 종종 무엇인가가 걸려드는 그물망에 있습니다."(75쪽)

그렇다. 꿈을 통해 근본 환상이 우리에게 던지는 메시지가 사실인지 아닌지에 대한 논쟁은 사실상 불필요하다. 물론 그것의 사실 여부에 지대한 관심을 쏟으며 꿈을 인간의 원초적 정보의 저장소로 통하는 관문으로 간주하는 정신분석학파가 존재하는 것이 사실이긴 하다. 그러한 태도에는 인간의 원형적 숙명이 마치 궁극의 진리와 같은 형태로 초월적인 장소에 소중히 보존되어 있다는 낭만주의적 뉘앙스마저 엿보인다. 그러나 라깡은 원형적이며 손상되지 않는 형태의 그 어떤 메시지도 인정하지 않는다. 무의식에는 시작과 끝이 가정되는 선형적 시간성이란 존재할 수 없기 때문이다. 다시 말해서 최초의 의미화된 진리가 있고, 그것이 메시지의 형태로 의식의 영역에 전달되는 순차적 시간성이란 존재하지 않는다. 모든 메시지-기표는 또 다른 기표의 사후적 개입에 의해 재설정된다. 심지어, 원초적 메시지조차도 그것을 찾아 나서려는 사후적 시도에 의해 오염되며, 그리하여 전혀 다른 메시지가 될 수 있다. 보다 엄밀하게 말한다면, 원초적 진리의 메시지란 그것을 찾으려 하는 순간 설정되는 사후적 구성물에 불과하다. 무의식의 진리란 그것을 둘러싸는 언어의 구조에 의해 창조되는 것이기 때문이다. 그런 의미에서 꿈의 장소에서 들려오는 메시지의 내용이 말하는 사실 여부는 전혀 중요하지 않게 된다. 오직 중요한 것은 메시지가 전달되고 있다는 사실이다. 무의식의 개폐 운동이 진행되고 있다는 사실이다. 진리는 오직 오류의 형태로만 전달될 것이므로 그 내용은 중요치 않다. 중요한 것은 전달의 운동 그 자체로부터 주체가 영향을 받게 된다는 사실인데, 그러나 언제나 그런 것은 아니다. 주체는 무의식의 장소에서 들려오는 신들의 음성에 방어적 태도를 취할 것이기 때문이다. 일종의 호원 충동pulsion invoquante을 암시하는 "신들의 음성"이라는 표현은, 인간의 귀가 죽음충동의 목소리를 듣기 위한 것이 아니라 외면하기 위한 기능을 가졌다는 사실을 암시한다.

"거기서 신들의 음성이 들려올 수도 있겠지만, 인간의 귀는 이미 오래전에 원래의 상태로 되돌아가 버렸습니다. 다들 아시다시피, 본래 인간의 귀란 아무것도 듣지 않기 위해 만들어졌으니 말입니다."(75쪽)

여기서 말하는 "원래의 상태"란 미시적으로는 증상적 경험 이전의 자아 방어적 상태를 말하는 동시에, 거시적으로는 프로이트 이전의 역사를 말한다. 오직 프로이트만이 무의식의 음성을 듣고자 했던 최초의 "제사장"이었기 때문이다. 나아가서, 이러한 표현이 단지 호원 충동의 장소로서의 귀에 대해서만 타당한 것은 아니다. 시관 충동pulsion scopique의 장소로서의 눈에도 역시 적용될 수 있다. 인간의 눈과 시선의 기능은 보기 위해서가 아니라 보지 않기 위해 작동한다. 라깡이 '응시'라고 명명한 시관 충동의 대상에 대해 방어하기 위해서만 시각적 이미지의 장이 구성되기 때문이다. 구강 충동으로서의 입도 마찬가지다. 오직 거식증자나 폭식증자들만이 공백의 형식으로 출현하는 충동의 진리를 맛보고 있을 뿐이다. 충동의 관점에 서라면 소위 정상이라고 말해지는 주체의 입은 진리를 먹지 않기 위해 음식을 우물거릴 것이기 때문이다. 바로 이러한 현상에 대해서 정신분석은 주체를 신들의 음성 앞으로 데려가려 한다. 꿈의 장소에서 들려오는 신의 메시지, 루시퍼의 음성에 다름 아닌 그것과 마주서게 하려는 것이다. 이에 대해 라깡은 다음과 같이 말하고 있다.

"하지만 주체는 '그것이 있던 곳에' 자신을 자리매김하기 위해 거기에 있는 겁니다. 미리 밝혀 두자면, '그것이 있던 곳'은 바로 실재입니다."(75쪽)

큰사물의 장소이며, 근본 환상이 피부처럼 그것을 감싸고 있는 Es의 장소는 상징화에 저항한다는 의미에서 실재인 것이다. 그곳은 쾌락원칙의 우선적 기능에 의해 표지된 쾌락의 표지점인 동시에, 그로부터 상징화가 시작된다는 의미에서 상징계의 0도이며, 그럼에도 상징화가 실패한다는 의미에서 또한 상징계의 0도이다.

따라서 "그것이 있던 곳에 주체가 도래해야 한다"는 말은, "실재와 주체가 직접 대면해야 한다"로 읽힐 수 있다. 만일 실천의 의미가 "상징계로 실재를 다루는 행위"라고 한다면, 정신분석은 "실재를 새롭게 다루기 위해 실재의 장소로 주체를 소환하는 절차"라고 할 수 있다. 대타자가 지배하는 리얼리티reality의 일관성이 실패하는 지점이 곧 실재réel인 것이므로, 타자-기표 연쇄의 실패와 대면한 주체란 상징계의 실패와 대면한 주체이며, 실재와 마주한 주체이다. 이러한 논증으로부터 우리는 "그것이 있던 곳에 주체가 도래해야 한다"의 명제를 "환상의 횡단"이라는 명제로 되돌려 세울 수 있게 된다. 다시 강조하건대 Es는 큰사물과 그것의 피부인 근본 환상의 자리이다. 그곳에 주체가 도래해야 한다는 것은, 그것이 대타자와 연결되는 방식으로 만들어 내는 환상에 사로잡힌다는 것이 아니다. 그와는 반대로, 주체는 그러한 큰사물-타자의 조합이 만들어 내는 환상을 횡단해야만 한다. 그리하여 사드적 방식으로 승화된 큰사물에 다름 아닌 공백과 마주하는 순간의 주체가 지금 라깡의 설명이 암시하는 바라고 할 수 있다. 이러한 절차의 완수를 위해 분석가는 주체가 그곳에 이르렀다는 사실을 식별해 내야 할 것인데, 라깡은 이것을 다음과 같이 설명하고 있다.

"그런데 그곳에 이르렀다는 것을 알 수 있는 방법은 딱 한 가지밖에 없습니다. 바로 그물망을 식별해 내는 것입니다. 우리는 어떻게 그것을 식별할 수 있을까요? 우리가 그것을 식별할 수 있다면 이는 우리가 맴돌면서 되돌아오고 지나온 길을 다시 지나기 때문입니다. 다시 말해 항상 동일한 방식으로 교차하기 때문이지요."(75-76쪽)

"맴돌면서 되돌아오고 지나온 길을 다시 지난다"는 표현이 의미하는 바는 무엇일까? 라깡이 설명하고 있듯이 그것은 기표의 그물망 또는 관계망 속에서 그중 하나의 궤적이 "항상 동일한 방식으로 교차하는" 것을 말한다. 기표의 궤적들 중에서 반복되는 루틴이 있다. 어디서 시작되어도 언제나 동일한 장소로 되돌아오는 궤적이 있으며, 그것이 근본적 루틴이다. 하나의 기표로 수렴하는 길트임bahnung된 궤적이 있다는 말이다. 바로 이것을 발견해 내면서 분석 실천은 그것, Es의 장소로 들어서게 된다. 무의식의 근본적 환상의 꿈이 자리한 장소. 가장 오래된 꿈이면서도 동시에 가장 최근의 사건들에 영향을 받아 언제나 새롭게 업데이트되는 환상의 장소. 이에 대한 간략한 예를 들어 보자. 매번의 연애사에서 언제나 비슷비슷한 파국으로 치닫는 경험으로 고통스러워하는 내담자가 있었다. 프로이트는 이러한 유형의 증상을 운명 신경증이라 불렀다. 매번의 사랑의 관계가 언제나 동일한 궤적을 그리며 어쩔 수 없는 힘에 이끌리듯이 파국으로 향하게 되는. 마치 그러한 파국을 탐닉하는 어떤 보이지 않는 무의식의 힘에 이끌리기라도 하는 듯이 말이다. 여기서 우리는 이러한 유형의 환자가 발화하는 담화의 형식에 주목해 볼 필요가 있다. 이미 시작에서부터 이 환자는 사랑의 끝을 예견하는 혼잣말을 하고는 했다. 환자가 하지 않았다면 꿈에서 그와 유사한 예고의 이미지가 등장하곤 했었다. 무엇이 이 내담자의 발화를 이끌고 있는 것일까? 이에 대해서 우리는 그와 같은 이끌림의 중핵에 죽음충동을 가정할 수 있다. 욕망의 좌표망들 한가운데에 자리한 큰사물의 이미지. 그것은 마치 너무 육중한 질량을 가진 별과 같아서 강렬한 리비도의 집중을 야기하며 심리적 공간의 관계망들을 일그러뜨리는 방식으로 빨아들이고 있는 것이다. 그리하여 우리는 어디서 출발해도 동일한 장소에 이르게 되는 블랙홀의 루틴이라는 이미지를 상상할 수 있게 된다. 그것을 암시하는 발화나 꿈의 이미지들을 발견하게 될 수도 있다. 이와 같은 현상은 굳이 운명 신경증이라는 자기 파괴적 형태로 설명될 필요가 없다. 우리의 모든 욕망의 궤적이 바로 그와 같은 수렴점을 갖기 때문이다. 성적 판타즘을 가정해 보자. 성적 판타즘은 주체의 성적 욕망을 언제나 동일한 수렴점으로 끌어들인다. 성행위나 자위행위의 판타즘에서만 그런 것이 아니다. 인간관계 속에서 타자와 맺는 애정의 유형 또한 그것의 중핵에 동일한 루틴을 숨기고 있을 것이기 때문이다. 지금 라깡이 말하는 언제나 동일한 방식으로 교차하는 지점이 바로 그곳이며, 임상은 그곳을 찾아 들어가는 여정에 다름 아니다. 그곳에서 힘을 발휘하고 있는 충동의 마지막 가면으로서의 근본 환상을 횡단하는 것이 목표이기 때문이다.

시니피앙의 공시태와 욕망의 법칙

이제까지의 라깡의 설명에서 또한 주목되어야 할 것은 무의식에 관한 한 모든 것을 시니피앙의 관점에서 파악하려는 라깡주의 정신분석의 기본 원칙이다. 라깡이 프로이트의 텍스트를 전유하는 근거점에는 기표 이론이라는 아르키메데스의 지렛대가 작용하고 있기 때문이다. 그는 무의식에 무엇인가 흔적으로 남겨진다면 그것은 시니피앙이라는 언어의 물리적[7] 흔적에 의한 것일 수밖에 없다고 주장한다. 프로이트가 플리스에게 보낸 52번째 편지를 언급하며 라깡이 지적하는 지각 흔적Wahrnehmungszeichen이란 시니피앙에 다름 아니다. 프로이트는 소쉬르-야콥슨적 언어학의 부재에도 불구하고 나름의 무의식적 언어학을 정립하고 있었다는 것이 라깡의 평가다. 시니피앙의 그물망, 관계망 또는 공시태 그러니까 한마디로 구조라고 부를 수 있는 그곳이야말로 "무의식의 주체가 작용하는 곳"이다. 무의식의 주체가 자신의 충동을 지각하는 장소와 그것을 다시 의식하는 장소 사이에 자리한 공시태적 구조. 억압된 것과 억압의 결과물로서의 의식 사이에 자리한 특수한 스펙트럼. 라깡이 프로이트를 따라서 살과 피부 사이라고 표현하는 장소. 여기서 살은 충동이 지각되는 표면이다. 이것과 전적으로 분리된 피부는 전-의식과 의식의 장소이다. 무의식의 영토인 이 두 영역 사이는 "공간적이거나 해부학적 장소가 아니다." 시니피앙의 그물망에 다름 아닌 그곳에는 간극이 존재하며, 바로 여기에 언어로서의 대타자가 위치하는 동시에 그것의 균열로서의 주체가 구성된다. 그리고 이곳에서 작용하는 원리가 있는데, 그것이 바로 쾌락원칙과 현실원칙이며, 억압과 부인의 기능이다. 이것이 바로 프로이트가 말하는 "인과율"이다.

---

7   여기서 '물리적'이라고 말해지는 표현은 언어의 "의미" 또는 "시니피에signifié"에 대한 대립 개념이다.

무의식을 지배하는 시니피앙의 공시태에 대한 논의로부터 우리는 다시 라깡이 주체라고 부르는 것이 시니피앙의 그물망에 의해 출현하는 것에 다름 아니라는 사실로 돌아온다. 주체란 "항구불변의 영혼"이 아니다. 그로부터 출현하는 낭만주의적 "그림자나 분신, 유령"도 아니다. 정신분석이 다루는 주체의 개념은 "데카르트의 행보 덕분"에 구별하게 된 언표화의 충동에 관한 확실성이다. 라깡이 "데카르트 이후 거기서 기다리고 있었다고" 말하는 그것을 프로이트가 무의식의 장에 위치시킴으로써 비로소 완성하고 있었던 것이다. 게다가 그와 같은 주체는 무의식의 영역에 떨어진 시니피앙의 흔적들, 라깡이 "우리보다 앞서 떠들고 있던 모든 사람들"이라고 표현하는 타자들에 의해 남겨진 말의 흔적들로부터 촉발된 우물거림이다. 일종의 말더듬이면서 동시에 시니피앙의 공시태로 인한 특정한 제약에 의해 반향하면서 문체를 구성하게 되는 발화들, 바로 그것이 주체라는 것이다. 그런 의미에서 분석이 드러내고자 하는 것은 내담자의 무의식에 은폐된 어떤 기억인데, 라깡은 이것이 초월적인 장소에 영원히 보존된 메시지와 같은 것이 결코 아니라고 강조한다. 그것은 "플라톤적 의미에서의 상기 réminiscence가 아니다. 그것은 저 너머의 최상의 진리에서 유래한 선과 미의 에이도스eïdos, 흔적, 형상 등이 회귀하는 것이 아니다"(79쪽). 내담자의 삶에 반복하여 회귀하는 것은 오히려 타자에 의해 우발적으로 남겨진 구어적 언어들의 시니피앙적 반향이라는 것이다. 어떤 현실적 필연성도 존재하지 않는다는 의미에서 "지극히 저속한 만남"인 그것에 의해 타자의 흔적으로 남겨진 어떤 욕망의 구조가 그렇게 각인되면, 그것은 영원히 반복될 것이다. "회귀의 기능은 본질적입니다"(79쪽)라는 말이 의미하는 바가 그것이다. "무의식이라는 장의 구성 자체가 회귀에 근거한다"(80쪽)는 말 또한 같은 것을 가리킨다. 유아기의 말을 배우는 과정에서 부모-타자에 의해 흔적으로 남겨진 시니피앙의 공시태는 무의식에서의 반복을 통해 주체의 욕망의 스타일을 구성하게 되고, 이것은 회귀의 형식으로 삶에 영향을 미친다. 정신분석 임상의 대부분은 바로 이것의 구조를 탐색하는 데에 바쳐진다. 각각의 개인에게는 그들에게 고유한 욕망의 공시태가 존재한다는 사실은, 그들의 주체의 확실성을 보장해 줄 것이기 때문이다. 그러나 욕망의 법칙이 그 어떤 미혹도 없이 자신의 모습을 드러내진 않는다는 점에 주목해야 한다. 라깡이 "프로이트의 환각 개념에는 주체가 그 속에서 완전히 전복되어야 한다는—사실상 주체는 극히 짧은 순간 동안만 존재한다는—점이 필연적으로 함축되어 있다"고 말하는 바의 의미가 그것이다. 욕망의 근본적 구조는 환각의 연기를 피워 올림으로써 그곳에는 마치 우리가 찾고 있는 주체의 장소가 존재하지 않는 것처럼 미혹한다. 이러한 환각의 외피를 뚫고 들어서는 실천을 주체의 전복이라 부르는 이유가 여기에 있다. 욕망의 법칙과 그 주체는 언제나 환각의 형태로, 라깡이 근본 환상이라 부르는 형태로 자신을 감출 것이기 때문이다.

한편 라깡은 이에 대해서 프로이트가 우선 자기 자신의 고유한 욕망의 법칙을 자가 분석을 통해 인식했을 것이라고 덧붙인다. "확실성은 프로이트가 자신의 욕망의 법칙을 인식했다는 사실로부터 온 것"이라는 말이다. "자가 분석을 통해 그가 자신의 욕망의 법칙으로 인도"(80쪽)되었던 것이고, 그로부터 자신의 욕망의 한계점이기도 한 "아버지의 이름"의 영향력을 파악했으며, 그런 다음에야 주어진 욕망의 법칙을 넘어서려는 시도를 할 수 있었을 것이기 때문이다. 이와 같은 설명을 통해서 라깡은 프로이트가 정신분석의 이론을 정립해 낸 사건을 개인적 욕망의 한계와 위반의 논리 속에서 파악하고 있다. "프로이트는 자기 욕망과의 모종의 관계에 기대, 그리고 정신분석을 설립하는 자신의 행위에 기대 진일보합니다"(80쪽)라는 설명이 의미하는 바가 그것이다.

반복Wiederholung 1

우선 라깡은 프로이트의 충동Trieb은 본능instinct이 아니라는 사실부터 강조하며 시작하고 있다. 이전의 세미나들에서 수차례 반복하여 강조되었던 것이기도 한데, 충동의 개념은 인간의 생물학적 본능과는 전혀 무관한 기원과 구조를 갖는 것이기 때문이다. 재차 짚고 넘어가자면 충동은 부모-타자와의 관계 속에서 개입된 기표가 남긴 흔적에 의해 촉발되는 언어 환경적 산물이다. 그것은 유아기의 상실이 말의 대타자에 의해서 강제된 것이라는 사실로부터 기인한다. 상실의 과정에서 완전히 잘려 나가지 못한 부분들이 기표에 의해 흔적으로 남겨짐으로써 부분 충동을 구성하게 되는 과정이 바로 프로이트가 Trieb라는 용어로 가리키고자 했던 대상이며, 이로부터 욕망의 리얼리티가 구성된다. 라깡은 프로이트의 텍스트 속에서 표현되고 있는 충동의 개념이 이처럼 명확한데도, 영미권 프로이트주의자들의 번역은 오역 속에서 벗어나지 못하고 있다고 지적한다. 충동과 본능을 뒤섞게 된다면, 이제 그것은 정신분석인지 심리학인지, 혹은 생물학인지를 구별할 수 없는 혼돈에 빠질 수밖에 없다. 이에 대해 라깡은 "이것이 바로 정신분석 교육의 현주소"라고 비난하고 있다.

여하튼, 충동은 그렇게 기표의 흔적으로 생성된 하나의 단선short-circuit 장소이다. 거세에 의해서 강제된 하나의 단일한 체계에 통합되지 못한 파편적 기표가 남긴 상흔과 같은 장소. 바로 이곳에서 욕망의 환유적 전개 구조와는 다른 폐쇄회로가 구성되며, 단선의 특징인 전류의 초과, 즉 리비도의 초과가 발생한다. 그리고 무의식의 사유는 바로 이 장소에로 이끌린다. 무엇인가가 사유를 끌어당긴다haler. 블랙홀이 그러하듯이, 단선의 장소는 외부의 공간 좌표를 일그러뜨리는 방식으로 리비도의 흐름을 끌어당긴다. 욕망의 일상적 전개가 상징계의 변증법적 전개와 함께 환유되고 있다면,

이처럼 팔루스의 은유로 안정화된 기표들의 대체 운동이라는 환유적 무한 전개를 가로막는 힘이 바로 충동의 장소인 것이다. 이곳으로의 흡인력을 설명하기 위해 라깡이 꺼내든 카드가 바로 프로이트의 반복 개념이다. 그는 다음과 같이 말하며 시작하고 있다.

> "Wiederholen[반복하다]은 Erinnerung, 즉 기억하기와 관련되어 있습니다. 주체가 자신의 집으로 되돌아가는 것, 자신의 전력을 회상해 내는 것, 이 모든 것은 실재라 불리는 어떤 일정한 한계에 도달하기 직전까지만 진행됩니다."(82쪽)

만일 내담자의 사유가 자유연상을 통해 점차로 무의식의 수준으로 접근해 들어간다면, 그러한 사유는 필연적으로 충동의 중핵에 접근하게 된다. 앞서 언급되었던 것처럼 충동의 중핵이란 이탈된 기표에 의해 표지된 상흔stigma이다. 그것이 바로 '기억'이라는 용어로 라깡이 가리키는 바이기도 하다. 기억이란 표지된 무엇인가를 다시 상기하는 것이기에. 어디론가 다시 돌아가기 위해서는 그러한 표지의 효과에 의존할 수밖에 없다. 그리고, 라깡의 정신분석에서 표지의 기능을 하는 것은 기표가 유일하다. 주체의 사유는 그렇게 기표에 의해 표지된 상흔을 통해 "자신의 전력을 회상해 낸다." 그러나 표지된 그것, 사물 그 자체와 대면하지는 못하고 다시 되돌아 나오는 여정을 반복하게 되는데, 이것이 바로 "실재라 불리는 어떤 일정한 한계에 도달하기 직전까지만 진행된다"고 말하며 라깡이 의미하고자 했던 바이다. 왜냐하면, 실재는, 충동 그 자체는, 주체가 자신을 완전히 상실하기 전에는 들어설 수 없는 죽음의 영역이기 때문이다. 그곳은 불가능성의 장소이며, 그래서 주체는 그로부터 그 어떤 상징계적 환상도 획득할 수 없다. 상징계의 지지 아래 조작되는 그 어떤 상상계적 환상도 소유할 수 없게 될 것이라는 말이다. 만일 실재로의 진입이 가능하다면, 그곳에서 주체는 오직 실재 자체가 만들어 내는 상상계적 이미지들, 즉 팔루스의 지배 아래 재편된 이미지가 아닌 것들로서의 정신병적 망상만을 경험하게 될 것이기 때문이다. 그러한 일들은 억압의 보호 아래 사유하는 신경증적 주체들에게는 일어나지 않는다. 설령 늑대인간(소년 판케예프)의 경험에서처럼 성기가 잠시 사라지는 환각을 보게 된다고 해도, 그것은 즉각적으로 예외적이며 비현실적인 것으로 간주되어 사유의 장에서 폐기될 것이다.

"우리가 존재하는 수준에서 사유로서 적합한 어떤 사유는 — 비록 나중에 완전히 되돌아가기 위해서일지라도 — 항상 동일한 어떤 것을 비켜간다는 것이지요. 여기서 실재란 늘 동일한 장소 — 사유하는 자로서의 주체, 즉 res cogitans 가 그것[실재]과 만나지 못한 장소 — 로 되돌아오는 것입니다."(82쪽)

여기서 말해지고 있는 데카르트적 용어인 "사유하는 주체-res cogitans" 는 의식의 차원이 아닌 무의식의 차원으로 전환되어 있다. 엄밀한 의미에서 의식 차원의 주체는 사유하는 주체가 아니라 사유되는 주체, 즉 언표의 주체이기 때문이다. 진정으로 사유하는 것은 무의식의 타자이다. 이러한 사유는 언제나 동일한 장소로 수렴한다. 스피노자의 문장을 빌려 라깡이 말하고자 하는 것은, 무의식의 사유가 반복적으로 돌아오는 중핵의 장소, 큰사물의 장소이다. 그런데 이처럼 동일한 장소로 돌아오는 사유라 할지라도 마지막 순간에, 결정적 순간에는 실재와 조우하지 못하고 비켜간다. 비켜가기 때문에 무의식의 사유는 다시금 실재réel와 멀어져 자아를 형성하는 리얼리티réalité의 영역으로 돌아오고, 억압에 의해 보호되는 의식의 세계를 산출해 낼 수 있는 것이기도 하다. 큰사물로서의 실재는 그 속성상 상징화되지 않는 것이므로, 무의식의 사유는 오직 그것을 아슬아슬하게 비켜가는 방식을 통해서만 그것과의 불완전한 만남을, 이후 라깡이 투케라 부를 그것을 실현할 뿐이다. 무의식의 사유가 실재에 이끌리듯 반복적으로 접근하고 그런 다음에는 최종적인 순간에 비켜감의 우회를 통해 다시 억압된 현실로 돌아오는 운동의 가장 극적인 사례가 바로 반복되는 외상적 악몽이다. 그것은 무의식에 남겨진 외상적 흔적이 어떻게 꿈의 사유를 반복적으로 끌어들이는 중력으로 작용하는지를 보여 주는 동시에, 또한 어떻게 완전한 진입을 거부하면서 무의식의 사유를 다시금 현실로 되돌려 보내는지를 보여 주는 전형이다. 프로이트가 처음에 오인했던 것처럼, 악몽은 외상적 파괴력을 완화시키려는 방어적 시도가 결코 아닌 것이다. 외상적 기억과 그로 인해 반복되는 끔찍한 이미지의 꿈들. 그럼에도 마지막의 가장 결정적인 끔찍함을 마주해야 하는 순간에 불현듯 깨어나는 동일한 패턴의 악몽은 반복 강박과 무의식의 꿈 사유가 어떻게 기능하는지를 보여 주는 사례이다. 이것이 바로 무의식의 사유가 실재를 기억하는 방식이다. 그런데 이처럼 실재가 억압된 기억의 형태로 존재하기 위해서는 그것을 억압하는 권력의 존재를 간과할 수 없다. 다음의 언급으로 라깡이 말하고자 하는 바가 바로 그것, 아버지의-이름의 억압 작용과 그 효과이다.

"기억하기라는 절차가 최초의 히스테리증자들에게 대단한 설득력을 발휘했다는 것은 익히 잘 알려진 사실입니다. 하지만 당시에는 기억하기에서 정작 중요한 것이 무엇인지 알 수 없었습니다. 즉, 히스테리증자의 욕망이 아버지의 욕망, 그것도 아버지라는 위상 속에서 유지되어야 하는 아버지의 욕망임을 알지 못했던 것이지요. 히스테리증자가 아버지의 자리를 차지하고 있는 사람을 위해 모든 것을 빠짐없이 기억해 낸다 해도 이는 전혀 놀라운 일이 아니지요."(83쪽)

무의식의 사유가 반복적으로 회귀하려 하는 기억의 표지 장소가 아버지의-이름에 의해 억압된 장소라는 사실을 강조하는 언급이다. 무언가가 억압된 기억으로 표지되기 위해서는 그것을 억압하는 체계 자체가 존재해야 하기 때문이다. 게다가, 히스테리적 욕망의 구조가 억압된 실재의 회귀를 환대하는 경향을 가진 이유는, 그로 인해 발생하는 혼돈을 정리해 줄 수 있는 아버지의 욕망을 욕망하기 때문이라는 사실을 잊지 말아야 한다. 쉽게 말해서, 히스테리증적 발작은, 그것을 달래줄 아버지의 존재를 이미 전제하는 행위라고 할 수 있다. 그런 의미에서 히스테리증자는 자신의 억압된 기억을 모두 기억해 내고, 그것을 언어로 표현하는 과정에서 아버지의 역할을 하는 분석가에게 만족을 주려는 전략을 취한다. 분석가의 만족이 곧 자신의 만족이기 때문인데, 잘 알려져 있듯이 이러한 만족은 언제나 또 다른 증상의 출현에 의해 위협받게 될 것이다. 왜냐하면, 히스테리증자의 욕망이란 아버지의 만족의 완성 단계를 끝없이 뒤로 미루는 방식으로만 유지될 수 있기 때문이다. 분석가의 욕망이 실현되고 나면, 히스테리증자 자신의 욕망 역시 소멸할 것이기 때문이다. 따라서, 히스테리증자의 욕망은 자신의 반복이 언어로 상징화되어 남김없이 드러나는 순간 또 다른 변주의 시도를 통해 이와 같은 상징계의 포획으로부터 빠져나가 버린다. 라깡이 프로이트의 반복이 재생reproduction이 아니라고 말하며 뜻하고자 했던 바 역시 이와 관련이 있다.

"이 기회를 빌려 제가 지적하고 싶은 것은 프로이트의 텍스트에서 반복은 재생reproduction이 아니라는 사실입니다."(83쪽)

그렇다, 반복은 어떤 의미에서이건 재생이 아니다. 재생이란 동일하게 재현하여 드러내는 것을 말하는데, 이것은 팔루스의 의미화에 연결된 표상들을 통한 재구성에 불과하며, 엄밀한 의미에서 그것은 상상계적이고, 잠시 뒤 라깡이 그림으로in effigie—라고 표현하는 차원의 재현이다. 그러나 충동의 반복에서 동일한 것으로 남는 것은 오직 반복이 향하는 중핵으로서의 장소인 실재 그 자체가 가진 좌표뿐이다. 그런데 그것은 바로 비-좌표, 아토포스적 (비)장소라는 위상을 가진 기이한 동일성이다. 그것은 마치 공집합이 스스로는 어떤 요소도 가질 수 없으므로 둘로 복제되어 재현될 수 없는 것과 동일한 논리를 갖는다. 공집합은 그것의 속성을 가리키는 요소를 갖지 않는 집합이므로, 둘이 될 수 없고, 그래서 유일하게 일자를 구성하는 집합이다. 반복은 바로 이곳을 중심으로 회귀하는 운동 그 자체이며, 이것은 결코 완전히 동일한 방식으로 재생될 수는 없다. 그 어떤 뛰어난 분석가의 유도에 의해서 재현된 증상이라 해도, 히스테리 환자는 실재 자체를 재생하여 보여 줄 수 없다. 19세기의 유명한 정신의학자 샤르코의 환자 오귀스틴을 참조해 보면 이러한 재생의 의미가 어떤 모순을 갖는지에 관한 보다 직접적인 이해에 도달할 수 있다.[8] 최면에 걸린 오귀스틴은 자신의 억압된 증상을 의사와 청중 앞에서 마치 매일 무대 위에 오르는 연극배우가 동일한 시나리오를 반복하여 재생해 보여 주듯 재현해 주었다. 그러나 이와 같은 증상의 재생은 결코 증상 자체의 재생이 아니다. 그것은 전이를 일으키고 있었던 환자 오귀스틴의 샤르코를 향한 욕망의 표현에 불과할 뿐이다. 이런 연극을 원한다면 기꺼이 당신의 쾌락을 위해 몇백 번이고 그것을 재생하여 보여 주겠어요—라고 말하는 오귀스틴의 히스테리적 무의식이 그곳에 있다. 왜냐하면, 샤르코 박사의 만족은 바로 오귀스틴의 무의식이 겨냥하는 만족이기 때문이다. 당시에는 이와 같은 재생 기법을 카타르시스 효과라고 불렀었다. 이에 대해 라깡은 다음과 같이 말한다.

---

8   백상현, 『라깡의 루브르』(위고, 2016) 참조.

"카타르시스에 큰 희망을 걸었던 시대에는 재생에 대한 믿음이 있었습니다. 오늘날 9프랑 50센트만 주면 거장들의 복제화를 살 수 있는 것처럼 당시 사람들에게는 재생된 원-장면이 있었습니다. 그런데 프로이트가 머지않아 다음 단계[행보]에서 보여 준 것은 이른바 상징적 방식으로서가 아니라면 in effigie, in absentia(그림으로나 부재중일 때는) 어느 것 하나도 잡히거나 파괴하거나 불태울 수도 없다는 것이지요."(83쪽)

최면에 의해서 증상적인 장면을, 즉 트라우마가 형성되던 시점의 원-장면을 기억해 내고 그것을 분석 상황에서 다시 재생해 내는 그와 같은 치료는 프로이트 초기까지도 통용되던 기법이다. 그러나 이와 같은 재생은 라깡의 표현대로 싸구려 복제화의 효과 이상을 발휘하지 못했다. 원-장면이 재생되어 재현되면 그것에 집중되어 있던 리비도가 분산되어 증상이 사라질 것이라는 기대는 실패에 이를 것이기 때문이다. 이에 대해서 라깡은 그와 같은 재생 치료, 또는 재현의 치료는 상상계에 의존하는 것이라 간주한다. 그것은 우선 분석가를 위해 연기하는 환자의 전이 효과이며, 나아가서 이미지를 통해 이미지를 밀어내고자 하는 상상계적 속성을 가질 뿐이다. 이미 강조했던 것처럼 라깡은 이와 같은 상상계의 효과를 믿지 않는다. 원-장면의 연극적 재현에 의해서 집중된 리비도가 소진되는 카타르시스의 효과, 즉 해제 반응에 대해서, 그리고 최면에 의한 주체의 부재 상태에서 치료가 이루어지는 방식에 대해서 라깡은 회의적인 것이다. "그림으로나 부재중일 때에는 어느 것 하나도 잡히거나 파괴하거나 불태울 수 없다"라고 말하는 바의 의미가 그것이다. 오직 실재에 연결된 문자에로의 접근을 통해서만 분석은 증상적 기표로 접근할 수 있을 뿐이니까. 그런 다음 원-장면을 고정하고 있는 기표-표지의 기억을 흔드는 방식, 즉 상징계로서 실재를 다루는 방식으로 환자의 욕망의 구조가 재편될 것을 기대할 수 있을 뿐이다. 한편 이 같은 반복의 개념은 대타자에 대한 반작용으로 등장하는 재생산이 아니며, 대타자에게 호소하는 '행위화'도 아니다. 반복은 그 둘보다 실재 쪽에 좀 더 가까이 위치해 있다. 특히 행위 또는 행위화라고 부르는 개념은 주체의 무의식이 자신의 실재가 결정적으로 오인받을 때에 등장하는 현상이다. 그것은 "분명하게 포착되지 않는 실재와 관련된" 것으로서의 반복이 외면당할 때에 등장하는 무의식의 반작용이다. 여기서 오인의 주체는 타자-권력이며 아버지이다. 라깡이 일본인들의 할복을 뜻하는 세푸쿠를 언급하며 가리키고자 했던 것이 그것이다. 그러한 '행위'는 대타자에 대한 항의의 표시라는 점에서 실재가 현실과 맺는 구조적 관계를 드러낸다. 분석가가 내담자에게 최면을 걸거나, 카타르시스의 효과를 통해 그의 실재를 상징화하려 해도, 나아가 다양한 해석을 통해 내담자의 무의식을 규정하려 해도, 이러한 행동들은 결국 내담자의 궁극적 저항을 불러일으킬 수 있다. 내담자의 실재는 결코 대타자에 의해서 상징화될 수 없는 것이며 그래서도 안 되는 것이기 때문이다. 라깡이 여기서 행위acte라고 표시하는 것의 의미는 그렇게, 실재의 가장 고유한 행동 양태이다. 상징화에 저항하는 실재. 쓰이지 않기를 멈추지 않는 것으로서의 실재. 그러나 이러한 행위는 반복 그 자체는 아니다. 행위는 상징화의 힘에 대한 실재의 반작용에 불과하기 때문이다. 오히려 반복은 보다 근본적인 장소에서 주체의 무의식이 "(……) 자신이 벗어날 수 없는 어떤 길 안으로 항상 자신만의 무언가를 끌어들이는"(84쪽) 그러한 행위에 다름 아닐 뿐이다. 재생reproduction과 행위acte는 이러한 반복wiederholung이 대타자와 관련하여 반응하는 2차적 효과에 다름 아니다.

꿈과 깨어남의 이론

"정신분석만큼 경험의 중심에서
실재의 중핵을 향하고 있는 실천도 없지요."(88쪽)

주요 개념(차례)

실재의 학으로서의 정신분석

　이번 강의에서 라깡은 자신의 정신분석에 가해지는 몇 가지 비판을 언급하며 시작하고 있다. 정신분석이 일종의 관념론과 같은 것이 되어가고 있다는 비판이다. 실제의 현실 세계에서 벌어지는 갈등과 분쟁, 착취의 폭력은 현실의 사태로부터 발생하는 것인데 어째서 정신분석은 인간의 은밀하고 원초적인 욕망에만 집중하면서 현실적 경험의 문제들은 외면하려는가—라는 비난. 그것은 라깡이 사회적 권력투쟁의 경험적 장으로부터 물러나 극도로 개인적인 욕망만을 문제시하고 그것의 패턴을 수식화하는 방식으로 정신분석을 관념론화하려는 태도에 대한 비난이다. 여기서 관념론이라고 말하는 것은 인간의 욕망에 관한 존재론적 좌표들을 탐사하는 듯 보이는 정신분석의 경향을 오해하는 표현이기도 하다. 인간의 욕망을 재생산하는 장치로서의 현실적 국가 제도들, 욕망의 한계를 설정하는 실정법과 그것의 토대로서의 헌법 체계들, 교육 현장에서 벌어지는 욕망에 대한 유형화의 폭력들, 여성적 욕망에 대한 가부장적 가족제도의 은밀한 억압 등등에 관한 분석과 비판 없는, 욕망 자체에 대한 미시적 탐사 방식에 대한 비난이라고 할 수 있다. 그러나 라깡은 이에 대해서 자신은 그 누구보다도 실재에 가장 근접한 탐사를 시도하는 사람이라고 주장한다. "정신분석만큼 경험의 중심에서 실재의 중핵을 향하고 있는 실천도 없다"(88쪽)고 말하면서. 이에 대한 필자의 보충 설명은 다음과 같다. 즉, 대타자의 영향력이 실제로 실현되는 장으로서의 개인의 무의식은 그 자체로 사회적 권력 투쟁의 가장 순수한 표본을 제시하는 장소이다. 따라서, 이곳을 탐사하는 정신분석의 미시적 분석법은 결코 미시적 한계 안에 머물지 않을 것이다. 물론, 미셸 푸코나 피에르 르장드르가 했던 것과 같은 사회적 권력장 분석에 대하여 라깡이 관심을 갖지 않은 것은 결코 아니다. 그러나, 라깡은 자신의 방식대로 그것을 한다. 자신의 캐비닛을 찾아온 내담자의 무의식을 탐사하는 방식으로 그는 대타자 권력의 행사가 어떻게 욕망의 유형화에 관여하는지를 탐사하는 것이다. 다시 한 번 강조하건대, 라깡의 정신분석 이론에서 개인의 개념이란 존재하지 않는다는 사실에 주목해야 한다. 라깡이 "인간의 욕망이란 언제나 타자의 욕망"이라고 선언하는 순간 이미 그의 탐사에서 개인이라는 신화는 사라진다. 모든 것은 타자의 욕망의 재생산이고, 주체는 그러한 타자 효과의 그림자이거나, 최상의 경우 그러한 효과가 정지되는 아주 짧은 순간의 간극 그 자체일 뿐이다. 라깡의 탐사는 대타자의 권력이 실재를 상징화하는 순간의 경계적 시간성을 분석하려는 실천이며, 그곳에서 발생할 수도 있을 일탈과 변주의 가능성을 찾아내려는 시도라는 의미에서 실재 그 자체에 가장 근접한 장소에서 벌어지는 탐사라고 할 수 있다. 현실이라는 환상이, 일종의 백일몽인 그것이 타자의 권력에 의해 촉발되는 시작점으로서의 실재를 다루는 정신분석은 그런 의미에서 가장 경험적인 학문이다. 현실이라는 '한 편의 꿈'이 어떻게 구성되는가를 탐사하는 방식으로 그것의 기원점인 실재에로 육박해 들어가는 실천으로서의 정신분석은 그 어떤 경험적 과학보다 더욱 경험적인 것이기 때문이다.

이에 덧붙여서, 라깡이 언급하지는 않았지만 그럼에도 충분히 상상 가능한 또 다른 비판이 있는데, 그것은 소위 정통이라 자칭하는 국제정신분석협회의 비판이다. 라깡이 정신분석을 철학화하면서 개인 치료의 한계를 넘어서는 이론을 구성하고 있다는 비판. 라깡을 좌파라고 부르며 비꼬는 시선들. 오늘날에도 여전히 라깡의 정신분석에 가해지는 이와 같은 비난은 논할 가치가 별로 없어 보인다. 심리의 영역을 탈정치화시키는 것만이 심리치료의 순수성을 훼손하지 않는 것이라는 순진한 믿음은 정신의학을 비롯한 심리치료학계의 전통적인 보수성을 폭로할 뿐이니까. 이미 대타자의 권력장에 다름 아닌 심리의 공간을, 인간의 마음이자 정신인 그것을 탈정치화하려는 시도는 그 자체로 철저하게 (보수적인) 정치적 태도이다. 정치적이지 않은 공간이 존재한다는 믿음만큼이나 철저하게 (보수적인) 정치적인 태도는 없기 때문이다.

만남, 투케, 사건

만일 현실이 억압과 부인의 기능을 통해서 구성된 꿈에 불과하다면, 그것 너머의 진정한 실재를 만나게 되는 것은 어떤 경우인가? 이를 설명하기 위해 라깡은 투케와 오토마톤이라는 아리스토텔레스의 용어를 빌려 온다. 오토마톤이란 자동 반복이라고 해석될 수 있는데, 이것은 "기표의 어떤 흔적"이 반복해서 회귀하도록 만드는 현상이다. 그리고 실재와의 만남을 가리키는 투케는 오토마톤의 바로 저 너머에 위치한다고 말한다. 라깡의 다음과 같은 언급에 주목해 보자.

"'오토마톤', 즉 기호들의 회귀, 재귀, 되풀이가 우리 자신이 쾌락원칙의 명령 아래 있음을 보여 준다면, 실재는 바로 그런 것들 저 너머에 위치합니다."(88쪽)

여기서 말해지는 기호들의 회귀, 재귀, 되풀이란 반복 강박에 다름 아니다. 앞선 장에서 라깡이 wiederholung을 통해 설명하고자 했던 현상―이러한 반복 현상은 쾌락원칙 작용의 결과이다. 쾌락원칙이란 그것의 기원적 의미에서 쾌락이 어디 있었는지를 표지하는 원칙인 동시에, 그렇게 표지된 기억이 반복되도록 하는 무의식의 기능이다. 초과하는 주이상스가 기표에 의해 표지되면 그것은 일종의 상흔처럼 남아서 무의식의 공간에서 반복될 것이다. 쾌락원칙의 이와 같은 수준에서 억압은 아직 안정된 방식으로 작동하고 있지 않다. 그런데 자동 반복은 억압과 부인의 결과로서 출현하는 현실에 대해서 위협적이다. 신경증자의 리얼리티는 안정을 추구하는데, 초과의 포인트로서의 상흔이 반복되는 곳은 그러한 안정을 위협하는 초과하는 주이상스의 장소이기 때문이다. 그런 의미에서 오토마톤은 죽음충동의 자의적 반복 현상이라고 설명될 수도 있다. 실재가 바로 그 너머에 위치한다는 설명은 이와 같은 위상학을 통해 이해되어야 한다.

정리하자면, 오토마톤은 균열 또는 상흔stigma이 반복되는 현상이며, 투케는 그러한 반복 현상이 주체와 조우하는 방식이다. 주체를 감싸고 있는 자아의 방어는 현실원칙이라는 규범에 의존하므로 그를 찾아온 스티그마를, 현실원칙의 표면에 벌어진 균열에 다름 아닌 그것을 존재로 인정할 수 없다. 투케가 필연성이나 법칙성을 갖지 않으며, 오직 우발성의 범주에 속하는 것처럼 보이는 이유가 여기에 있다. 주체는 상징계의 균열을 오직 상징계의 관점에서만 파악할 뿐이니까, 상흔으로부터 발생하는 주이상스에 대해서는 단지 절대적 이질성, 타자성만을 가정하게 된다. 상징계라는 대타자는 투케라는 사건을, 대타자에 대한 대타자의 관점에서 명명할 시-공의 좌표를 가질 수 없기 때문이다. 그런 의미에서 투케는 "대타자의 대타자"가 주체와 만나는 사건에 다름 아니라고 할 수 있다. 만일 대타자라는 개념이 신체에 대한 언어의 타자성에 토대한 것이라면, 이와 같은 언어-대타자에 대해서 절대적 타자인 것으로서의 "대타자의 대타자" 개념은 그것이 다시금 신체라는 범주로 온전하게 절대적이며 독립적인 방식으로 되돌아오지 않는 한 언어 질서의 오작동이라는 형태를 가질 수밖에 없다.[1] 따라서 대타자 내부에서 반복되고 있는 오토마톤은 오작동의 반복이며, 투케는 그것이 주체와 만날 때의 시-공간의 (비)구조를 가리키는 것으로 이해할 수 있을 것이다. 더 간단히 말하자면, 투케는 사건적 자리이다. 오토마톤은 그러한 사건이 단 한 번만 실현되는 것이 아니라는 것을 논증하는 정신분석만의 특수한 이론이다. 대타자의 법칙에 의해 분절되는 주체의 삶이 하나의 강력한 논리(팔루스)에 지배되는 백일몽이라면, 그것의 안정된 흐름을 흔들면서 그것이 현실의 전부는 아니라는 것을 주체에게 보여 주기 위해 등장하는 사건적 장소가 투케이다. 이 같은 투케가 주체와의 조우 없이 단지 무의식에서 반복되는 형식을 오토마톤이라 부르는 것이다. 실재가 주체에게 출현하는 형식으로서의 투케와, 실재가 잠재적으로 반복되는 형식으로서의 오토마톤.

그런데, 무엇인가가 반복되기 위해서는 시작이 있어야 한다. 상흔이 반복되려면, 그 상처가 최초로 새겨지는 기원적 사건이 가정되어야 한다. 프

---

1   대타자의 대타자가 신체라는 범주로 온전히 돌아오는 것은 라깡의 『세미나 20』이후이다. 이때부터 대타자로서의 대타자, 즉 언어에 대한 절대적 대타자로서의 주이상스가 실체로서 가정된다. 이 시기부터 라깡은 실재로서의 주이상스를 대타자의 결여나 거세에 대하여 독립적인 사태로 간주하기 시작한다. 이에 대해서는 자크-알랭 밀레의 1982년 강의와, 『세미나 20』에서의 라깡의 언급을 참조할 것.

로이트가 트라우마(외상)라는 이름으로 가리켰던 것이 바로 그것이다. 상징화의 포획에 저항하는 최초의 사건으로서의 트라우마. 현실원칙의 관점에서는 결코 포획 불가능했던 하나의 사건이 있을 수 있다. 라깡이 "동화 불가능한 것의 형태"라고 말하는 실재는 동화된 세계의 질서를 위협하는 사건이다. 외상이라는 이름이 말해 주듯이 그것은 상징계의 질서에 대해서 외부적 이질성의 사건인 동시에, 그러한 이질성이 쾌락원칙에 의해 상징계의 내부에 남겨진 흔적을 가리킨다. 라깡이 말하고 있듯이 쾌락원칙이란 외상의 장소에 집중되는 리비도의 초과를 완화시켜 항상성이라 부르는 안정을 획득하도록 만드는 기능에 다름 아니다. 그러나 쾌락원칙은 또한 집중된 리비도의 장소인 상흔의 기억을 반복의 형식으로 탐닉한다. 쾌락원칙이 가진 이와 같은 모순된 이중성이 현실원칙의 실패를 초래하도록 만드는 것이기도 하다. 항상성을 추구하기 위해 억압과 완충의 장치로서 기능하는 쾌락원칙이 억압할 대상을 표지하는 순간, 그것은 외상적 장소로 각인될 것이기 때문이다. 그렇게 각인된 스티그마는 쾌락원칙의 억압 대상이며, 현실원칙의 부인의 대상이지만, 그렇게 되면 될수록 그것에 대한 기억은 오토마톤의 형태로 무의식에서 반복될 수밖에 없다.

그런 의미에서 트라우마는 "대타자의 대타자"가 대타자의 내부에 흔적으로 남겨진 사건이라고도 설명될 수 있다. 라깡이 외밀성 l'extimité라는 표현으로 암시하고자 했던 바가 바로 이것이다. 외부extérieur와 내밀함intimité을 결합하여 만든 신조어로서의 외밀성은 언어-대타자의 현실원칙이 지배하는 무의식의 내부에서 어떻게 대타자의 질서에 대한 타자성이 상처로 남겨질 수 있는지를 설명하는 동시에 그것이 어떻게 모든 것의 내밀한 원인으로 작동하는지를 가리키는 용어이다. 외밀성으로서의 외상은 상징계를 지탱하는 현실원칙 내부의 모든 필연적 질서에 대하여 이질적이므로 오직 우발성만을 고유한 형식으로 갖는 동시에, 그럼에도 이 모든 필연적 질서들의 원인이 되는 역설적 위상을 갖는다. 그리하여 우리는 세계라는 내부에 원인으로 작동하는 내밀한 외부라는 개념에 접근하게 된다. 현실을 지탱하는 질서가 "아무리 고도로 발달하더라도"(90쪽) 그러한 현실의 질서에 포획되지 않는 외밀성으로서 "여전히 실재에 속해 있는 것의 핵심적인 한 부분이 쾌락원칙의 올가미에 사로잡히게"(90쪽) 된다. 그렇게 사로잡힌 실재는 쾌락원칙의 그물망에 걸려 고통이라는 역설적 기능을 통해 반복된다. 그러한 반복 앞에 주체가 불려 나가는 사건이 곧 투케라는 것이다.

라깡의 꿈

무의식이 주체를 찾아오는 방식으로서의 투케, 즉 실재와의 만남이라는 사태를 설명하기 위해 라깡은 본인 스스로의 꿈을 사례로 제시하고 있다. 아주 간략하며 추상적인 방식으로만 제시되는 꿈의 내용이지만, 앞서 언급된 프로이트의 꿈 내용과 비교하여 살펴볼 경우 상당히 구체적인 해명이 가능해 진다. 먼저 라깡 자신이 이야기하는 꿈은 다음과 같다.

어느 날 휴식을 취하려 잠시 잠이 들었는데, 그때 잠이 아직 깨지 않은 상태에서 "다급한 노크 소리"를 듣게 되었다. 꿈은 바로 그 직후 시작되었다. 이에 대해서 라깡은 꿈이 단지 욕망의 실현이라는 기능만을 갖는 것이 아니라 잠을 연장시키는 기능 또한 갖는 것이라고 언급한다.『꿈의 해석』에서 프로이트에 의해 지적된 꿈의 또 한 가지 기능이 그것이다. 그런데, 라깡은 이에 대해 다음과 같이 수수께끼 같은 말을 한다.

"만약 꿈의 기능이 잠을 연장하는 것이라면, 그리하여 어쨌거나 꿈이 그 꿈을 꾸게 만든 현실에 그처럼 가까이 접근할 수 있다면 잠에서 깨지 않고도 꿈이 그러한 현실에 응답할 수 있다고 말할 수 있지 않을까요? 결국 여기에는 몽유병적 활동이 있는 겁니다."(94쪽)

라깡은 "다급한 노크 소리", 고로 불길하게 느껴지는 현실을 암시하는 소리에 즉각 반응하지 않고 꿈을 통해 잠의 세계로 다시 도망치고 있었다. 그런 의미에서 꿈은 라깡이 'ne'라는 부정적 의미를 갖는 프랑스어의 허사로 표현하는 문법적 기능 속에 있다. 걱정되는 현실의 도래를 피해가기 위해서 사용되는 문법적 표현으로서의 ne. 그것은 꿈을 꾸는 주체가 깨어나지나 않을까, 그리하여 불운을 가져올지도 모를 현실과 조우하지나 않을까 불안해하는 쾌락-현실원칙의 문법에 다름 아니다. 라깡은 자신이 꿈을 꾸기 시작한 직전의 상황이 바로 그러했다고 암시하고 있다. 그리하여 꿈은 불안의 현실로부터 주체를 멀어지게 한다. 여기까지가 라깡이 서술하고 있는 본인의 꿈을 통해 직접 해석해 볼 수 있는 내용이다. 그러나 우리는 이미 프로이트의 꿈 이야기, 즉 '아이가 불타는 꿈'에 관련된 해석을 가지고 있다. 그것은 꿈이 불길한 현실로부터 도망치기 위해 현실의 노크 소리를 재료로 하여 꿈을 만들지만, 그와 같은 꿈속에서 다시금 보다 비극적인 실재에로 잡아끌려 당겨지듯 접근하게 되는 상황이다. 바로 이러한 상황은 꿈이 자신을 꿈꾸게 만들었던 현실, 즉 그로부터 도망치기 위해 꿈을 꾸게 되었던 현실의 보다 근본적인 장소로 그처럼 가까이 접근하게 될 수밖에 없었던 것을 설명한다. 간단히 정리하자면, 현실의 불안과 조우하지 않기 위해 꿈은 잠을 지속시키지만, 그리하여 깨어나지나 않을까 걱정하며 꿈이 시작되지만, 그와 같은 꿈속에서 우리는 보다 근본적인 현실에로, 즉 실재의 중핵에로 잡아당겨지며, 그것에 거의 가닿는 순간 다시금 잠에서 깨어나 현실이라는 또 다른 꿈의 세계로 도망치듯 되돌아오게 되는 것이다. 그런 의미에서 무의식의 주체가 자리한 곳은 "avant que je ne me réveille", 즉 '내가 깨어나기 전의' 장소이다. 이와 같은 해명을 통해 우리는 라깡이 실제로 꾸었을 법한 꿈의 보다 구체적인 내용을 상상해 볼 수 있게 되는데, 그것은 전적으로 프로이트의 '아이가 불타는 꿈'의 라깡적 판본이라고 할 수 있다. 이에 대해 필자의 상상력에 근거해 해석해 보면 다음과 같다. 즉, 라깡은 자신의 연구실에서 잠시 잠이 들었는데, 그것은 바로 그가 국제정신분석협회로부터 파문의 여부를 통지받던 날이다. 소식을 기다리던 라깡은 불현듯 잠이 들었다. "다급한 노크 소리"가 문밖에서 들려온 것은 바로 그 순간이다. 이때 라깡의 무의식은 두 가지 선택의 기로에 선다. 그 첫 번째는 곧바로 잠에서 깨어나 불안한 소식을 확인하는 것이다. 이 경우 십중팔구 파문이 확실시되는 불운의 소식을 전해 듣는 아주 불편한 상황을 받아들여야 한다. 마치, 아들의 시신이 안치된 맞은편 방에서 타오르는 불길과 마주한, 잠든 아버지처럼 말이다. 이때 라깡의 무의식은 잠든 아버지의 선택과 동일한 방향으로 나아간다. 즉, 잠에서 깨어나 불편한 현실을 조우하는 대신, 노크 소리를 재료로 해서 꿈을 만들기 시작하는 것이다. 꿈의 쾌락원칙 내부로 들어서는 것이다. 그러나 꿈은 그들을 쾌락원칙의 보호된 표면에 머물게 하는 대신 보다 깊숙한 장소로 데려갔다. 여기서부터 우리의 상상력이 요청된다. 라깡은 꿈속에서 무엇을 보았을까? 꿈속의 보다 근본적인 현실이 발산하는 불길한 목소리 중에서 어떤 것을 듣게 되었던 것은 아닐까? 그것은 라깡의 어린 시절 가톨릭 전통으로 엄격했던 집안을 울려 퍼지는 라깡 자신의 아버지의 목소리는 아니었을까? "너를 내 집안에서 파문시키겠다"고 위협하는 아버지의 목소리. 프로이트를 상징하는 국제정신분석협회로부터의 파문의 위협은 라깡을 보다 근본적인 파문의 장소로 데려갔던 것은 아닐까? 아버지의 비난하는 목소리가 울려 퍼지는 가운데, 라깡은 다시금 잠에서 깨어나 현실로 도망치고 있었던 것은 아닐까? 그리하여 자리에서 일어나 문을 박차고 나간 라깡은 협회로부터의 소식을 확인하고, 일을 수습하기 위해 분주히 연락을 취하게 될 것이다. 파문은 오히려 당연한 귀결이며, 프로이트를 넘어서기 위한 예정된 수순이었다고 스스로를 타이르게 될 것이다. 바로 그러한 방식으로 라깡은 현실의 배후에 있는 보다 근본적인 현실, 즉 실재로부터 다시금 달아날 수 있는 것이다. 결국 잠을 깨우는 "다급한 노크 소리"에는 "더 많은 현실이"(94쪽) 들어 있었다. 이것을 알아챈 주체의 무의식은 그로부터 도망치기 위해 꿈을 꾸며 잠을 연장시킨다. 현실로부터 달아나기 위해서. 그러나 달아난 장소에서 주체가 조우하는 것은 더 많은 현실, 더 깊은 현실, 즉 치명적 실재이고, 죽음이며, 근본적 상실의 장소이다. 아버지로부터의 거세와 그에 대한 원망의 장소. 낙원으로부터의 영원한 파문의 장소. 그곳으로부터 다시금 도망치기 위해 주체는 잠에서 깨어나 분주한 현실로, 현실이라는 정교한 환상의 세계로 돌아오는 것이다. 그곳에서 우리는 "그 소리를 중심으로 표상 전체를 재구축"한다. 그리하여 우리는 스스로가 어떻게 잠이 들었고, 무엇을 재료로 해서 꿈을 꾸었는지를 망각한 채로 다시금 잠에서 깨어나 현실로 돌아온다. 리얼리티라는 환상은 그렇게 실재로부터, 그것과의 만남인 투케로부터, 큰사물의 노크 소리로부터 주체를 달아나게 하는 방어의 세계인 것이다.

이로부터 우리는 "삶이 한 편의 꿈"이라면, 그러한 꿈의 배후에 존재하는 실재가 무엇을 의미하는지에 대한 보다 심화된 이해에 접근할 수 있게 된다. 삶이라는 허상은 정교하게 직조된 환영적 리얼리티의 세계이지만, 그것의 배후에는 "또 다른 현실"(94쪽)이, "더 많은 현실이" 숨겨져 있다. 만일 일상의 현실적 사건이 조금이라도 그것과는 다른 현실을 암시하려 한다면 쾌락원칙의 방어적 기능은 주체를 그로부터 달아나게 할 것이다. 그러나 쾌락원칙은 역설적이게도 자신이 설치한 꿈의 직조물을 통해 다시금 보다 "근본적인 현실"로, 표면적 현실에서는 단지 암시만 되던, 끔찍한 현실로 우리는 데려갈 수 있다. 그러나 이것도 잠시 뿐이다. 꿈에서도 방어는 기능하니까. 실재의 중핵에 거의 가닿으려는 순간, "아버지 제가 불타고 있는 것이 보이지 않으세요?"라는 비난의 목소리가 발음되는 그 순간, 또는 라깡의 꿈에서라면 "너는 이제 내 아들이 아니야!"라는 아버지의 목소리가 울려 퍼지는 바로 그 순간 주체는 다시금 잠에서 깨어나 현실이라는 백일 몽 속으로 피신할 것이다. 바로 이와 같은 방식으로 라깡은 삶이라는 한 편의 꿈과, 그것이 정지되는 순간 시작되는 또 다른 꿈을 설명한다. 엄밀한 의미에서 주체는 이렇게 두 가지 꿈만을 소유한다. 장자의 꿈이 그러하듯이 말이다. 그리고, 주체가 소유하지 못한 것은 바로 그 두 꿈을 촉발시키는 실재이다. 현실은 바로 이것, 실재로부터 촉발되어 그로부터 달아나기위한 꿈인 동시에, 달아남 속에서 역설적이게도 실재에로 다시 이끌려 들어가는 꿈에 다름 아니다. 현실은 그렇게 두 가지 방향을 가진 꿈의 왕복운동에 불과하다. 그중에서 라깡은 실재에로 강박적으로 끌려 들어가는 현상을 반복wiederholung이라고 부르고 있는 것이다. 그러나 필자는 이에 덧붙여서, 큰사물의 인력으로부터 벗어나려는 모든 시도 또한 반복적이라는 사실을 강조하고 싶다. 주체의 무의식은 그렇게 실재에로 당겨지는 반복 강박과, 그로부터 벗어나려는 쾌락-현실원칙의 방어적 반복의 이중 효과에 다름 아닐 것이기 때문이다. 큰사물의 인력은 방어로서의 저항을 야기하고, 방어하려는 강박증적 태도는 몰락의 형태로 큰사물을 출현시킬 뿐이다. 두 개의 반복은 뫼비우스의 띠처럼 연결되어 있다. 라깡이 그의 21번째 세미나 "속지 않는 자들이 방황한다"에서, 주체에게는 시간의 흐름 따위란 존재하지 않는다고 선언했던 것도 같은 의미에서이다. 인간은 자신의 실재를 구성하는 큰사물이라는 각자에게 고유한 형태의 구덩이를 가지고 있는데, 주체의 삶이란 바로 이 동일한 구덩이로 미끄러지듯 끌려 들어가는 운동이며, 그런 다음 이로부터 벗어나기 위해 구덩이를 거슬러 기어오르는 힘겨운 탈주 운동에 다름 아니다. 인간의 욕망은 바로 그러한 끌려

감과 멀어짐의 반복 강박 운동 그 자체이다. 유아기에 형성된 이 같은 반복 강박의 패턴은 늙어 죽는 순간까지 인간을 지배할 것이다. 이러한 여정 속에서 인격의 성숙 따위란 허상에 불과하다. 자신의 욕망의 패턴을 얼마나 세련되게 감출 수 있는가, 또는 이따금씩 폭로당할 것인가의 차이만 있을 뿐이다. 바로 그런 의미에서다. 시간이 흐르지 않는다는 선언이 말하고자 했던 것은. 오직 반복만이 있을 뿐이고, 그러한 반복에 대한 동일한 패턴의 저항만이 있을 뿐이다. 아이나, 어른이나, 늙은이나, 우리 모두는 우리를 지배하는 충동의 회로에 사로잡힌 자동인형에 불과하다. 주이상스의 "불꽃에 타 들어가는데도 영원히 움직이지 않는 [비활성의] 존재"(95쪽)를 중심으로 당겨지거나 멀어지는 패턴의 반복이 그곳에 있다. 물론 이것은 철저하게 은폐되어 있으므로, 그것이 우리를 찾아오는 방식은 모든 상징계의 필연성을 거부하는 방식, 즉 우연의 형식을 통해서이다. 삶의 중핵을 구성하는 실재가 언제나 있을 법하지 않은 말도 안 되는 우연을 통해서만 드러나는 이유는 바로 그 때문이다. 프로이트의 꿈 이야기 속에서 그것은 "시신을 지켜볼 임무를 맡은 사람이 잠들어 있던 현실"(95쪽)[2], 그야말로 말도 안 되는 그토록 우발적인 "그 현실을 '수단으로' 해서 반복되는 것"(95쪽)이라는 말이다.

이제까지의 설명을 통해 우리는 다음과 같은 꿈에 대한 이해에 접근할 수 있게 된다. 만일 꿈이라는 것이 현실에서는 금지되어 있던 주이상스를 보다 느슨한 억압의 상황 속에서 향유하는 것을 허용한다면, 그것은 또한 느슨한 방어 속에서 주이상스가 가진 보다 참혹한 부분까지도 드러내는

---

2 아이의 시신을 지켜야 했던 사람들이 잠드는 현실은 라깡이 『세미나 7』에서 분석했던 안티고네에서도 동일하게 반복되는 테마이다. 그곳에서도 폴리네이케스의 시신은 주이상스로 불타고 있었으며, 그것을 지켜야 했던 병사들은 직무유기를 한다. 시신 또는 큰사물이라 할 수 있는 그것 앞에서 주체는 언제나 악몽의 형태인 잠 속으로 빠져 들어가게 된다.

기능을 할 수 있다. 꿈은 상실된 대상에 대한 보상으로서 작동하기도 하지만, 상실 그 자체의 "더없이 잔인한 부분까지 그려 냄으로써 욕망을 현전화"할 수 있기 때문이다. 그런 의미에서 꿈은 실재와의 만남을 지극히 디테일한 부분까지도 가시화할 수 있는 유일한 통로라고 할 수 있다. 꿈은 금지된 쾌락과의 만남을 다소간 보장해 주는 동시에, 거의 악몽에 가까운 형식으로 실재와의 조우를, 라깡이 "태고의 만남"이라고 표현하고 있는 그것을 가능하도록 만들기 때문이다.

신은 무의식이다

라깡이 "무신론의 진정한 공식은 '신은 죽었다'가 아니라 '신은 무의식이다'"(96쪽)라고 규정하는 것도 이 때문이다. 20세기의 인문학이 도달한 가장 유의미한 장소를 유심론적 사유로부터의 해방이라고 한다면, 그리하여 모든 초월적 믿음에 대한 폐기였다고 한다면, 이것은 단지 의식의 차원에서만 실현된 성과라고 해야 할 것이다. 왜냐하면, 무의식의 차원에서 인간은 여전히 타자의 권력에 휘둘리며, 타자의 명령을 그 어떤 종교의 광신도 못지않게 '강박적으로 반복'하며 따르고 있기 때문이다. 여기서 타자라고 말해지는 것은, 사회적 고정관념의 화신으로서의 초자아이기도 하며, 동시에 그것에 사로잡히기를 거부하는 주이상스의 큰사물이기도 하다. '타자'와 '타자의 타자'에게 동시에 휘둘리는 주체의 삶은 첫 번째 죽음(소외)과 두 번째 죽음(반복 강박) 사이에서 방황하는 우리 모두의 숙명에 다름 아니다. 그런 의미에서 소위 "계몽주의"라고 말해지는 인간의 주체적 의식에 대한 맹신은, 우리가 우리 자신의 무의식의 명령에 얼마만큼 휘둘리며 살고 있는지를 이해하지 못하는 망상적 태도라고 할 수 있을 뿐이다. 빛으로 어둠을 비춘다고 해석되는 17세기의 계몽주의적 태도로부터 시작된 근대적 사유는 20세기에 들어서 모든 초월적 우상을 폐기했다고 확신하지만, 그리하여 이와 같은 태도는 무신론적 의식을 가장 우월한 인간 사유의 전형으로 제시하는 듯 보이지만, 그럼에도 무의식이라는 가장 어둡고 모호한 광신적 영역을 비추어 내지는 못했던 것이다.

그런 의미에서 인간의 세계는 잠든 세계이며, 그곳에서 일어나는 모든 현상들은 일종의 백일몽이라고 할 수 있을 뿐이다. 라깡이 사용하는 "판타즘"[3]이라는 용어가 바로 그것을 가리킨다. 그것은 팔루스라는 의미화의 여과장치를 중심으로 구성된 의미의 가상적 체계인데 그곳이야말로 우리 자신의 고유한 의미로부터 소외된 타자-의미의 장소이고, 그런 의미에서 첫 번째 죽음의 장소이다. 이렇듯 모두가 타자의 의미-환상에 취해 잠든 세계의 저변을 떠도는 음산한 목소리가 있다. 그것은 모든 이가 잠이 들어 있는 세계 속에서 "아버지, 제가 불타고 있는 게 안 보이세요?"라고 말하는 목소리이다. 그것은 팔루스를 중심으로 작동하는 타자적 언어의 상징계가 아무리 분절하려 해도 재단되지 않고 빠져나가는 궁극의 잔여로서의 대상 a의 목소리이다. 현실의 백일몽은 바로 이 소리로부터, 죽음의 노크 소리에 다름 아닌 그것으로부터 도망치기 위해 구성된 판타즘의 세계이다. 그럼에도, 잠든 세계는 꿈이라는 역설적 기능의 통로를 통해서 우리를 다시금 그토록 불길하며 음산한 목소리-대상에게로 데려간다. 잠 속의 잠이라고

---

3   라깡에게 판타즘, 즉 환상은 고립된 의미의 세계를 의미한다. 그것은 언어 장치의 환유가 무한히 전개되는 것에 제동이 걸려butée 의미의 고착이 출현하는 사태이다. 라깡은 그의 14번째 세미나 '환상의 논리Logique du fantasme'에서 이것을 절대적 의미화signification absolue라고 표현한다. 여기서 절대라는 것은, 체계나 논리로부터 벗어나 있다는 것을 의미한다. 환상은 그렇게 기표의 연쇄가 정지되는 상황이고, 그 속에서 의미가 고착되는 상황을 가리킨다. 환상은 언어 장치 속에서 기표의 연쇄가 작동하는 운동성에 대비되는 고착성인데, 그것이 주체에게 움직이지 않는 정체성의 환상을 가져온다. 그런 의미에서 또한 환상은 상상계에 관여한다고 할 수 있다.

할 수 있는 꿈속의 주체가 또 다른 백일몽의 세계로 점프하듯 옮겨 가는 것은 바로 이 순간이다. 꿈의 쾌락 그물에 걸려든 큰사물과의 조우를 피하기 위해 하나의 꿈에서 다른 하나의 꿈으로, 잠든 환상의 세계에서 깨어난 환상의 세계로, 그리고 다시 현실의 불길한 노크 소리를 피해 또 다른 잠의 몽환적 세계 속으로 달아나는, 반복의 운동만이 존재할 뿐이다. 장자의 꿈이 그러하듯이. 이러한 현상의 가운데에 바로 큰사물의 목소리가, 고로 신의 목소리에 다름 아닌 그것이 무의식의 양태로 있다. 우리는 그것을 믿지 않는 방식으로 맹신한다. 강하게 억압한다는 것은, 절대로 부인한다는 것은, 실재의 현존에 대한 가장 강력한 증거일 뿐이니까.

그런 의미에서, 프로이트의 꿈에 등장하는 "아버지, 내가 불타는 것이 보이지 않으세요?"라고 말하는 목소리는 모든 종류의 언어로부터 떨어져 나온 큰사물의 목소리이고, 모든 바벨의 언어에 선재하는 실재의 목소리이다. 마치, 아브라함에게 아들 이삭을 죽이라고 명령했던 목소리와 같이. 그리하여 이러한 실재의 목소리에 방어하기 위해 십계명이라는 보편적 질서의 환상 체계가 요청되었던 것처럼. 대상 a로서의 목소리는 그 자체로 주이상스의 불쏘시개 기능을 한다. "그것이 떨어지는 곳마다 [주이상스의] 불이 붙는다." 그 목소리는 실재의 목소리이지만, 그것을 둘러싼 "불꽃으로 인해 불길이 Unterlegt, Untertragen의 수준, 즉 실재에까지 뻗쳐 있다는 사실이 보이지 않는", 그러한 목소리이다. 문명이란 바로 이것의 불길에 놀라 허둥대며 급히 만들어 낸 방호벽들의 미로에 다름 아니다.

그런 의미에서 환상은 두 가지 차원을 갖는다고 할 수 있다. 하나는, 큰사물의 불꽃으로서의 환상이다. 이것은 가장 참혹한 욕망의 환상이며, 이것을 만날 수 있는 것은 라깡의 표현대로 "오직 꿈속에서", 악몽의 형식을 통해서이다. 그것 다음에 팔루스의 환상이 있다. 그것은 방어적 환상이며,

큰사물의 파괴적인 무의미의 환상에 대처하기 위해 만들어진 의미화의 바벨탑이기도 하다.

이 모든 휘둘림의 배후에 '아버지 중의 아버지'가 있다. 무의식을 지배하는 그것. 종교 출현의 필연성을 보장해 주는 무의식의 대타자-아버지의 존재. 무의식이 신이다—라고 라깡이 선언할 수 있는 것은 바로 그런 존재 때문이다. 그리하여 종교는 결코 사라지지 않을 것이며, 언제나 승리할 것이라 인정하지 않을 수 없게 만드는 것 또한 그것의 실존 때문이다. 진정한 무신론이란 천상에 있는 그토록 조야한 상상적 낙원의 하나님조차 압도하는 무의식의 실재를, 그것의 막강한 영향력을 인정하는 태도일 수밖에 없다는 것이다. "우리의 다른 어떤 활동보다도 더 많은 것을 지배하고 있는 실재가 바로 거기에 있다"는 것. 프로이트는 '아버지의 기능'을 분석해 냄으로써 20세기 무신론이 도달할 수 있는 이처럼 씁쓸한 결론을 이끌어 낼 수 있었던 것이다.

트라우마에서 환상까지: 실재의 구조

라깡이 꿈의 환상 구조를 통해 설명하고자 했던 것은 결국 실재의 구조이다. 그의 표현대로 실재란 "트라우마에서 환상까지"(97쪽)의 영역을 가리킨다. 여기서 트라우마란 상징화의 실패와 그로 인해 남겨진 흔적과 그에 집중되는 리비도를 의미한다. 그리고 상징화의 실패는 이항 기표가 성립되는 것의 실패를 의미한다. 즉, 표지된 주이상스가 아버지의 이름에 의해 여과되는 과정에 포함될 수 없었던 사건이 그것이다. 그리하여 표지된 주이상스는, 즉 S1은 S2에 가닿지 못하고 스티그마의 기표가 된다. 아버지로부터 인정받지 못한 쾌락의 기표는 쾌락원칙과 현실원칙의 시스템으로부터 공격당하게 될 운명인 동시에, 트라우마 구성의 비극적 주인공이 된다. 만일 상징화가 하나의 기표가 다른 하나의 기표에게 주체의 욕망을 대리하는 이항의 구조를 통해 완성되는 것이라면 트라우마의 지점은 두 개가 아닌 오직 "하나의 현시자présentant만을 갖는 표상"에 의해 표지된다. 그와 같은 트라우마의 장소가 곧 충동의 장소라는 것이다. 그리고 이것의 작동 방식이 곧 반복Wiederholung이고, 그것을 덮는 피부 또는 스크린이라 할 수 있는 것이 환상이다. 실재는 그렇게 트라우마의 중핵에 기표로 표지된 충동과 그것의 상상계적 표현인 환상으로 구성되어 있다. 여기서 명심해야 할 것은, 트라우마의 피부로서의 환상과 팔루스적 환상의 차이에 대한 인식이다. 팔루스로부터 구성되는 환상은 의미화의 환상이며, 그것은 이항 기표의 통제 속에서 생산된 의미이자 그것의 고착이다. 그것은 대타자-기표가 기의를 지배하는 방식으로 출현하는 의미화의 현상에 다름 아니다. 그러나 트라우마로부터 출현하는 환상은 실재로부터 출현한 상상계적 현상이며, 상징계와 관계를 맺지 않는다. 그것은 상징계의 파열점으로부터 피어오르는 몽환적 안개이다. 바로 그런 의미에서 환상은 우리를 끌어당기며 매혹하는 동시에, 그것에 너무 가까이 접근할 경우 밀어내기 위해 우리를 잠에서 깨우기도 한다. 불길은 우리의 시선을 끌지만, 그 너머로 접근할 수 없는 장애물의 기능을 하기도 한다는 것이다. 만일 주체가 더 깊이 접근하려 한다면, 그가 감당할 수 없는 트라우마의 중핵과 조우할 것이기 때문이다. 여기서도 환상은 균열을 봉합하는 역할을 한다. 환상은 트라우마에 옷을 입히고, 베일을 두르며, 그곳으로 유인하는 동시에 유인당한 주체를 겁주어 내쫓는 역할을 맡기 때문이다. 깨어남이란 그와 같이 두 가지 방향으로 작동한다. 잠이 들고, 실재를 촉발시킬 어떤 사소한 사건에 의해 환상이 시작되면, 그리하여 주체는 팔루스적 잠에서 깨어나 실재의 환상으로 접근하게 되지만, 그러한 접근의 마지막 순간에 환상의 위협을 견디지 못하고 다시금 현실이라는 또 다른 백일몽의 장소로 깨어나 돌아오게 될 것이기 때문이다.

결여의 웅덩이 주변을 맴도는 대상 a의 반복 운동

환상의 기능에 대해서 해명하던 라깡은 환상 자체의 중핵에 자리한 대상 a를 비로소 언급하고 있다. 대상 a란 주체가 언어의 장치를, 라깡이 시니피앙스significance라고 표현하는 기표 연쇄의 환유 장치를 도입함으로써 발생하는 어머니-부재의 현실을 보상하기 위해 출현하는 비정규적 만족의 대상이다. 물론 어머니-부재 즉 결여를 보상하는 가장 주요한 대상은 팔루스이다. 이에 비해서 대상 a는 팔루스의 보상에 만족하지 못하는 결여가 눈을 돌리는 불법적 대상이다. 한편에는 아버지의 이름이 보증하는 팔루스적 만족의 대상이 있고, 그 너머에 잔여로서의 유령적 대상이, 상징계에 의해 사로잡히지 않는 만족의 대상이 있는 것이다. 이와 같은 대상 a의 위상에 대해 라깡은 그것이 어머니의 "부재에 의해 도입되어 항상 열린 채로 있는 간극"(100쪽)의 주변을 공전 운동하도록 만들어진 대상이라고 설명하고 있다. 쉽게 말해서, 대상 a는 어머니라는 큰사물이 상실된 자리에 남겨진 대체물로서의 작은 사물이며, 어머니로부터 떨어져 나온 한 조각 쾌락의 여분이다. 그것이 떨어져 나올 수 있었던 이유는 아버지의 거세가 완전하지 못했기 때문이기도 하다. 이를 설명하기 위해 라깡은 프로이트의 Fort-Da 게임을 활용한다. 프로이트는 손자가 자신의 엄마가 부재하는 상황에서 실패를 가지고 침대 발치 너머로 던지며 "Fort"라고 외치고는, 다시금 실패를 당겨 그것이 되돌아오는 운동을 즐기듯 "Da!"라고 소리 지르며 노는 모습을 관찰한다. 그런 다음 그것을 모성적 욕망의 상실에 대한 아이의 자기만족적 유희라고 규정한다. 이에 대해 라깡은 아이의 유희의 도구이자 새로운 쾌락의 원인인 실패꾸러미를 부분 대상의 출현과 연결 짓고 있는 것이다. 라깡이 강조하는 것은 그러한 실패꾸러미가 "축소된 엄마가 아니"(101쪽)라는 사실이다. 그것은 어머니라는 문맥으로부터도 영원히 분리된 독자적인 대상이며, 예를 들자면 응시나 목소리, 똥이나 젖가슴과 같은 주체 경험의 일부이다. 그것은 시스템으로부터 떨어져 나온 절대적 대상인 동시에 어머니의 상실이라는 온전한 소외의 현실에서 유일하게 큰 사물의 수준에 접근할 수 있는 쾌락의 근원지가 된다. 팔루스라는 대상은 온전하게 시스템 내부의 대상이며 금지가 선행된 대상이라는 의미에서 쾌락의 대상이 아니기 때문이다. 따라서 대상 a는 팔루스를 제치고 욕망하는 주체에게 그 자신의 원인의 위상을 주장할 수 있게 된다. 인간은 바로 그 대상을 통해 욕망하며, 무의식의 사유는 그것을 중심으로 전개될 뿐이다. 라깡이 아리스토텔레스를 인용하며, 인간이란 그러한 "대상을 가지고 사유한다"(101쪽)고 말했던 것도 그 때문이다. 무의식의 사유란 대상 a를 중심으로 맴도는 어떤 것이다.

근원적 상실로서의 엄마의 부재는 아이의 존재에 깊은 구렁을 파고, 하나의 중심적 트라우마를 구성한다. 이 같은 상실의 심연은 그 자체로 거대한 허무, 즉 공백이다. 이에 대하여 주체가 응답하는 방식은, 자신의 신체의 일부를 잘라서 공백의 허무를 대리하는 것인데, 그것이 바로 대상 a라는 말이다. 엄마의 부재가 요람의 가두리 위에 파놓은 깊은 구렁의 주변에 대상 a라는 특수한 욕망의 장치를 설정하는 주체가 있다. 그리하여 욕망의 주체는 자신의 쾌락을 위해 "그 구렁의 주변에서 뛰어넘기 놀이를 할 수밖에 없다."(100-101쪽) 여기서 대상 a는 실재의 시작점이다. 그런 다음 환상($\diamond$)이 있고, 그에 사로잡힌 주체($\$$)가 있다. 이것을 오른쪽에서부터 역순으로 나열한 것이 바로 환상의 공식($\$ \diamond a$)이다. 마름모꼴로 표현되는 환

상(◇)은 또한 상징계의 필터를 의미하는데, 상상계적 환상은 상징계적 의미화의 작용 속에서 피어오르는 기의의 환영에 다름 아니기 때문이다.

환상의 이 같은 속성에 대해 라깡은 다음과 같이 말하고 있다. "만일 엄마의 이 Repräsentanz가—욕망의 구아슈, 터치들로 그려진 그의 데생 속에서—다시금 결여된다면, Vorstellung은 어떻게 될까요?" 만일 표상의 대리에서, 대리Repräsentanz라는 상징계적인 행위가 결여된다면 표상Vorstellung 자체는 어떻게 될 것인가? 라깡의 수식으로 보다 간단히 말하면, S2라는 이항 기표가 누락된다면 S1은 어떻게 될 것인가를 묻는 것이다. 이에 대해서 라깡은 자신의 개인적 경험으로 답하고 있다. (아마도 라깡 자신의 손자일 것으로 추정되는) 어린아이가 라깡에게 칭얼대며 다가오기를 원하는데도 몇 달 동안이나 아이를 외면하고 자리를 뜨는 일을 되풀이했던 경험이 그것이다. 그때 아이는 자신의 충동이 상징계적인 방식으로 대리되지 못했다는 의미에서 트라우마를 갖는다. 여기서 트라우마란 S2에 의해 받아들여지지 않는 S1의 잔존을 의미한다. 그리하여 아이의 S1이 자신을 실현하는 유일한 방법은 잠드는 것이 된다. "이 잠이야말로 트라우마가 생긴 그날 이후로 아이가 살아 있는 시니피앙이 된 저에게 접근할 수 있는 유일한 수단"(102쪽)이 되는 것이다. 여기서 '잠'이라고 표현되는 것은 앞서 살펴본 현실의 백일몽과 그로부터 달아나는 방편으로서의 꿈을 모두 가리킨다. 현실의 백일몽은 상징계의 지배 아래 기표가 된 라깡-할아버지에게 접근하게 해주는 통로가 된다. 그러나 아이는 또한 진정한 잠이 들면서 느슨해진 억압 속에서 할아버지-라깡이 불타는 꿈에 접근하게 될 지도 모른다.

이제까지 설명된 과정을 도식으로 간단히 정리하면 다음과 같다.

$$\triangleright \; - \; - \; - \; - \; - \; \diamond \; - \; - \; - \; - \; - \; - \; > \$$$

여기서 ▷은 생물학적 욕구의 주체이며, 인간의 시작점이다. 일종의 날 것으로서의 주체이며, 말을 배우기 전 단계의 인간이다. 이러한 주체가 시니피앙스의 차원, 즉 S1 → S2의 은유적 차원인 동시에 S'－S" 형식으로 무한 전개되는 환유의 차원에 들어서는 거세의 과정이 ◇으로 표기된 절차이다. 그리하여 소외의 주체 $가 출현한다. 그러나 이게 끝이 아니다. 어머니-상실 또는 결여의 도입(-φ)이라고 말해질 수 있는 이러한 사건은 주체가 자신의 신체를 잘라 실패꾸러미를 만들게 한다. 즉, 주이상스의 잔여를 남기도록 하며, 주체는 사실상 이것을 중심으로 자신의 욕망-사유를 전개하게 된다. 그것이 바로 대상 a이며, 그를 따르는 환상이 발생하게 된다. 이 같은 환상의 공식($\$ \diamond a$)에서 마름모꼴 ◇이 우선 의미하는 것은 욕망의 기원이다. 라깡은 이 마름모꼴을 poinçon이라고 부르는데, 쁘왕쏭이란 인장과 같은 의미를 갖는다. 하나의 사물이 누구에 의해 만들어졌는지 인장을 찍을 때 사용하는 도구가 쁘왕쏭이다. 따라서, 주체의 모든 욕망에는 바로 이 마름모꼴 인장이 찍혀 있다. 욕망의 수없이 다양한 변주에도 불구하고 그것의 배후에는 하나의 동일한 구조가 반복되고 있다는 것이다. 다른 한편 이 마름모꼴이 의미하는 것은 쁘왕쏭poinçon이라는 단어의 기원에서 찾을 수 있는데, 라틴어의 punctio라는 용어가 그것이다. '푼크치오'는 '찌르다'라는 뜻을 갖는데, 이는 또한 속이 빈 바늘로 인체의 일부를 찔러 표본을 채취하는 기술, 즉 의학에서의 '천자술'을 의미하기도 한다. 이와 같은 설명은 대상 a가 주체의 신체 일부로부터 떨어져 나온 한 조각이라는 사실에 연결될 수 있다. 라깡은 대상 a를 설명하기 위해 인체로부터의 표본 채취prélèvement corporelle라는 용어를 실제로 사용한다. 이 같은 환상의 공식을 통해 우리는, 주체가 대타자-언어-장치에 의해 자신의 주이상스를 온통 빼앗긴 뒤에 스스로의 신체 일부를 잘라내어 쾌락의 은밀한 기원으로 사용하는 방식으로 욕망에 관한 환상을 생산하고 있다는 결론에 이를 수 있게 된다. 앞서 설명된 라깡의 모든 논의 전개는 바로 이것을 가리키기 위한 것이다. 그것은 상징계적 발화를 통한 요구Demande가 오히려 상징화될 수 없는 충동의 잔여적 영역을 남기게 되며, 그곳에서 대상 a라는 잉여적 만족의 대상이 출현하여 쾌락의 환상을 생산하게 되는 과정에 다름 아니다. 충동의 도식 ($ \diamond D$)과 환상의 도식 ($ \diamond a$)은 그러한 방식으로 연결될 수 있다. 상징화를 수행하는 요구(D)는 그럼에도 상징화될 수 없는 요구의 잔여를, 대상 a를 남긴다. 주체의 욕망의 기원은 바로 이러한 잔여를 중심으로 구성된다.

엑스-니힐로, 세계 인식의 단계

라깡에게서 로고스와 파토스의 대립은 무의미하다. 왜냐하면 로고스, 즉 상징계란 그것이 제아무리 정교하게 구성된 것이라 해도 큰사물 또는 어머니의 욕망이라는 파토스에 대한 반응으로서 출현하는 것이라는 의미에서 역시 파토스(강박증)적인 것이기 때문이다. 예를 들어, 가장 로고스적인 것처럼 보이는 칸트의 실천이성은 그 자체로 정언명령에 대한 강박증적 집착이거나, 나아가서 정언명령에 대한 물신화라고 볼 수 있다. 로고스를 통한 세계 인식은 그처럼 병리적일 뿐이다. 기원적 상실 또는 근본적 트라우마는 로고스-상징계를 지탱하는 원인의 장소이다. 나아가서, 큰사물의 대리자로서의 대상 a는 상징계의 내부를 떠돌며, 로고스가 작동하는 원인자로 기능한다. 인간의 인식은 그러한 절차 속에서 출현하는 병리적 현상에 다름 아니다. 근원적 상실과, 그에 대한 보상의 차원에서 등장하는 유령적 대상 *a*라는 분리 현상의 결과물로서의 세계 인식이 그것이다. 그런 의미에서 유아의 사유의 수준이 발달하는 단계를 설정하는 것은 무의미하다. 라깡이 "우리가 생물학적으로 관찰할 수 있는 발달 과정 속에는 단계들을 언급할 만한 근거가 말 그대로 전혀 없다"(102쪽)고 주장하는 이유가 여기에 있다. 사유는 단번에 출현하기 때문이다. 그것은 결여가 도입되는 순간, 그리하여 상징계가 도입되는 순간 대상 *a*를 원인자로 하여 단번에 출현한다. 그것은 엑스-니힐로의 출현 방식과 같다. "아무것도 없음"의 단계가, 즉 거세가 받아들여지는 순간 출현하는 결여와, 그것의 주변에 주이상스의 유령이 출현하는 양상과 같다. "아마도 아무것도 없는 것일까? 아마도 아무것도 없는 것이 아니라, 아무것도 없는 것이 아닌 것이리라"(103쪽)라는 말로 라깡이 가리키는 지점이 그것이다. 소외된 주체의 세계가 "아무것도 없음"을 가리킨다면, 그것 위를 떠도는 대상 *a*는 아무것 그 자체, 즉 무를 현시하는 주이상스의 역설적 대상이라는 말이다. 이번 강의의 말미에서 라깡이 클리나멘clinamen을 언급하며 설명하는(102쪽) 미끄러짐이란 바로 그렇게 대상 *a*가 출현하는 우발성 그 자체를 가리킨다.

다른 한편으로, 투케적인, 따라서 사건적 우발성이라 불릴 수 있는 방식으로 시작된 인간의 사유는 이후로 오직 양적인 발전이 있을 뿐, 질적 변화를 겪지 않는다. 어린아이도, 성인도, 사실에 있어서 동일한 구조에 종속되어 있을 뿐이다. 성인의 성숙한 사유라는 개념이 모호해지는 것도 이러한 논의 속에서이다. 라깡에게는 성인이라는 개념만큼 허구적인 것도 없다. 아이가 엄마의 부재를 보상하기 위해 실패꾸러미를 통해 세계를 인식하듯, 성인이 된 우리도 허무를 보상하기 위해 또 다른 모양의 실패꾸러미에 사로잡힐 뿐이다.

시선의 정치학

주요 개념(차례)

세계의 이야기|récit du monde와 운명 신경증

이번 강의에서 라깡은 통사적인syntaxique 것, 즉 주체의 이야기récit 구성이 어떻게 실재의 중핵에 의해 지배되는지를 설명하며 시작하고 있다. 여기서 주체의 이야기 구성이라고 표현된 것은, 인간이 자신의 삶에 관하여 이해하게 되는 가장 핵심적인 절차라고 할 수 있다. 우리 모두는 자신의 삶에 관한 이야기를 구성해 내고, 이를 통해 자신이 누구인지를 파악하며, 또한 미래의 자신이 누구일 수 있는지를 예견하는 방식으로만 삶을 살아갈 수 있기 때문이다. 그런 의미에서 주체의 발화와 이를 통한 이야기의 구성은 자아라는 상상적 이미지를 만들어 내는 중추적 역할을 한다. 미시적 차원에서 개인의 자아와 삶의 구성에 관련된 이러한 절차는 세계-자아라는 거시적 차원에서도 동일한 과정을 따른다고 할 수 있다. 세계는 인식장의 한계 안에서 하나의 거대 서사를 만들어 내면서 시대의 이미지를 구성해 내고, 그로부터 벗어나는 사태들을 배척하는 방식으로 세계-자아의 한계라고 할 수 있는 것을 구성해 낼 것이기 때문이다. 달리 말해, 이야기 또는 서사라고 지칭될 수 있는 절차는 상징계가 팔루스라는 의미화의 필터를 통해 상상계에 다름 아닌 이데올로기적 환상을 구성해 내는 과정이라고 할 수 있다.

이야기의 기능이 가진 이와 같은 구조의 중핵에 라깡은 충동 또는 실재의 중핵이라고 할 수 있는 것을 위치시킨다. 상징계의 기표 연쇄가 팔루스의 의미화 장치를 통과하는 과정 자체라고 할 수 있는 이야기-발화의 전개는 사실에 있어서 보다 심층적인 힘에 의해 지배된다는 것이다. 이를 설명하기 위해 라깡은 "반복Wiederholung"이라는 독일어가 "끌어당긴다haler"라는 용어와 어원적 관련을 맺고 있음을 지적한다. 무의식의 반복 현상은 무언가에 의해 끌어당겨지는 사태에 다름 아니라는 것이다. 이와 같은 무의식의 '당김' 현상은 마치 어떤 패의 카드를 가지고 게임을 시작하든, 마지막에 가서는 어쩔 수 없이 뽑게 되는 마지막의 동일한 카드를 통해 설명될 수 있다. 이를 묘사하기 위해 라깡은 끌어당긴다는 의미의 프랑스어 tirer와 이 단어를 변주하여 만들어진 또 다른 용어 "tirer au sort", 즉 제비를 뽑다—라는 표현을 연결 짓는다. 무의식의 중핵에서 작용하는 일종의 중력 중심으로서의 실재는 그 주변을 맴도는 발화의 흐름들에 관하여 그것이 어떤 주제를 표현하게 되었든 언제나 동일 장소로, 동일한 카드를 뽑게 되는 방향으로 주체를 몰아간다는 것이다. 삶의 선택들 앞에서 주체는 마치 제비뽑기를 시작할 때와 마찬가지의 다양성에 노출된 것 같지만, 결국은 언제나 같은 패를 뽑게 되는 기이한 사태가 그것이다. 이러한 현상이 임상적 관점에서 주체의 삶에 증상적으로 표현되는 경우가 바로 "운명 신경증"이다. 가장 흔한 예를 들자면, 매번 다른 사람과 만나 다른 사랑을 시작하는 것 같지만 그럼에도 매번 동일한 결과로 끌려가게 되는 욕망의 구조가 그러하다. 대체로 잔혹한 파국의 지점을 향해서 삶의 이야기가 반복적으로 이끌려 가고야 마는 신경증적 주체의 태도가 그곳에 있다. 이것은 반복이라는 무의식의 현상이 삶의 구체적인 현실 속에서 자신을 표현하는 경우라고 할 수 있을 것이다. 누구를 만나도, 어떤 사랑을 해도, 어떤 우정을 언약해도, 욕망의 대상과 맺는 관계의 결과는 매번 동일한 고통으로 향하게 되는 숙명의 증상들. 이들의 삶을 표면적으로만 관찰할 때에는, 그들이 자발적으로 고통의 불길을 향해 돌진하는 듯 보일 것이다. 그러나 이런 종류의 "운명 신경증"을 설명할 수 있는 유일한 관점은 의식과 무의식의 분열이다. 의식의 차원에서는 전혀 이해할 수 없는 이끌림이 무의식의 차원에서 천연덕스럽게 진행된다. 그리하여 주체는 파국의 순간으로 자신을 몰아가는 충동의 힘에 압도되는 것이다. 무의식의 중핵에 위치한 실재의 중력 운동에 압도된 주체의 고통이 그곳에 있다. 더불어, 이 같은 증상은 모든 발화의 흐름에 관하여 보편적 현상이라는 사실이 지적되어야 한다. 라깡이 주체의 통사적 구성, 즉 주체의 발화의 구성이 언제나 "무의식의 보호구역과 관계되어 있다"(108쪽)고 말하며 가리키고자 했던 것이 그것이다. "주체가 자기 이야기를 할 때 그 통사적 구성을 통제하고 점점 더 조이는 무언가가 잠재적으로 작용"하기 때문인데, 여기서 "점점 더 조이는"이라는 표현은 말의 연쇄가 어쩔 수 없이 끌려 들어가게 되는 실재의 끌어당김haler 작용을 의미한다. 이러한 현상이 가장 극적으로 관찰되는 것이 바로 분석 상황이다. 내담자가 무슨 주제로 발화를 시작하든 서사의 흐름이 결국 귀착하게 되는 동일한 장소가 발견될 수 있기 때문이다. 이 장소는 주체가 소유한 모든 종류의 기표들 가운데 가장 원초적인 기표들이 존재하는 장소이다. 그곳은 유아기의 충동과 관련하여 그것에 가장 근접했던 기표들이 위치하는 곳인데, 라깡은 이곳을 "유아의 옹알이"(108쪽)라는 표현을 통해 암시하고 있다. 이곳은 현실원칙의 통사적 발화 질서로부터 한걸음 비켜나 있다는 의미에서, 즉 완전히 상징화되지 않는 장소라는 의미에서 "무의식의 보호구역"인 것이다. "무의식의 중핵noyau"이라고 표현되는 이곳은 상징화에 저항하는 동시에, 상징화를 구성하는 통사적 흐름을, 즉 이야기의 흐름을 끌어당기는 역설적 힘의 장소이다. 그것은 가장 강력한 억압이 실행되는 장소인 동시에 그러한 억압에 대한 반발력 또한 강력한 장소, 즉 스티그마의 장소이다. 그런 의미에서 그곳은 상징계에 의한 온전한 소외가 실패로 돌아간 장소이며, 그래서 충동에 관련된 감각이 비교적 날것으로 보존된 장소, 즉 실재의 장소인 것이다. 그러나 이러한 저항이 자아의 차원에서 의식적으로, 또는 전-의식적으로 발생하는 것이 아니라는 사실을 지적하는 것이 중요하다. 저항은 상징계의 차원에서 발생할 뿐이다. 그것은 무의식의 주체가 저항하는 사태를 가리키는 것이며, 그와 같은 저항의 결과물로서의 자아는 사태에 관하여 무지하다. 분열이란 개념이 가리키는 것이 이러한 자아의 무지이다.

다른 한편으로, 라깡은 이 중핵의 장소야말로 "실재적인 것"(109쪽)이라고 말한다. "지각의 동일성을 원칙으로 하는 한에서 실재적인 것"이라고 덧붙여 설명하고 있는데, 여기서 '지각의 동일성 원칙'이란 아주 간단히 다음과 같이 설명될 수 있다. 즉, 심리적 장치들에 의해 재현되는 방식으로 왜곡되는 단계 이전의 지각 그 자체가 지각의 동일성이다. 쾌락원칙(항상성 추구)과 현실원칙(규범성 추구)에 의해 굴절되기 이전의 충동 그 자체의 감각이 바로 실재라고 할 수 있다. 그와 같은 감각의 중핵이 쾌락원칙과 현실원칙의 굴절 과정에서 저항의 인력으로 작용하는 것은 자명하다. 이것이 라깡이 말하는 "일차적인 저항"이며, 이것은 일종의 중력과 같이 작용한다. 주체의 발화는 통사적인 과정, 즉 이야기를 나열해 나가는 과정에서 그러한 중력에 영향을 받을 수밖에 없다. 인간 주체가 자신과 세계에 관하여 말하는 모든 서사의 근원은 결국 실재의 중핵을 비켜가기 위해 발명된 방어적 서사에 불과한 것이기 때문이다. 우리가 흔히 역사라고 부르는 것, 또는 문명의 자기-서사라고 부를 수 있는 것은 억압된 채로 있으면서도 끌어당기는 실재의 힘에 이끌려 들어가는 나선형 운동을 하는 동시에 결정적 만남의 순간에는 언제나 비켜가는 형식으로 다시 그것으로부터 멀어지는 반복 운동 속에 있다. 역사의 서사는 이와 같은 반복 운동에 대한 변주에 불과하며, 이것은 개인사의 미시적 차원이나 세계사의 거시적 차원 모두에서 발견되는 통사syntaxe 또는 서사narration의 근본 구조이다. 개인적 세계 또는 거대 세계의 서사가 가상적 이데올로기의 권력 구조에 의해 자신을 표현한다는 의미에서 그것을 꿈에 비유할 수 있다면, 세계가 꾸는 꿈은 실재의 중핵으로 이끌려 들어가는 동시에, 그것과 거의 조우하려는 순간 어긋나는 방식으로, 즉 투케적인tychique 형식을 통해 빠져나가게 되는 것이다.

이와 같은 관점에서 우리는 프로이트의 운명 신경증 개념이 모든 발화의 이야기 전개에 일반적인 현상이라고 가정할 수 있게 된다. 주체의 삶이 어떤 변주의 상황 속에 있든지, 주체의 자기 이해는 근본적 상실의 장소로 수렴하게 되며, 운명 신경증은 바로 이러한 수렴 운동 그 자체를 표현하는 용어로 간주되어도 좋을 것이라는 말이다.

그런데 이제까지 설명된 실재, 또는 무의식의 "중핵"이라는 개념은 상당히 추상적인 묘사에 머물고 있다. 욕망의 흐름 또는 리비도의 수로 이면에 존재하는 보다 근본적인 충동의 장소를 실재라고 부르며 그곳이 인력의 힘을 발휘하는 동시에 결정적 순간에 밀어내는 투케적 만남의 원인이 된다는 사실을 충분히 이해한 뒤에도 어떻게 일상적 차원에서 그것이 관찰될 수 있는지는 여전히 모호한 상태로 남기 때문이다. 라깡이 『세미나 7』에서 큰사물의 개념을 세공하는 과정에서도 이와 같은 이론의 추상성은 풀어야 할 숙제로 남겨져 있었던 것이 사실이다. 『세미나 11』에서 정교하게 세공되는 대상 a는 실재의 이 같은 이론적 추상성을 보충하기 위해 도입되는 개념으로 이해될 수 있다. 대상 a는 큰사물이라고 명명되던 대상이 일상의 차원에서 파악될 수 있는 형태로 재가공된 이론적 틀이라고 할 수 있다.

표본 채취, 대상 a

라깡은 실재가 표본 채취라는 사태에 근거한다고 말하고 있다. 여기서
표본 채취prélèvement라는 표현은 말 그대로 어떤 대상의 극히 일부를 떼어
내는 것을 말한다. 만일 주체에게 욕망의 현실에 관련된 진정한 실재가 있
다면, 그것은 주체가 접근할 수 없도록 억압된 대상이라는 의미에서 불가
능성의 대상이다. 라깡이 『세미나 7』에서 '큰사물'이라는 용어로 지시했던
것이 그것이다. 그것은 욕망에 관련한 기원적 장소이다. 만일 주체의 욕망
이 쾌락-현실원칙의 우회로를 따라서 왜곡된 것이며, 기표의 환유적 연쇄
를 통해서 전개되는 결여의 차원이며, 팔루스의 의미화 기능을 통해 출현
하는 환상적 사태라고 한다면, 큰사물은 바로 이러한 상징계적 효과들의
이면에 자리한 진정한 실재이고, 가장 진실한 감각의 대상이라고 할 수 있
다. 다시 강조하건대, 그러나 이것은 불가능한 대상이다. 아버지의-법에
의한 억압과 우회는 큰사물-충동과의 접촉을 원천적으로 차단하고 있기
때문이다. 그럼에도 이것이 주체의 일상에 출현하는 경우가 있는데, 그것
은 오직 표본 채취라는 형태를 통해서이며, 대상 a가 바로 그러한 채취의
결과물이다. 이것을 이해하기 위해 우리는 라깡의 환상-도식을 주목해 볼
필요가 있다. ($\$ \diamond a$)로 표기되는 수식에서 a는 대상 a를 가리킨다. 그것은
주체의 욕망의 원인이다. 이것을 강조하기 위해 라깡은 마름모꼴인 $\diamond$을
주체-대상의 관계 수식으로 설정하고, 쁘앙쏭poinçon이라고 명명한다. 마
름모꼴losange이라는 용어 대신 쁘앙쏭이라는 용어를 고집하는 데는 아주
중요한 이유가 있다. (앞선 강의에서 간단히 언급되었듯이) 쁘앙쏭이란 편지나

텍스트, 또는 공예품 등의 원작자를 표시하거나 출원을 표기하는 표지이다. 일종의 인장이나 낙관과 같은 의미를 갖는다. 이로부터 우리는 대상 a가 모든 욕망의 보편적 원인자라는 것을 이해할 수 있다. 주체가 무엇을 욕망하든, 그것의 원인은 a라는 것이다. 그러나 이에 더해서, poinçon이라는 용어 자체의 어원에 주목해 볼 필요가 있다. 라틴어의 puncio, 즉 '풍치오'라고 읽히는 이 용어는 단순히 '찌르다'라는 의미와 함께 찔러서 표본을 채취하는 기술 즉 천자술의 의미 또한 갖고 있다. 이로부터 우리는 환상의 공식에서 표명되는 대상 a란 주체가 소외되기 이전, 즉 빗금 쳐지는 $의 사태 이전에 가정되는 쾌락의 신체로부터 떨어져 나온 주이상스의 한 조각이라는 사실을 이해할 수 있다. ($\diamond a$)의 관계식은 주이상스를 모두 빼앗긴 핍진화된 주체 $가 원초적 쾌락을 환기시키는 절편으로서의 대상에 지배된다는 사실을 가리키는 것이다. 그럼에도 $\diamond$의 표식은 크거나(⟨) 작고(⟩), 상호 동시적(∧)이거나 상호 배타적인(∨) 모든 관계가 미로처럼 중복되어 있는, 따라서 예측 불가능한 투케적 관계라는 사실 또한 암시한다. 주체가 자신의 증상인 대상 a와 맺는 관련성은, 각각의 개인적 특수성의 산물이며, 따라서 일반화할 수 없는 절대적 차이의 범주에 속한다. 쉽게 말해서, 내담자가 어떠한 방식으로 자신의 욕망의 대상에 지배되고 있는지는, 각각의 분석이 도달해 보기 전에는 예단할 수 없는 개별적 진리들의 영역이라는 것이다. 하나의 진리vérité가 아니라, 진리들vérités이 있을 뿐이다. 환상의 도식 ($\diamond a$)은 이처럼 욕망에 관련된 다양한 해석을 개방한다. 심지어 그것은 주체가 진리에 도달하는 방식까지 암시하고 있는데, 라깡이 환상의 횡단이라고 표현하는 사태가 그것이다. 주체가 쁘앙쏭, $\diamond$을 뛰어넘어 대상 a의 자리에 들어서야 하는 사태를 가리키는 '횡단'이라는 표현은, 주체가 그를 사로잡고 있는 타자의 흔적으로서의 관계식 $\diamond$을 재편해야 한다는 것을 가리킨다. 간단히 말해서, 주체 $는 대상 a와의 새로운 관계를 정립해야 한다는 것이다. 이는 증상으로서의 대상 a를 제거해야 한다는 말이 아니다. 라깡 학파의 정신분석에서 증상의 제거는 의료적 망상에 불과할 뿐이다. 상징화에 저항하며 주체를 흔들던 대상 *a*라는 유령과 함께, 새로운 관계식 속에서 살아가는 것이 문제일 뿐이다. 그런 의미에서, 라깡적 치료란 빗금의 이동이라고 볼 수도 있을 것이다. 즉, 주체에서 쁘앙쏭으로 빗금을 이동시키는 것이 그것이다.

$$(\$ \diamond a) \longrightarrow (S \not\diamond a)$$

물론 그렇다고 해서 빗금 없는 주체가, 즉 상징화되어 핍진되지 않은 주체가 출현할 수 있다는 말은 아니다. 그럼에도, 주체는 이전과 같은 방식으로 빗금 쳐지진 않을 것이다. 분석이 추구하는 목표는 주체를 지배하는 타자의 흔적으로서의 빗금의 방향을 돌리는 것이며, 그것이 성공한다면 주체에게는 이제 더 이상 예전과 같은 형식의 빗금과, 그로부터 비롯된 타자적 반복의 루틴은 존재하지 않을 것이다. 주체는 이제 새롭게 새겨진 빗금을, 새로운 욕망의 루틴을 발명해 낸 것이니까. 쁘앙쏭에 빗금이 쳐진 형상이 의미하는 바가 그것이다. 주체는 여전히 쁘앙쏭의 관계식에 지배받고 있으며, 그것을 통해 자신의 증상 *a*와 만날 수밖에 없지만, 그와 같은 만남의 루틴은 더 이상 예전과 같지는 않다.

물론, 라깡이 『세미나 11』에서 여기까지 말하고 있지는 않다. 라깡은 단지 기표를 던졌을 뿐이고, 도약은 필자의 펜 끝에서 일어나고 있다. 그러니까, 너무 멀리 가려 했던 발걸음을 잠시 멈춰 보도록 하자. 다시 대상 *a*를 설명하는 라깡의 목소리로 돌아가 보자. 거기서 라깡은 대상 *a*가 깨어남의 순간으로 주체를 데려간다는 사실에 주목하고 있다(109쪽). 큰사물의 극히 일부분이 잘려 나와 무의식의 공간을 떠돌다가 억압이 느슨해지는 틈을 타 주체에게 불현듯 출현하는 사태가 바로 대상 a의 출현 상황에 다름 아니기 때문이다. 깨어남이란 바로 이것과의 만남에서 주체가 반응하는 방식이다. 대상 a는 충동의 실재를 일깨우는 주이상스의 절편이며, 그런 의미에서 실재의 파괴력을 대리할 수 있다. 주체는 이러한 파괴력에 놀라 뒤로 물러나게 되는데, 이러한 물러남이 '깨어남'의 형식으로 표현된다. 꿈속이라면 악몽의 형태로 출현하는 큰사물의 가장자리에서, 또는 현실에서라면 쾌락-현실원칙의 장악력이 약화되는 순간 경험되는 환각적 사태들로부터, 그러니까 주체를 지배하는 팔루스의 권력이 보장하는 가상적 현실성이 무너지는 모든 장소와 순간에, 대상 a는 실재를 대리하는 방식으로 유령적 출현을 실현한다. 만일 이러한 순간을 다른 모든 가상적 리얼리티와 비교하여 가장 진실한 현실이라고 말할 수 있다면, 이 순간으로 들어서는 주체는 비로소 "깨어나는" 주체다. 그러나 무의식의 구조에서 이러한 깨어남은 이미 설명된 것처럼 역설적 방향성을 갖는다. 진정한 실재와 조우하여 비로소 깨어나게 되는 주체는, 깨어남과 동시에 현실의 가상적 체계로, 표상들이 팔루스를 중심으로 재구성된 환상의 현실인 그곳으로 잡아당겨지듯 되돌아올 것이기 때문이다. 바로 그런 의미에서 깨어남éveil이라고 라깡이 언급하는 용어는 이중의 용법으로 이해될 수밖에 없다. 주체는 실재와 만나, 거기서 "아버지, 제가 불타고 있는 것이 안 보이세요?"라는 원망의 목소리를 듣게 되고, 그 너머에서 쏘아보는 아이의 눈을 통해 응시와 조우한다. 잠이 깨는 것은 그 순간이다. 그러한 깨어남은 실재를 마주보게 하는 대신 다시금 실재로부터 가상물들의 세계로 달아나도록 한다. 실재와의 조우로 인해 깨어나는 주체는 즉각 현실이라는 백일몽의 세계로 달아나며, 백일몽 속에서 다시 잠이 들고, 그리하여 또다시 꿈속의 실재와 만나는 방식으로 깨어나 현실의 잠으로 돌아오는 뫼비우스의 궤적을 반복하게 된다. 이로부터 라깡은 전이transfert가 단순히 상담 현실에서 벌어지는 관계에 국한되는 방식으로 이해되어서는 안 된다는 점을 강조한다. 내담자가 분석가에게 리비도를 투자하는 방식으로 진행되는 전이는, 어린 시절의 애정 관계를 현실에서 단순 반복하는 것이 아니라, 그러한 반복의 중핵에 자리한 실재에로 주체를 데려갈 수 있어야 한다. 전이라는 반복은, 반복 자체의 중심으로 주체를 인도할 수 있어야 한다는 것이다. 분석가에 대한 의존과 사랑의 형식으로 등장하는 전이는 내담자의 욕망의 패턴이 반복되고 있었던 지형의 보다 근본적 중핵으로 분석 상황을 이끌어 갈 수 있어야 한다. 주체의 분열에 의해서 주체 스스로는 그와 같은 실재의 중핵을 언제나 오인 속에서 비켜갈 수 있다. 주체의 분열은, 한편으로 실재를 충동의 탐닉 장소로 인식하는 동시에 다른 한편으로 그것을 부인해야 할 대상으로 간주한다. 주체의 의식적 차원에서 실재가 언제나 잘못 도래한 malvenu 것으로 이해되는 것은 그 때문이다. 주체가 충동의 부분 대상인 a 를 탐닉하는 것은 바로 그와 같은 어긋남과 몰이해 속에서이다. 대상인 a 는 실재의 공모자일 뿐 주체의 현실 세계에 대해서는 은폐되어 있기 때문이다. 분석은 이제까지 설명된 '꿈과 깨어남의 논리'를 전복시키는 방식으로, 언제나 잘못된 만남인 것처럼 또는 언제나 어긋난 만남인 것처럼 은폐된 실재와의 만남을 의식화해야 한다.

이와 같은 실재의 잘못 도래한 속성은 원-장면을 통해 설명되는 트라우마적 표지점에 의해 보다 구체적으로 해명될 수 있을 것이다. 원-장면이란 주체의 역사 속에 각인된 초과하는 주이상스의 이미지이다. 이것은 유아기에 관찰된 부모의 성행위 장면일 수도 있지만, 그에 준하는 또 다른 외부의 충격일 수도 있다. 그것은 마치 베스티지움, 즉 하나의 성스러운 흔적과도 같이 주체의 무의식에 지울 수 없는 표지를 남긴다. 쾌락원칙과 현실원칙의 안정성을 위협하게 될 이 흔적은 주체의 욕망에 언제나 잘못 연결되는 형식을 취한다. 쾌락-현실원칙의 팔루스적 욕망의 쾌감과 원-장면으로 표지된 트라우마적 표지의 위상은 서로를 배척하는 방식으로 구성되는 것이기 때문이다. 그리하여 원-장면인 트라우마는 현실의 관점에서는 너무 과도하거나 너무 꿉진한 것이 된다. 그것은 너무 이르거나, 너무 뒤늦은, 그래서 결국은 아무것도 아니게 되어 결여의 표상이 될 오르가즘의 환상이 된다. 만일 욕망의 근원에 이처럼 트라우마적이며, 현실에 대해서 이질적일 수밖에 없는 실재의 표지가, 쁘앙송이 낙인 찍혀 있는 것이라면, 이를 통해 우리는 어째서 인간의 성욕이 그토록 모순된 특성에, 라깡이 '투케적인 것tychique'이라 표현하는 속성에 침윤되어 있는지를 이해할 수 있게 된다. 인간의 욕망의 토대가 되는 장소는 쾌락원칙과 현실원칙에 의해 정지 작업된 평평한 표면이 아니라, 그 아래에 존재하는 단층의 불규칙한 장소이다. 이와 같은 불규칙성을 투케적인 것이라고 표현하고 있는 것인데, 이로부터 우리는 성적 욕망에 관한 자연스러움이라는 환상을 거부할 수밖에 없다는 결론에 도달한다. 정지 작업된 자연스러우며 미끈한 평면의 욕망은 충동의 실재를 감추기 위한 문명의 변장술에 불과한 것이니까. 진정한 실재가 출현하는 방식이란 현실원칙에 의존하는 자연스러움이기보다는 오히려 극도의 기이함étrangeté, 지금 라깡이 factice라는 용어로 가리키고 있는 "작위적인"(111쪽) 사태를 통해서이다. 주체가 자신의 욕망의 원인을 만나는 것은 그 자신의 현실을 지탱하는 팔루스적 시선을 박탈당하는 "있을 법하지 않은" 사건 속에서이기 때문이다. 그런 의미에서, 분석 상황에서 보다 주목되어야 하는 것은 성적인 뉘앙스가 가득 담긴 진술들이기보다는, 오히려 실재의 은폐술이 자신을 드러낼 수밖에 없는 상황에서 극도의 작위성으로 마지못해 자신을 폭로하는 순간이다. 그것은 전혀 현실 상황의 문맥에 들어맞지 않을 것만 같은 사건, 그야말로 투케적인 것에 침윤되어 인위적으로만 보이는 사태를 말한다. 자연스럽다고 가정된 인간 존재의 질서가 그러한 자연스러움을 위협당한 결과로 야기된 균열로서의 사건적 자리가 내보일 수 있는 특성이란 극단적 부자연스러움일 것이기 때문이다. 일종의 환각과 같은 외양을 한 그것을 라깡은 '늑대인간'의 환각인

"페니스가 사라졌다 다시 나타나는 기이함"(111쪽)을 통해 예를 들고 있다. 팔루스의 의미화 권력에 의해 필터링되지 못한 환각의 절편이라 할 사태들에 주목해야 한다는 것이다. 그리고, 이제부터 묘사될 대상 a, 즉 상징화에 저항하면서 끝끝내 주체를 실재와 조우하도록 만드는 '응시'의 사태가 바로 그와 같은 작위적 현상의 극치를 보여 주는 것으로 이해될 수 있다.

지난주의 세미나에서만 해도 라깡은 "아버지"라고 말하는 아이의 목소리가 불쏘시개가 되어 그것이 떨어지는 곳마다 불을 붙일 것이라고 말했다. 여기서 라깡은 대상 a를 목소리로 간주하는 듯 보였고, 호원 충동을 암시하려는 것처럼 보였다. 그러나 이번 세미나에서 라깡은 목소리 너머에서 쏘아보는 '응시'를 강조한다. 간청하는 아이의 애원, 아이의 목소리는 응시의 차원과 분리된다. 목소리는 기표이기에 상징계에 사로잡혀 의미를 생산할 숙명이므로, 그것은 꿈꾸는 아버지를 더 깊은 곳으로 들어서도록 하지는 못할 것이다. 아니, 오히려 아이의 원망하는 목소리는 아버지가 실재에로 걸어 들어가는 것을 막아선다. 말 그대로 목소리는 "주체의 원인이 되면서 주체를 추락시킨다." 겁주고 죄책감을 느끼도록 하는 방식으로 목소리는 아버지의 시선을 눈뜨게 하는 동시에 다시 눈감도록, 그리하여 현실에로 귀환하도록 재촉한다. 그러나 응시는 다르다. 그것은 아이의 애원하는 목소리로도 해석할 수 없는 보다 깊숙한 차원에서 떠다니는 실재의 응시이다. 여기서 응시당하는 주체는 도망가지 못하고 얼어붙는다. 반면 목소리는 해석과 대답을 요구하면서, 주체가 움직일 수 있는 여지를 준다.

라깡이 이끌어 온 이제까지의 강의 여정은 우리에게 실재의 차원이 가진 몇 가지 특성을 알게 해준다. 그것은 실재라는 것이, 상징적으로 구성된 현실의 시선에서 보자면 작위적이며, 필연성이 결여되어 있으며, 언제나 어긋난 방식으로만 포착되는, 그래서 난포착적 대상이라고 할 수 있는, 존재론의 질서로부터 빠져나가는 무엇이라는 사실이다. 이에 대립하여 리얼리티의 세계는 일관되고, 필연적이며, 언어와 사태의 일치라는 의미에서 사실적이며 정합적이고, 따라서 마음만 먹는다면 언제나 의식에 의해 포착 가능한 것으로 가정될 수 있다. 물론 이러한 사실성은, 팔루스라는 강력한 의미화의 언어 권력이 실재를 억압하는 방식으로 현실이라는 가상적 세계를 단단히 구성해 내는 한에서만 그렇다는 것이다. 만일 실재와 현실의 상호관계가 이러하다면, 진리를 찾는 주체의 여정이 따라야 하는 길은 어느 쪽일까? 그것은 "전통이 늘 그래온 대로 (……) 시각에 중점을 두는 것으로 특징지어진 그 진리와 외양의 변증법이라는 수준에"(112 - 113쪽)서 찾아야 하는 것일까? 다시 말해서, 재현된 것으로서의 외양과 그것의 원본과의 관계를 설정하는 방식으로 진리의 탐사를 진행해야 하는 것일까? 플라톤적 사유라 할 수 있는, 외양으로서의 그림자의 세계로부터 이데아의 세계에로 거슬러 오르듯 탐사를 진행해야 하는 것일까? 파토스에서 로고스로 나아가는 길을 따라야 할 것인가? 그게 아니라면, 이제까지 라깡이 강조해 왔듯이 "작위성의 반영이라 할 주체의 트라우마와 더불어"(112쪽) 진리를 찾는 여정을 떠나야 하는 것일까? 물론 답은 후자에 있다. 진리가 자신을 드러내는 방식은, 현실의 가상적 세계의 표면이 균열을 일으키는 사태 속에서이기 때문이다. 현실의 일관성이 흔들린다는 의미에서 작위적이며 환각적으로 보일 수 있는 그러한 사태로부터 시작하는 것이 라깡이 제안하는 여정이다. 이에 따른다면, 진리가 탐사되어야 하는 장소는 가시적인 것과 비가시적인 것이 구분되는 지점이 아니라, 가시적인 것의 한계점이다. 가시적인 것 너머의 초월적 장소가 아니라, 가시적인 것의 장소 자체가 붕괴되는 막다른 골목에서 진리가 찾아져야 한다는 것이다. 보는 자로서의 시각적 주체가 불현듯 만나게 되는 빈혈의 암점scotoma을 통해서, 시각의 몰락 그 자체를 통해서 응시는 주체를 추락시키는 방식으로 자신을 진리로서 드러낼 것이기 때문이다.

응시

진리를 찾는 여정이 주체에게 고유한 것이라고 규정하는 라깡의 발언을 다시 음미해 보자. 아무렇지도 않게 라깡은 "주체의 여정이 진리를 탐구하는 것이라면……"(112쪽)이라고 말하고 있지만, 이는 간단히 지나칠 수 있는 발언이 아니다. 라깡에게 진리와 주체의 개념은 상호 분리될 수 없는 것이다. 라깡에게서는 진리를 찾는 여정에 대한 형식화를 통해서만 주체가 표현될 수 있다. 마찬가지 의미에서 타자적인 모든 것을 감산하는 형식화를 통해서만 진리로서의 주체가 파악될 수 있다. 라깡의 정신분석에서 주체는 바로 이 같은 형식으로만 존재한다. 그것은 실체도 아니며, 쾌락을 즐기는 신체도 아니며, 그것을 지배하는 타자의 언어도 아니다. 주체는 오직 타자에 의해 문신된 신체라는 하나의 상황이 초과하는 방식으로 진리를 생산해 낼 때에 가정되는 그간의 절차이며, 여기서 말하는 진리란 타자로부터 빠져나가는 방식으로 재편된 욕망의 구조 효과이다. 그러니까 여기서 라깡은 주체가 진리의 개념 없이는 성립되지 않는다는 사실을 강조하면서, 이 같은 진리의 실현을 위해서 어떠한 탐사의 방식이 가능한지를 묻고 있었던 것이다. 이에 대해 라깡은 응시라는 개념을 제시하고 있다. 대상 a의 주요한 한 유형으로 제시되고 있는 응시는 주체가 사로잡힌 타자적 세계-이미지의 고정점인 시선의 위치를 몰락시키는 방식으로 출현하고, 그로부터 주체의 진리를 확인해 주는 절차로서 가정되고 있다. 엄밀하게 말한다면, 응시는 시선의 원인이라고 할 수 있다. 이에 대해 라깡은 "우리 눈에 보이는 것은 누군가의 눈이 우리를 보고 있다는 점에 의존한다는 사실"(114쪽)을 강조하고 있다. 이를 보다 쉽게 설명하면서 논의를 풀어가 보도록 하자. 어떻게 해서 시선의 원인 또는 기원이 응시인가?

유아기의 주체에게 시선이란 별다른 힘을 발휘하지 못하는 능력이다.

시선을 통해 보이는 이미지들은 파편적이며, 통일성을 갖지 못하기 때문이다. 라깡이 거울단계의 묘사를 통해 밝히고 있는 것은 유아가 어떻게 시선을 통해 자신의 신체를 흩어진 이미지로 파악하고 있는가—였음을 기억하자. 유아기의 시선은 그것이 자신에게로 향하는 것이든, 세계의 사물들로 향하는 것이든, 고정점을 갖지 못한다. 시선의 세계가 이후 통일성을 갖게 되는 것은 아버지의 법의 도입 이후이며, 팔루스라는 고정점을 받아들이게 된 후의 일이다. 이처럼 허약한 주체-시선의 영역과 비교하여 무시할 수 없는 강력함으로 아이를 지배하는 또 다른 시선이 존재하는데, 그것이 바로 부모의 응시이다. 아이는 부모 중에서 특히 어머니의 역할을 하는 사람의 응시에 민감하게 반응한다. 그것은 아이가 처음 접촉하는 모성적-타자와의 접촉면에서 발생하는 강력한 쾌감 중에 하나이다. 구강 충동과 항문 충동은 이미 프로이트에 의해서 설명된 바 있다. 유아기의 주체를 지배하는 유아-신체와 언어적-대타자의 접촉면에서 발생하는 충동은 오이디푸스 콤플렉스의 극복 이후에 억압되지만 그것의 잔존하는 유령이 주체를 다시금 찾아올 것이라는, 실재의 회귀에 대한 논의는 익히 잘 알려져 있다. 이에 더해서 지금 라깡은 응시라는 시관 충동의 대상을 더하고 있는 것이다. 어린 시절 시선의 미약한 역능을 보유한 주체는 보는 즐거움보다는 자신에 대한 생사여탈권을 가지고 쾌락을 공급하는 말하는 모성적-대타자로부터 '보임을 당하는' 것, 즉 응시의 대상이 되는 것으로부터 강력한 쾌감을 경험한다. 그러나 이것은 거세와 함께 포기되어야 한다. 아버지의-법과 규범이라는 부성적 대타자의 도입은 유아가 향유하던 시관 충동의 즐거움을 억압할 것을 명령한다. 그럼에도, 다른 세 가지 부분 충동의 운명이 그러하듯이 시관 충동의 응시는 온전히 제거되지 못하고 떨어져 나와 무의식의 세계를 떠돌게 된다. 아이는 팔루스라는 의미화의 방향성에 종속된 뒤 세상의 사물들을 어떻게 바라보아야 하는지를 학습하게 되며, 그러한 방식으로 시각의 세계를 구성하게 되지만, 그로부터 억압되는 방식으로 떨어져 나온 응시는 그러한 시각 세계의 약점을 공략하며 자신의 유령적 존재를 드러낼 기회를 노리게 된다고 할 수 있다. 이에 대해 라깡은 다음과 같은 설명을 덧붙이고 있다.

"시각을 통해 구성되고 표상의 형체들 속에 정돈되는 것과 같은, 사물에 대한 우리의 관계 속에서는 무언가가 층에서 층으로 미끄러지고 통과되고 전달되면서 결국 항상 어느 정도는 빠져나가 버립니다. 이것이 바로 응시라 불리는 것입니다."(116쪽)

이것은 신경증적 주체가 사물과의 관계를 어떻게 시각적으로 맺게 되는지를 설명하는 방식으로 응시를 해명하는 것이다. 주체의 시각은 사물들에 대한 표상을 그대로 수용하는 것이 아니라 "표상의 형체들 속에서 정돈"하는 것이다. 그것이 바로 재현된 세계 이미지라는 개념에 다름 아니다. 주체는 세상을 단지 보는 것이 아니라, 봄이 가능하도록 이미지들을 재편하는 방식으로 그것의 표상들을 수용하게 되는 것이기 때문이다. 만일 이와 같은 설명이 다소 추상적으로 느껴진다면, 필자가 독자에게 제안할 수 있는 실질적 실험은 다음과 같다. 즉, 주체의 시선의 능력이 막다른 골목에 이르는 경험을 인위적으로 도입해 보도록 하자. 주체의 시각적 장악력이 상실되는 상황을 만들어 볼 수도 있는데, 예를 들어 처음 가보는 장소에서 밤이 되기를 기다리는 것이다. 관념적으로나 실질적으로나 장소의 이미지에 대한 추정이 불가능한 상황에 암흑이 찾아오면 우리는 무엇을 보는가? 물론 처음에는 볼 수 없음을 본다는 것을 경험할 뿐이다. 쉽게 말해서, 아무것도 볼 수 없으며, 시각이 볼 수 없는 상황을 마음의 관념이 추정하여 보상해 줄 수도 없게 된다. 그러한 방식으로 단 몇 분만 자리에 서 있게 되면 응시가 우리를 찾아올 것이다. 다시 말해서, 누군가에 의해서 지켜봄을 당하는 섬뜩한 느낌을 예외 없이 경험하게 된다는 것이다. 시관 충동의 대상으로서의 응시는 구강 충동이 그러하듯이 실질적 감각이며, 어떤 의미에서 그것은 시선에 관련된 모든 감각들 중에서 가장 실질적이라고까지 할 수 있다. 응시는 그렇게 주체의 눈과 관련된 경험 중에서 가장 강력한 것이다. 시각예술이라고 불리는 영화가 우리에게 제공하는 체험들 중에서 가장 강력한 경험이 무엇인지를 떠올려 보아도 좋다. 영화의 스크린이 제아무리 아름답고 경이로운 이미지들을 제공한다고 해도 공포영화에서 체험되는 응시되는 감각의 극대화보다 더 강력한 것은 없다는 사실에 주목해 보자. 누군가에 의해서 지켜보아지는 경험이 주는 공포는 단순히 끔찍한 이미지를 보는 수준에서 경험되는 그 어떤 시각적 강렬함도 압도할 수 있다. 그런 의미에서 공포영화는 그것이 시각예술이 아니라 응시의 예술이 될 수 있는 전환점을 제시하는 장르라고 할 수도 있다. 라깡이 시선에 대하여 응시가 선재한다고 단언하는 것도 같은 취지에서이다. 눈과 관련하여 보는 경험을 앞서는 것은 보임을 당하는 경험인 것이다. 보는 능력의 미약함에 비하여 보임을 당하는 경험의 강렬함은 비교될 수 없다. "나는 단한 지점에서 볼 뿐이지만, 나의 실존 속에서 나는 사방에서 응시되고 있다"(114쪽)는 것이다. 물론 우리는 거세 이후의 억압 장치를 가동시키고 그리하여 우리의 시선 속에 들어온 이미지들을 팔루스의 셈법에 따라 재분배하는 방식으로 시선의 장을 장악하려 할 것이다. 그렇게 하지 않는다면 정신분열적 환각의 이미지에 엄습당할 것이기 때문이다. 거세가 제대로 수행되지 못했던 정신병적 주체들에게 응시는 편재하는 위협이라는 사실에 유념해 보자. 팔루스의 강력한 권력을 받아들이지 않는 정신병적 주체들의 시각 세계는 보는 현상보다 보임을 당하는 현상에 압도된 세계이다. 정신병적 세계에서 주체는 보는 경험을 포기해야 할 정도로 사방에서 감시당하는 경험에 짓눌려 있다. 흔히 망상 형성에 원인자가 되는 감시됨의 감각의 토대에는 이처럼 억압되지 않은 응시의 출몰이 관찰될 수 있다. 반면에 억압이 강력하게 작동하고 있는 신경증적 주체들에게서 응시가 나타나는 경우는 그것이 오직 "경험의 막다른 골목, 즉 거세 불안의 구성적인 결여를 상징하는 것으로서 기묘한 우발성이라는 형태로만 모습을 드러내는"(115쪽) 경우이다. 앞서 필자가 제시한 인위적 사례와 같은 경우가 그것이다. 물론 그것 말고도 주체를 증상적 방식으로 찾아오는 응시의 방문은 수도 없이 많다. 예를 들어, 삶의 실질적 위기를 경험하는 주체에게 타자의 시선이 일상적 감각의 수준보다 훨씬 강력해지는 경우가 있다. 흔히 세상 사람들 모두가 나를 응시하는 듯한 경험으로 묘사되는 감각이 그것이다. 공황장애라는 임시적 진단명으로 현대 정신의학이 분류하는 이 같은 상황의 배후에는 시관 충동으로서의 응시가 원인자로 기능하고 있다. 억압되어야 하는 응시의 공격이 주체의 일상이 경험하는 혼돈의 틈을 타고 출몰할 수 있기 때문이다. 다른 한편으로 종교적 경험으로서의 응시를 언급해 보는 것도 흥미롭다. 종교적 맥락에서 신의 응시를 체험하는 것 역시 시관 충동에 대한 또 다른 판본의 경험이라 할 수 있다. 유물론적 관점에서 신의 응시 체험은 결국 주체가 자신을 지배하는 팔루스의 안정화 기능을 포기 당하는 순간에 강력해지는 시관 충동의 경험에 다름 아니다. 삶의 위기를 겪는 주체는 말할 것도 없고, 자발적으로 그러한 위기를 장치화하여 신의 응시를 체험하려는 경우도 있기 때문이다. 사막으로 나가는 수도사들이나, 동굴 속에서 면벽 수도하는 종교적 주체들은 하나같이 주체의 시선이 가진 일상적 장악 능력을 포기하는 형식으로 신의 응시를 불러내려 한다. 그러한 경우에 응시의 공격성은 신에 관련된 종교적 필터를 통해 약화될 수 있다. 그럼에도 응시의 강렬함은 팔루스로 지배되는 세속의 관념들을 흔들어 놓기에 충분할 것이다. 그리하여 신의 응시를 경험한 주체는 자신의 삶을 지배하는 세속의 토대들을 흔들어 버릴 수 있는 역능을 소유했다고 주장할 수 있게 되는 것이다. 이러한 사례들은 끝이 없다. 인간 주체가 응시로부터 자신을 방어하려는 다양한 시도들과, 반대로 때로는 그것의 힘을 이용하려는 시도들의 리스트는 문명 자체의 토대를 구성할 정도로 풍부한 것이니까. 이와 관련하여 우리는 다음의 한 가지 질문에 답을 구할 필요를 느끼게 되는데, 그것은 어째서 신경증적 주체가 응시를 공격적이며 사악한 것으로만 지각하게 되었는지에 대한 것이다. 어째서일까. 응시는 다른 부분 충동의 범주들보다 더욱 위협적인 것으로 남아 있다. 이를 해명하는 현재로서의 대답에 필자는 다음의 설명을 덧붙여 볼 수 있다고 생각한다. 즉, 주체의 충동에 관련하여 응시만큼이나 존재 전체를 단번에 아우르는 폭을 가진 것은 없을 것이기 때문이다. 구강 충동이나 항문 충동 그리고 호원 충동은 그야말로 부분적이다. 입과 항문 그리고 귀와 관련된 이 충동들이 단순히 생물학적 피부의 표면에 국한된 것이 아니라는 점은 분명하다. 이들 역시 어머니에 대한 종속이나 복종 또는 선물의 교환과 같은 보다 상호 관계적인 감각을 포함한다. 그러나 응시만큼 주체의 모든 존재를 내맡겨야 하는 폭을 가진 것은 아니라고 본다. 그런 의미에서 응시는 주체의 존재를 온전히 쾌락으로 감쌀 수 있는 동시에 남김없이 파괴할 수도 있는 힘을 갖는 것이다. 이러한 가정으로부터 우리는 인간 문명이 어째서 다른 포유류들과는 다르게 온전히 시각에 의존하여 구성되었는지를 해명할 수 있다고 생각한다. 인간의 시각이 그토록 추상적인 정교함을 발달시켰던 이유는 응시에 대하여 방어하기 위한 목적을 갖는다는 것이다. 존재를 위협하는 응시의 위협을 길들이거나 잠재우거나 때로는 완전히 억압하기 위해 할 수 있는 일이란 통일된 이미지의 세계를 구성하는 것이다. 눈이 천량인 이유는 인간 욕망의 가장 토대가 되는 구성적 자리에 시관 충동이 자리한다는 사실에 있다. 신경증적 문명의 이와 같은 시각 중심주의를 설명하는 또 다른 방법은 성도착에서의 노출증과 관음증을 비교해 보는 것이다. 신경증의 구조가 응시를 철저히 억압하는 방식으로 그것의 위협으로부터 도망치는 선택에 근거한다면, 도착증에서 노출증은 그러한 응시에 자신을 온전히 내주는 방식으로 쾌락을 취하는 구조이기 때문이다. 노출증은 신경증의 뒤집힌 구조인 것이다. 신경증자가 지배하는 인간 문명은 응시로부터 자신을 방어하기 위해 그토록 화려한 이미지의 조합들을 만들어 내는 것이지만, 성도착의 노출증은 오히려 응시를 출현시키기 위해 특정한 이미지의 조합을 만들어 낸다. 따라서 노출증자가 만드는 이미지의 조합은 신경증자의 그것과는 전혀 다르다. 신경증자는 팔루스의 디렉션을 따라서 이미지를 조합한다. 즉, 억압된 이미지들의 통일성을 추구한다. 그러나 노출증자는 오직 위반이라는 목적을 위해 이미지를 조합한다. 흔한 조롱의 대상이 되는 바바리맨을 떠올려 보자. 그는 자신의 신체라는 이미지를 가능하면 타자에게 충격을 줄 수 있는 문맥 속에서 노출시키려 한다. 다시 말해서, 팔루스의 법질서에 의해 지배되는 신경증자들의 세계 표면에 타격을 주는 방식으로 특정한 이미지를 사용한다는 것이다. 그런 이유로 바바리맨은 누드 해변에 관심이 없다. 누드 해변은 나체를 드러내는 행위가 상징계의 법에 의해 보장된 장소이지 않은가? 바바리맨이 선택하는 장소는 오히려 더 많은 충격과 더 많은 비명 소리가 들려올 수 있는 장소, 즉 여자 고등학교의 뒷골목인 것이다. 그런 의미에서 도착증의 구조는 신경증적 세계를 필요로 한다고 말할 수도 있겠다. 비명을 지르는 자들이 존재하지 않는 한 위반의 감각이 촉발될 수 없으며, 그러한 감각 없이는 응시라는 억압된 충동의 소환이 무대화될 수 없기 때문이다. 노출증자는 방어자들을 필요로 한다는 것이다. 반면 정신병적 구조에서 응시는 다른 무엇도 필요로 하지 않는다. 그것은 신의 응시이며, 때로는 권력자의 응시로서 주체를 압도하기 때문이다. 정신병자가 망상을 만들어 내는 이유는 이와 같은 응시의 압도하는 권력을 견딜 수 없기 때문이다. 정신병적 주체는 하나의 서사를 만들어 냄으로써 응시의 권력을 자기화하려 한다. 자신의 역사 속에서 응시의 위치를 포착하려 하는 절망적 시도가 바로 편집증이라고 할 수 있다. 물론 이러한 시도는 신경증자들이 문명을 구성하는 가장 결정적 작인이기도 하다. 그러나 신경증자들에게는 아버지의-이름이라는 보편적 구성자가 존재하므로, 방어도 효과적이고, 그러한 방어의 결과들을 공동체의 다른 주체들과 공유할 수 있다. 그러나 정신병적 주체들은 보편자를 거부하였기 때문에, 고독 속에서 이야기를 만들어 낼 수밖에 없고, 그 결과로서 이해받지 못했으므로 자신들의 역사가 망상이라고 간주되는 것을 어찌할 수 없게 된다.

의태

응시를 설명하는 이제까지의 필자의 해설은 라깡이 지금 언급하는 의태의 개념을 통해서 보다 분명하게 정리될 수 있다. 생물학과 동물학에서 다루어지는 의태라는 개념에 대해서 라깡은 진화론적 차원의 해명을 거부한다. 때로는 보호색의 형식으로 때로는 위협이나 과시를 위한 자기 위장의 형식으로 관찰되는 의태의 현상은 종족 보존이나 그 밖의 다른 진화에 관련된 실질적 목적 이전의 전혀 다른 요인에 의해 촉발되는 것이라고 라깡은 주장한다. 그는 이렇게 시작하고 있다.

"의태 현상에 대해서는 이미 많은 논의가 이뤄졌지만 그중 대다수는 터무니없는 것입니다. 가령 의태 현상이 적응을 위한 것이라고 설명해야 한다는 것이 그것인데요, 저는 그렇게 생각하지 않습니다. (……) 한편으로 가령 곤충에게서 의태의 결정적인 변이가 제 효과를 발휘하려면 그것은 단번에, 그리고 즉시 일어나야 한다는 겁니다. 다른 한편, 그러한 변이에 소위 적자생존적 효과가 존재한다는 주장은 모종의 의태를 통해 스스로를 보호한다고 하는 곤충도 그렇지 않은 곤충만큼이나 새들, 특히 포식성 조류들에게 잡아먹힌다는 사실을 보면 전혀 설득력이 없다는 겁니다."(116쪽)

다소 긴 인용을 제시하는 이유는, 라깡의 설명만으로도 의태 개념으로 생물의 이미지 현상에 관한 오해를 일소하는 데에 충분할 것이라 생각되기 때문이다. 의태에 관하여 생물학자들이 주장하는 상식적 이해는 언제나 딱 떨어지지 않는 측면을 갖는다. 그렇다면 라깡은 이것을 무엇으로 해명할 수 있다고 주장하는 것인가? 그에 따르면, 생물들이 자신들의 외관을 특수한 방식으로 변화시키는 원인에는 응시의 감각이 존재한다는 것이다. 예를 들어 자신의 신체에 반점과 같은 무늬를 갖게 되는 생물은 그것을 바라보는 외부 환경의 동물과의 상호작용을 고려해야 하는데, 여기서의 상호작용이란 응시의 실재를 매개로 해서 벌어지는 것이라고 할 수 있다. 동물들 모두에게는 환경 너머의 어떤 지점에 의해 응시당하고 있다는 감각이 자리한다고 생각할 수 있기 때문이다. 물론 라깡의 이와 같은 의태 개념의 접근은 논란의 여지가 없는 것은 아니다. 만일 얼룩말과 사자의 관계에서처럼 응시의 감각이 확실하게 내재될 수 있는 수준의 경계 능력을 갖는 생태계의 환경을 가정한다면 라깡의 접근이 타당해 보일 수도 있다. 그러나 곤충의 수준에서 개체들이 응시에 반응한다는 것은 해명되지 않는 측면들을 남긴다. 그럼에도 라깡이 의태라는 논란거리의 개념을 굳이 도입하는 이유는, 그것이 "인간 심리"에서 작용하는 응시의 감각을 설명해 줄 수 있는 뛰어난 은유이기 때문이다. 의태는 눈과 관련하여 시선과 응시를 분리시킬 수 있는 효과적인 개념이라는 것이다. 의태는 주체의 관점에서 바라보는 실천의 영역 이전에 어떻게 보임을 당하는 영역이, 즉 볼거리로 주어지는-donner à voir-영역이 선재하는지를 설명해 준다. 시선vision이라는 개념을 지탱하는 자족성, 즉 "스스로를 의식이라고 상상하며 자족하는 시각 형태로는 절대로 포착될 수 없는" 응시의 장이 은폐되어 있기 때문이다. 물론 주체의 자기방어적 사유는 이와 같은 응시의 선재를 수용하려 하지 않을 것이다. 인간의 사유가 도달할 수 있는 주체적이며 독립적인 관조의 장소를 상상하는 자아의 오만함은 세계를 스스로 응시할 수 있는 주체성이라는 환상 속에서 유지될 것이기 때문이다. 이에 대해서 라깡은 폴 발레리의 시 「젊은 파르크」에 등장하는 이미지로서, "자신이 자신을 보고 있는 것을 보는 자"(118쪽)라는 태도를 제시한다. 주체성의 시선 그 자체를 추출해 내는 것이 가능할 것이라고 상상하는 인간의 상상적 태도가 그것인데, 이러한 오해는 순수하게 주체적인 시선의 배후에 타자의 응시가 보다 강력한 방식으로 선재할 것이라는 사실을 은폐하는 전형적인 나르시시스적 태도라고 할 수 있다. 이로부터 우리는 데카르트적 코기토가 의심의 사유 그 자체를 주체의 수준에서 추출하는 것이 환기되고 있음을 확인할 수 있다. 거기서도 라깡은 사유의 0도가 주체에 의해서 지탱되는 것이 아니며, 타자에 의해서, 즉 "그것이 사유하는" 차원으로 역전시키는 과정을 통해서만 사유라는 것의 핵심을 이해할 수 있을 것이라고 단서를 달았다. 이와 마찬가지로, 주체의 시선에 관련하여 그것의 보다 근본적인 토대를 이해하기 위해서는 "나를 바라보고 있는 나를 보았다"라는 명제를 통해 나의 주체적 시선 자체를 추출해 낼 수 있다고 주장하는 발화의 배후에 "그것이 나를 바라보는 것을 불현듯 느꼈다"라고 말하는 수동적 차원의 감각이 선재한다는 사실을 이해할 수 있어야 한다.

인간 심리의 차원에서 의태는 그러한 방식으로 이해되어야 한다. 주체는 자신의 이미지를 응시에 대한 반응으로서 출현시키려 한다는 것이다. 다른 사람과 비슷비슷한 외관을 취하려 하는 것은 응시에 주목받지 않고자 하는 자기방어적 의태로 이해될 수 있다. 때로는 튀는 외관을 통해 자신을 등장시키는 것은, 타자의 응시에 보다 가까이 접근하려는 도발적 태도로 볼 수 있다. 때로는 멀리(강박증), 때로는 가까이(히스테리), 신경증자로서의 주체는 이와 같은 두 지점 사이를 오가는 그네타기의 운동 속에 있다. 예를 들어 세계를 온전히 관조할 수 있는 주체를 가정하는 전통 철학의 태도는 응시된다는 사실의 완전한 폐기를 시도하는 극도의 강박증적 태도에 다름 아니다. 그것은 타자의 응시가 출현하는 것에 대하여 질서와 담론을 구성해 내는 방식으로 자신을 방어하려는 늑대인간을 떠올리게 하는 태도이기 때문이다. 물론 철학만 그런 것은 아니다. 신에 대한 다양한 제례 의식의 절차를 발명해 냄으로써 신의 응시를 해명하고 그것에 인간적 의미를 부여하려는 종교의 체계 역시 강박증의 소산이다. 물론 종교가 언제나 강박증적인 것만은 아니다. 종교개혁의 반복이 그것을 반증한다. 현실을 지배하는 인간적 담화의 체계와 제례 의식의 질서를 무너뜨리고자 고군분투하는 종교적 주체들은 신과의 직접적 만남을 추구하는 방식으로 자신의 존재를 온전히 응시에 노출시키는 시도를 하지 않는가? 히스테리적 구조가 종교를 장악하는 이와 같은 사례를 우리는 예수의 사건 그 자체로부터 발견할 수 있지 않은가? 철학 또한 마찬가지다. 그 자신의 형식화를 통해 진리라는 사건에 접근하는 대신, 철학사 자체를 붕괴시키려는 시도 속에서 공백과 만나려고 했던 일단의 철학적 전통은 히스테리적이며, 응시에 스스로를 노출시킨다. 서구 철학의 기원이라 할 수 있는 소크라테스가 이미 시작부터 그러하였다는 사실에 주목해 보자. 그가 자신의 철학적 실천의 기원을 "나는 악령의 목소리를 듣는다"라는 호원 충동에 대한 묘사로 해명하고 있음을 보라. 그것은 응시와 동일한 위상의 대상 a인 목소리에 자신의 영혼을 노출시키는 행위이고, 그러한 방식으로 철학은 충분히 히스테리적일 수 있다. 본문에서 언급하는 메를로 퐁티 역시 그러했다. 한편, 소크라테스와 플라톤이 맺었던 유형의 관계를 라깡과 맺고 있는 라깡 이론의 뛰어난 후계자 바디우 역시 마찬가지다. 그는 자신의 존재론에서 공백의 출몰에 세계를 개방하는 방식으로 공백 자체의 응시에 주체를 노출시킨다. 또는, 공백의 응시에 노출되는 사건과 그것을 견뎌 내는 충실성의 절차를 주체라고 가정하기까지 한다. 한쪽에는 공백으로부터 출현하는 응시를 회피하는 주체가 있고, 다른 한편에는 그것과 대면하는 주체가 있을 뿐이다. 회피하는 주체는 자족적인 환상을 만드는 반면, 대면하는 주체는 수동적 현실을 수용하고 실체적으로 가정되었던 주체성의 환상을 포기하는 방식으로 진리의 절차에 몸을 던진다. 세계사의 모든 흐름은 이 둘의 극점 사이에서 흔들릴 뿐이다. 그런 의미에서 모든 것은 의태다. 세계가 자신을 구성하거나 해체하는 과정의 모든 장소에서 의태의 구조가 발견될 수 있기 때문이다. 세계라는 거대한 꿈은 응시에 대한 자기방어적이거나 자기 도발적 이미지의 구성 그 자체라고 볼 수 있다는 것이다.

장자의 꿈

응시의 개념을 도입하고 그것을 의태로 해명했던 강의의 마무리를 위해 라깡은 장자의 꿈을 소환한다. 모든 것은 꿈이고 모든 것은 환상이다—라는 주장으로 해석될 수도 있는 장자의 논의는 응시라는 개념을 통해 다시 세공됨으로써 환상 너머에 존재하는 실재의 확실성을 세계에 도입하는 담화가 된다. 여기서도 라깡은 부정성négativité으로서의 세계 인식으로부터 실증성positivité의 구도로 나아가는 면모를 보이고자 한다.

장자가 꿈에서 보았던 나비는 또 다른 장자가 아니라 장자라는 현실의 가상적 욕망의 주체를 가능하게 만들어 주었던 원인으로서의 응시라는 구도로 파악된다. 장자가 본 것은 나비가 된 자신이 아니라, 나비의 응시였다. 거대한 날갯짓의 흔들림 속에서도 움직이지 않고 모든 것을 내려다보고 있는 나비의 응시. 이 같은 유형의 꿈에서 펼쳐지는 이미지들의 특수성에 주목해 보자. "꿈의 장 속에서 이미지의 특징은 그것이 보여 준다"(119쪽)는 데에 있다. 꿈속에서 이미지들은 정돈되지 않는 특징을 갖는다. 그들은 "깨어 있는 상태에서 관조되는 것이라면 갖고 있어야 할 폐쇄성, 시계 등의 부재……"(119쪽)를 특징으로 한다. 꿈속에서의 대상들은 그렇게 하나의 주체에게 정돈된 방식으로 자신을 드러내는 구조를 갖지 않는다는 말이다. 뒤집어 말하면, 꿈의 이미지들이 구성되는 방식은 하나의 관조적 주체의 위치를 불가능하게 만드는 구조이다. 거기서 이미지들은 "돌출되어 있거나 대비를 이루며 얼룩처럼 번지는 특성"(119쪽)을 갖는다. 그렇게 파편화되어 번져 가는 이미지들의 특징은 응시를 출현시키기에 충분하다. 응시란 주체의 시각장의 통제가 실패로 돌아가는 지점에서 불현듯 출현하는 것이니까. 꿈에서 느슨해지는 자아의 자기동일성은 스스로를 해체하는 방식으로 응시를 출현시킨다. 이는 마치 자기 자신에 대한 통제를 포기하는 종교적 제례 의식의 사태들과 같다. 트랜스의 법열적 광기 속에서 신의 응시에 자신을 노출시키는 다양한 종교적 전략이 그런 것처럼 말이다. 방언하는 기도의 격렬한 자기 포기 상태는 매개되지 않은 신의 응시에 대한 감각을 체험하고자 하는 전략이다. 같은 의미에서 다양한 무속신앙이 접신을 위해 시도하는 거의 발작에 가까운 제례 의식을 주목해 보아도 좋다. 이 모든 종교적 행위들은 응시의 감각을 이용해 신에 관련된 체험을 유도하려는 전략을 취하고 있다. 한편, 꿈속에서는 그와 같은 자기 포기의 장치들이 필요하지 않다. 꿈이란 이미 자기 포기의 상태 그 자체라고 할 수 있으니까. 이미 꿈의 상황은 통제되지 않는 이미지의 범람이라는 (무)형식 속에서 응시의 출현을 보장한다. 그와 같은 사태의 가장 작위적이며 환각적 순간이 바로 가위-눌림이다. 반수면 상태에서 자신의 신체를 움직일 수 없도록 만드는 힘은 무엇일까? 그것은 바로 응시의 긴장 아닌가? 포식자의 시선에 굳어 버리는 초식동물의 신체처럼, 꿈속의 주체는 응시의 출현에 마비의 히스테리적 증상을 드러낼 수 있다. 잠이 깬 현실에서라면 심인성 히스테리 증상에서나 관찰되는 저림과 마비의 증상이 꿈에서는 가위눌림이라는 흔한 증세로 우리 모두를 찾아올 수 있다. 가위 눌렸던 경험에서 응시의 감각은 가장 주요한 촉발자로 작용한다는 사실에 다시 한 번 주목해 보라. 어둠 속에서 누군가가 나를 들여다보고 있으며, 그와 같은 상황에서 일종의 유체이탈과 같은 체험이 일어난다. 불길한 응시에 노출된 나의 신체를 내가 다시 보게 되는 체험. 그것은 응시와 시선의 전환과 엇갈림이라는 사태를 통해서 관찰되는 가위눌림의 일반적 현상이다. 거기에서 중추적 역할을 하는 것은 응시의 출현을 조장하는 꿈의 느슨한 방어 체계이며, 그로부터 공격당하는 신체의 반응인 것이다. 물론 라깡이 가위눌림을 이야기하지는 않는다. 라깡은 여전히 장자의 꿈에 집중하면서, 장자가 "(……) 실제로는 [그 자신을] 응시하고 있는 나비를 본다는 뜻"(120쪽)에 관하여 논평한다. 장자가 경험한 "그 나비는 늑대인간을 공포에 몰아넣었던 것과 그리 다르지 않다"(120쪽)는 것이다. 여기서 늑대인간을 공포에 몰아넣은 것이란, 프로이트의 환자 판케예프가 어린 시절 악몽을 꾸면서 보았던 창밖의 늑대의 응시이다. 그것은 유아기의 판케예프가 충동의 영역에 너무 가까이 접근하려고 할 때 만나게 되었던 꿈의 경고이기도 하다. 라깡이 장자의 나비를 늑대의 응시와 동일시하면서 강조하려고 하는 것은 바로 대상 a로서의 응시가 가진 양면성이다. 그것은 우리의 욕망의 원인이며, 무의식이 탐닉하는 대상이기도 하지만, 동시에 그것은 주체의 욕망이 너무 가까이 주이상스에 접근하려고 할 때에 공포의 형식으로 주체의 발걸음을 멈추게 만드는 대상이라는 것이다. 그러나 다른 한편으로는, 장자가 본 나비는 장자의 삶이 장자로서 구성되는 현실의 세계가 진정한 실체의 세계가 아니라는 것을 환기시킨다는 사실에 주목해야 한다. 꿈속에서 느낀 나비의 응시는 단지 주이상스의 영역을 표지하는 대상 a의 표지인 것만은 아니다. 그것은 또한 꿈에서 깨어난 장자가 살아가는 욕망의 세계가 은폐하고 있는 원인의 장소에 대한 체험인 것이니까. 이에 대해 라깡은 다음과 같이 이야기 하고 있다.

"그는 포획된 나비이지만 그 나비를 포획하는 것은 아무것도 없습니다. 꿈속에서 그는 그 누구에 대해서도 나비가 아니기 때문이지요. 그가 타자들에게 장자가 되는 것, 그가 타자들의 포충망에 걸려드는 것은 바로 그가 잠에서 깨어났을 때입니다."(121쪽)

장자를 비롯한 우리 모두는 대타자의 언어적 지배 속에서 장자 또는 한 개인이라는 정체성을 부여받고 현실의 삶을 살아가게 된다. 장자는 오직 "타자들의 포충망에 걸려드는" 소외의 과정 속에서만 공동체의 타인들에게 장자가 되는 것이며, 그러한 타인들의 배후에 도사린 대타자로부터 정체성을 부여받게 되는 방식으로 "타자들에게 장자가 되는 것"이다. 그렇게 함으로써만 장자는 현실 세계의 일원이 될 수 있다. 이것은 세계-현실이라는 꿈이 구성되는 방식이다. 그러나 나비의 응시는 타자의 지배로부터 벗어나 있다. 대상 a는 상징화되지 않는 것이므로, 그것은 타자의 포충망에 걸려들지 않는 충동의 유령이다. 욕망의 원인인 동시에, 욕망의 세계로부터 자유로운 대상 a이기 때문이다. 그런 의미에서 나비의 응시는 그 누구에 의해서도 지배받지 않고, 그 누구에 대해서도 나비가 아니다. 그것은 그 자체로 나비의 응시일 뿐이며, 그래서 그것은 타자의 타자가 된다. 큰사물의 절편으로서의 대상 a는 그렇게 주체의 상호성이라는 관계망으로부터 벗어난 독자적 존재이므로, 그것과 만날 수 있는 유일한 순간은 상호성의 관계망이 균열을 일으키는 사건이다. 그것은 라깡이 "주체의 추락"이라 부르는 투케적 사건 속에서다. 응시의 이러한 속성에도 불구하고 그것이 여타 다른 충동의 대상들에 비하여 드물게 경험되며 "인식되지 못한 채로 남게 되는"(121쪽) 이유를 라깡은 시각장의 견고함에서 찾는다. 시관적 장에서는 주체의 추락이 제로에 가깝게 축소되어"(121쪽) 있다는 것이다. 다음 강의들에서 라깡은 시관적 장이 응시를 배척하기 위해 어떠한 전략을 사용하며, 그러한 과정 속에서 어떠한 만족을 유발하는지에 대해 탐사해 나갈 것을 예고한다. 응시라는 위협에 맞서 건설된 시관적 장의 구조가 어떻게 주체를 쾌락-현실원칙의 협소한 현상에 가두게 되는지를, 그리하여 "그것 너머에 있는 것에 대해 무지한 자로 남게 만드는"지를 보여 주게 될 것이다.

일그러진 상상계

"(……) 응시의 벽에서 네가 찾을 수 있는 것은
오직 네가 꿈꾸던 너 자신의 그림자."

―루이 아라공, 「엘자에 미친 남자」

주요 개념(차례)

텅 빈 눈동자가 보는 것

응시와 그에 대한 방어로서 출현하는 세계 이미지에 대한 본격적인 설명을 시작하기에 앞서 라깡은 루이 아라공의 「엘자에 미친 남자」 73쪽에 실려 있는 "대위 선율"이라는 제목의 시구를 언급한다. 2강에서 간단히 언급했던 것을 다시 한 번 강조하려는 것이다. 그는 먼저 이것이 "마이너스-파이(-φ)의 중심적인 상징적 기능에 대상 a의 다양한 형태들이 상응하고 있다는 것을 다시금 확인"(34쪽)하게 만든다고 지적한다. 이를 설명하면 다음과 같다. 만일 거세에 의해서 야기된 소망 대상의 상실이 마이너스 파이(-φ)로 표기될 수 있다면, 이것은 주체의 욕망의 경제 속에 결여가 중심적 역할을 맡게 되었다는 사실을 의미한다. 유아-주체는 상징적 아버지의 개입에 의해 어머니를 상실했고, 어머니는 거세된 존재로 전락되는 방식으로 전지적 권능을 박탈당했다. 이제 쾌락의 실현에 관한 열쇠를 가진 것은 어머니가 아니라 상징적 아버지이며, 따라서 주체는 어머니-쾌락의 세계에서 아버지-쾌락의 세계에로 넘어가게 된다. 그런데, 여기서 아버지-쾌락이란 상징적 아버지가 소유했다고 가정되는 남근-팔루스로 표지된다.

그것은 현재의 주체에게는 불가능한 대상, 즉 결여에 부여된 일자-권력의 이름이다. 주체의 결여가 욕망의 절대적 현실인 이유가 그 때문이며, 또한 그것이 거세된 남근을 의미하는 마이너스 파이(팔루스)로 표기되어 상징적 기능에 포함되는 이유도 그 때문이다. 아이의 쾌락은 아버지 이름에 의한 말parole의 은유 기능과 언어langage의 환유 기능에 의해 상징화되는 과정에서 억압되고 그 실현이 무한정 연기된다. 그러나 이러한 상징화의 억압은 이미 수차례 강조되었듯이 완전할 수 없다. 신체와 언어의 이질성이 그 첫 번째 원인이며, 언어 자체에 내재된 불완전성이 두 번째 원인이다. 따라서, 마이너스-파이라고 하는 결여의 사태는 완전히 통제되지 못하며, 그 앞에서 주체는 흔들리게 된다. 공백의 유령이 상징계를 떠돌며 불안의 위협으로 등장하는 것이다. 이처럼 통제되지 않는 공백의 유령적 출현을 증상이라고 부르는데, 그중에서 가장 유형화된 것들을 구강 충동, 항문 충동, 호원 충동, 시관 충동의 회귀로 파악해 볼 수 있다. 그중에서도 응시는 시각적으로 상징화된 신체와 세계의 잠을 깨우며 등장하는 시관 충동의 유령이다. 이것을 설명하기 위한 뛰어난 문학적 사례로서 라깡은 아라공의 시 「엘자에 미친 남자」를 언급하고 있는 것이다.

네 모습은 나와 만나니

내 안으로 들어오지 못하네. 여기서 나는 네 모습을 비출 뿐

네가 나를 향해 돌아선다고 해도 내 응시의 벽에서

네가 찾을 수 있는 것은 오직 네가 꿈꾸던 너 자신의 그림자

나는 거울과도 같은 불행한 존재

비출 순 있지만 볼 수는 없다네.

나의 눈은 마치 거울처럼 텅 비어 있고 마치 거울처럼

너의 부재에 홀려 아무것도 보지 못하네.

시를 소개하면서 라깡은 별다른 해석을 덧붙이고 있지는 않다. 시 자체가 이미 응시에 관한 적절한 묘사를 제시하고 있기 때문이다. 이에 필자가 사족을 덧붙여 보면 다음과 같다. 이 시의 주인공은 두 개의 시선이다. 시선의 역학 관계에서 둘은 서로를 보지 못하고 오직 상대방을 통해 시선의 주체가 꿈꾸던 그 자신의 그림자만을 본다. 시선이란 그런 것이다. 대상을 보기보다는 대상을 거울로 해서 자신이 원하던 것만을 비추어 볼 뿐이다. 이 같은 사태를 라깡의 "거울단계"에 비유해 볼 수도 있을 것이다. 우리 자신의 시선이 볼 수 있는 것이란, 거울이라는 반영 이미지 속의 정돈된 세계일 뿐인데, 그것을 정돈하는 주체는 내가 아니라 내 뒤의 상상계적 타자-대상의 존재이며, 다시 그 뒤에서 이미지들을 하나로 셈하는 아버지-상징계의 권력이다. 이것은 뒤집힌 구도에서 역시 동일하게 해석된다. 여기서 '나'는 보는 시선의 주체가 아니라 시선의 대상이다. "나는 거울과도 같은 불행한 존재"이다. "비출 순 있지만 볼 수는 없는 ……." 타자의 시선에 나는 그의 거울이 될 뿐이다. 시선의 역학 관계가 가진 이러한 대칭성, 즉 상호 조응의 구도 너머에는 다른 것이 있다. 그것은 너의 시선과 나의 시선이 결국 서로의 결여를, 부재를 초래한다는 사실로부터 야기되는 무엇이다. 역설적이게도 이와 같은 부재는 '눈'이 시선의 기능을 포기하는 사태 속에서 그 너머의 다른 것을, 눈의 기능에서 보다 본질적인 것을, 즉 응시를 출현시킬 수 있다. 무언가를 보는 와중에 본다는 행위의 허망함에 시선이 흐려지는 순간, 아라공이 "거울처럼 텅 비어 있고"라고 말하는 그러한 순간 궁극적인 시선으로서의 응시가 출현한다. 그것은 상호 주체성의 관계 속에서 교환되는 시선이 있기 전의 경험인 대타자에 의해 봄을 당하는 경험에서 촉발되는 시각적 욕망의 원인, 즉 시관 충동이다. 그러나 응시는 보이지 않고 잠시 감각될 뿐이다. "네가 나를 향해 돌아선다 해도 내 응시의 벽에서 네가 찾을 수 있는 것은" 역시 "네가 꿈꾸던 네 자신의 그림자"일 뿐이니까. 응시의 출현에 시선은 나르시시즘적 이미지를 출현시키는 방식으로 방어할 것이기 때문이다. 이처럼 방어가 정지되는 순간을 "너의 부재에 홀려 아무것도 보지 못하는" 상황으로 가정할 때에, 바로 그때 주체는 응시의 대상이 되는 경험의 장에 사로잡힐 수 있다. 이것은 바로 투케적tychique 사태에 다름 아니다.

나는 응시된다. 고로 존재한다

시각 경험에 관한 궁극적인 원인의 장소로서 응시를 설명하기 위해 라깡은 우선 철학자들의 오류를 분명히 한다. 데카르트가 방법적 회의라는 절차를 통해 언표 너머의 언표화의 주체에 도달하려 했던 과정이 그것이다. 사유의 내용을 지우고 사유 행위 자체에 도달함으로써 주체의 확실성에 도달하는 과정. 또는 신체적 경험을 환상으로 간주하면서 의식의 엄밀함에 집중하는 방식으로 존재의 확실성에 도달하려는 시도는 시각적 경험의 영역에서도 동일한 오류를 생산한다. 일견 상상계적 신체의 장애물을 넘어서 기표의 순수 구조에 도달하려는 듯 보이는 이러한 시도들은 기표의 장소를 사유하는 주체의 의식에 위치시키는 오류를 범하고 있기 때문이다.

폴 발레리의 장시 「젊은 파르크」를 통해 라깡이 언급하고자 했던 것이 바로 그와 같은 시각의 코기토의 오류이다. 즉, "나는 내가 나를 보고 있는 것을 보았다je me voyais me voir"(127쪽)라고 말해지는 차원. 여기서도 주체는 시각의 내용물들, 즉 이미지들을 제거하는 방식으로 시각 경험의 토대에 도달하고 있는 듯 보인다. 그리하여 시선 자체의 운동성만을, 행위의 차원 만을 추출해 냄으로써 보는 주체의 확실성에 도달할 수 있는 듯 보인다. 그 러나 이와 같은 과정은 데카르트의 코기토가 도달했던 동일한 오류의 덫 에 걸린다. 의식의 사유 이전에 무의식의 사유가 존재한다는 사실, 주체가 사유하기 이전에 "그것le Ça"이 사유한다는 사실에 대한 무지가 그것이다. 의식의 시각vision이 존재하기 이전에 무의식의 응시regard가 존재한다는 사실에 관하여 주체는 알지 못하고 있다. 의식의 시각 경험은 무의식의 응 시에 의해 바라보임을 당하는 차원에 무지하다. 그런 의미에서 응시는 주 체를 바라보는 자의 위치에서 바라보임을 당하는 자의 수동적 위치로 전 락시키는 방식으로 시각 경험의 기원을 구성한다. 이에 대하여 주체가 할 수 있는 일이란 망각과 무지로 대응하는 것뿐이다. 따라서, 세계를 관조하 는 능동적이며 의식적인 주체라는 환영적 리얼리티의 토대를 구성하는 무 의식의 주체의 확실성은 응시에 대한 수동적 경험을 통해서만 가정될 수 있는 무엇이다. 그런 의미에서 세계는 관음증자이고, 그에 대해 주체는 노 출증자의 관계를 맺을 수밖에 없다. 라깡은 특히 이러한 시각적 장의 구조 가 증상적이라는 사실에 주목하자고 제안한다. 시각 경험은 다른 지각 경 험과는 다르게 보다 강력한 증상적 균열을 내포하고 있다는 것이다. 이를 설명하기 위해서 라깡은 피부의 감각을 비교한다. "나는 나를 따뜻하게 함 으로써 따뜻함을 느낀다'"(127쪽)라는 사태를 가정해 보자. 그것은 피부의 감각이 그것을 느끼는 주체의 동일성과 확실성을 보장해 주는 듯한 느낌 을 갖게 한다. 지각의 자극이 주체의 현실적 확실성을 강화시켜 주는 상황 이기 때문이다. 여기서는 "나를 사로잡은 따뜻함이라는 감각이 내 안의 어 느 한 지점에서 퍼져 나와 나를 신체로서 위치시키는 것"(127쪽)과 같은 안 정된 자기 확인이 가능하다. 그런데, "이에 반해 '나는 내가 나를 바라보고 있는 것을 본다je me vois me voir'"의 경우에는 "내가 시각에 의해 이와 유사 한 방식으로 사로잡힌다는 느낌을"(127-128쪽), 즉 자기 존재의 현실감을

결코 느낄 수 없게 된다. 이것이 라깡이 주목하는 시각장의 특수성이다. 시
각은 그것이 하나의 지각이라는 한에서 다른 감각들과 비교될 수는 있지
만 그럼에도 응시라는 요소의 거주지라는 점에서 주체에게 특수한 이질성
을 경험하도록 만든다. 내가 나를 바라보는 것을 보는 그와 같은 경험을 시
작하는 즉시 주체는 제3의 시선을, 즉 타자의 응시라는 이질적 감각을 느
끼게 될 것이기 때문이다. 이렇듯 시각장은 다른 감각장에 비해서 보다 강
한 균열에, 보다 위협적인 흔들림에 노출되어 있다. 응시가 강력한 대상 a
의 형식으로 그곳을 떠돌고 있기 때문이다. 관조하는 주체의 능동성이라
는 환상을 지탱하는 상징계의 포획에 격렬히 저항하는 응시가 시각장에
펼쳐진 표상들의 질서를 질시하며 위협하고 있기 때문이다.

　자아의 편에서도 응시에 대한 방어를 실행한다. 모든 충동에 대해서 그
러하듯이 쾌락-현실원칙의 방어는 상징화된 표상들의 나열을 통해 응시
라는 죽음충동의 유령에 대한 둑을 쌓는다. 그리하여 구성되는 것이 바로
이상화 또는 관념화된 세계라고 할 수 있다. 의식의 주체가 살아가는 세계
에서 그가 볼 수 있는 것은 오직 그 자신을 지배하는 방어적 상징계가 만들
어낸 표상들, 셈해진 대상들일 뿐이기 때문이다. 그리하여 주체는 다음과
같이 말할 수밖에 없게 된다. 즉 "내게 세상의 모든 것이 나의 표상으로서
만 나타난다는 것을 어떻게 부정할 수 있겠습니까?"(128쪽) 일종의 유아론
이라 할 수 있는 이것이 사실에 있어서 인간이 세계와 만나는 방식인 동시
에 세계의 일부로서 지배되는 방식이기도 하다는 것을 인정하지 않을 수
없다. 사물 자체와의 만남은 불가능할 뿐이다. 라깡이 버클리 주교[1]라는 유

1　17-18세기를 살았던 주교이자 철학자였던 버클리의 주장은 다음과 같다. 즉, 존재하는 것
　은 오직 지각된 것이다Esse est percipi. 주체에 의해서 지각된 것만이 존재한다는 이 철학적
　주장은, 주체의 관념만이 실재하며, 대상은 없다는 극단적 유아론이다. 그리고, 이러한 유아
　론을 지탱해 주는 것은 신이다. 신이 부여한 환상의 세계에 주체는 살고 있다는 것.

아론적 철학자를 언급하는 이유도 그 때문이다. 물론 버클리 주교의 철학은 데카르트와 마찬가지로 신의 매개에 의해서 보장되는 환상의 현상학이다. 그에 따르면 우리 눈에 보이는 모든 것은 우리 자신이 만들어 낸 환상이며, 그 너머에는 아무것도 존재하지 않는 것이며, 그리하여 우리는 우리 자신의 꿈속에 영원히 갇힌 삶을 살다가 죽어 가는 젊은 파르크의 운명이라 해도, 그러한 꿈의 생산자가 신이라면 그것대로 좋다는 것이다. 주체와 세계의 관계를 이처럼 유아론적 관념론의 관점에서 파악할 때에 사물을 관조하며 진리를 탐구하는 주체의 이미지는 갑작스런 추락을 겪게 된다. 주체가 바라보는 것은 그 자신이 만들어 낸 방어적 환상의 가상물들이지, 사물 자체가 아니기 때문이다. 여기서 세계의 존재를 사유하는 철학자는 사실에 있어서 강박적인 꿈속에 갇힌 바보가 된다. 이러한 주체는 사물 자체의 부재에 대해서 알지 않으려는 욕망 속에서 세계에 대한 가상적 지식의 앎을 구축하는 덧없는 꿈의 희생자일 뿐이다. 주체의 의식이란 이처럼 "철저하게 한계 지어진 것"(130쪽)인 동시에 "이상화[관념화]의 원리만이 아니라 몰인식méconnaissance의 원리로 규정"(130쪽)된다. 물론, 버클리에게서 세계를 보는 주체의 한계를 넘어서게 해주는 것은 그러한 주체를 응시하는 신의 눈이다. 인간 주체가 바라보는 모든 것이 허상이라 해도, 그와 같은 허망함을 보상해 주는 것은 신의 응시이고, 그것에 의해서 바라보임을 당하는 인간 경험의 숭고함이라고 할 수 있겠다. 그러나, 라깡에게 문제가 되는 것은 신의 응시가 아니라 무의식의 응시이다. 그것은 주체 없는 응시이다. 기원적인 사태 속에서는 부모-대타자의 응시였던 그것이 분리되어 나와 그 자신의 독립성을 획득한 것이기에, 그것은 부모도, 신도, 그 어떤 실질적 존재의 응시도 아니다. 그저 응시 자체만 있다. 그리고 이것에 방어하기 위해 시각적 현실들, 관념화된 표상들이 구축되었을 뿐이다. 이러한 현실 속에서 주체가 자신을 방어하는 방식은 "'나는 내가 나를 보고 있는 것을 본다'의 내재성에 속한 듯이 보이는 지각을 통해 세계를 파악하는" 전략이며, 이로부터 "내가 지각한 그 표상들을 내 것으로 만들어 주는 양극적인 반영 관계"(128쪽)를 구축하는 전략이다. 그러한 방식으로 관조하는 주체의 특권이 형성되지만, 그러나 그것은 더없이 미약한 특권, 언제라도 주체의 상황이 악화될 때에는 흔들리며 무너질 특권일 뿐이다.[2] 주체가 증상적 흔들림 속에서 무너지는 그 순간, 그는 그 자신을 보호해 주던 표상들에 대한 소유권의 문제에 대해서도 의구심을 갖게 될 수밖에 없다. 다시 말해서, 그 자신의 유아론적 세계 속에서 그가 지각하던 표상들이 사실에 있어서는 대타자의 권력에 의해 셈해진 표상들, 대타자라는 이데올로기적 권력의 산물sache에 다름 아니라는 사실을 고통스럽게 인식해야 할 것이기 때문이다. 그러한 방식으로 대타자의 세계를 흔드는 것은 대타자에 대해서 또한 절대적 대타자의 위치를 점하고 있는 대상 a, 즉 응시라고 할 수 있다. 세계라는 대타자의 산물과, 그에 대한 타자로서의 죽음충동은 서로의 긴장 관계 속에서 주체를 흔들게 된다.

만일 데카르트적 성찰이 철학사적 의미를 가질 수 있다면, 그의 확실성은 최소한 세계의 표상들에 대해서 그것을 수용하지 않는 단호한 태도를 보였다는 점에서 찾아질 수 있을 것이다. 라깡은 이것을 "능동적인 무화의 과정 자체가 되어 버린 한에서의 주체"라고 표현하고 있다. 만일 모든 표상이 허상이며 거짓이라면 그것에 저항하는 방편으로서의 방법적 회의는 모든 것을 부정하고 무화하는 능동적 전략으로 인정될 수 있기 때문이다. 이

---

2 주체의 상황이 악화될 때 응시의 유령이 출현하는 다양한 증상적 사례들을 열거하면 다음과 같다. 소위 "공황장애"라고 현대 정신의학이 이름붙인 증상 중에서 대중들의 시선이 응시의 차원으로 돌출하여 환자를 압박하는 경우가 대표적이다. 또는, 가위눌림의 상황에서 흔히 공포스런 응시의 대상이 되는 경험이나, 자기 자신의 신체를 위에서 내려다보게 되는 일종의 유체이탈의 경험은 꿈이 악몽의 형태로 응시를 출현시키는 사례에 다름 아니다. 그 외에도 온갖 종류의 유체이탈 경험, 즉 자신의 신체를 자기 자신이 내려다보게 되는 경험은 응시의 메커니즘에 의존하는 환각들이다.

같은 데카르트적 무화의 역능은 철학사적 변천을 거듭하였으며, 마침내 "하이데거에게서는 존재 자체에 이처럼 무화의 힘을 되돌려 준다"고 라깡은 지적한다. 여기서 자신을 소멸시키면서 사유의 0도로, 시각의 0점으로 주체를 데려가는 것은 주체 자신의 사유하는 힘이 아니라 존재의 역능이라는 것이다. 그러나 우리는 라깡의 이론에서는 그와 같은 무화의 역능이란 주체도 존재도 아닌 증상의 차원에서 찾아진다는 사실에 주목해야 한다. 세계의 환상을 일소하고, 실재를 출현시킬 수 있는 것은 주체 또는 존재의 역능이 아니라 증상적 사태를 통해서이고, 투케적 사건 속에서이다. 오직 대상 a로서, 즉 모든 종류의 상징화에 저항하는 특수한 만족의 대상으로서의 응시와 같은 신체의 사건이 무화의 힘을 발휘할 수 있다. 이를 탐사하기 위해 라깡은 메를로-퐁티가 그러하듯이 "모든 반성에 선행하는 어떤 것으로 거슬러 올라갈 것을 제안"(129쪽)하고 있다. "여기서 문제는 육체가 아니라 메를로-퐁티 자신이 세계의 육신chair이라 부른 것으로부터 시각의 원점이 출현하게 되는 과정을 복구하고 재구성하는 것"(129쪽)이다. 거울단계에서 결정되는 신체 이미지의 상상계적 대상이 아닌, 파편적 사태로서의 분열된 기관organe이 진정한 실재이며, 진정으로 존재하는 신체이기 때문이다.

이를 통해 우리는 인간 주체가 보는 자로서, 즉 시각적 주체로서 출현하기 이전에 이미 보임을 당하는 자로서, 그리고 그렇게 보임을 당한다는 수동적 사태를 야기하는 어떤 시각의 원점으로서의 빛이 선재한다는 사실을 이해할 수 있어야 한다. 시각의 세계를 가능하게 만들어 주는 빛의 원점에 보는 타자가 존재하기 때문이다. 그것은 "'봄' 기능이라 일컬을 수 있는 것을 출현시키면서 하나의 눈으로서 등장"(129쪽)하는 것, 즉 응시이다. 이로부터 우리는 "자신이 자신을 보고 있는 것을 보는 '환영 속에 있는 의식이 응시의 뒤집힌 구조에 기초하고 있음을"(130쪽) 이해할 수 있게 된다.

의식, 세계의 소멸 또는 암점scotome

응시와 시각의 관계를 설명하고, 이를 통해 무의식의 주체의 위상을 해명하려는 라깡이 덧붙여 참조하려는 개념은 "scotome"(131쪽)이다. 암점이라 번역되는 이 개념은 원래 생물학적 시각장애를 가리키는 용어로 쓰였다. 그것은 망막의 표면 또는 시신경의 일부가 손상되어 시각장에 누락되는 부분이 생기는 현상이다. 이 용어는 또한 심리학과 정신분석에서 방어적 심리에 의해 초래되는 현실 부정이나 망각을 가리키는 것으로 사용되었다. 강한 스트레스를 초래하는 대상을 외면하려는 심리의 방어가 눈앞의 상황이나 사물로 향하는 시선을 차단하는 현상을 가리킨다. 방어로부터 기인하는 현실 부정의 이러한 메커니즘은 다양한 심리적 장애의 영역에 적용될 수 있는 증상적 틀이라고 할 수 있다. 그런데 지금 라깡은 이것을 인간 일반의 의식에 대해서 적용시키려 하고 있는 것이다. 이에 따르면 인간의 의식이란 현실에 대한 부정의 원리 또는 몰인식의 메커니즘에 의존한다. 인간이 의식의 활동을 통해서 이상화(관념화)의 표상들을 만들어 내고 그것을 사유의 유일한 장으로 한계 짓는 이유는 그 너머의 실재를 부정하고, 외면하고, 몰인식하려는 방어적 태도 때문이라는 것이다. "의식을 암점으로 규정한다고 할 수 있지요"(131쪽)라고 말하면서 그가 명확히 하고자 하는 것은 이처럼 급진적 태도이다. 인간 주체의 명료한 의식이라 가정되는 것은 그야말로 환상의 한계 안에 자신을 가두는 몰인식의 사태에 불과하다는 것이다. 진정으로 실재하는 욕망의 현실에 대해서 무지로 방어하는 것이 의식의 전형적 태도라면, 인간 주체의 사유라는 것은 고정관념의 협소한 영토에 갇혀 버린 환상-극장에 다름 아니라고 할 수 밖에 없다. 이와 같은 규정은 라깡 정신분석이 보여 주는 가장 염세적인 동시에 급진적인 입장의 토대라고 할 수 있다. 의식의 주체는 눈 먼, 암점의 주체이며, 시각의 장을 구성하는 것은 몰인식을 위하여, 즉 알지 않기 위하여,

보지 않기 위하여 구성된 이미지들의 정교한 배열에 불과하다. 그러한 방식으로 눈의 보는 차원은 응시-실재에 대한 방어로서 기능한다. 주체는 자신을 응시하는 시관 충동의 대상을 지각하는 순간 그 자신을 소멸시키는 방식으로 응시에 적응한다. 그런 이유로 주체는 "나는 내가 나를 보고 있는 것을 본다'는 의식의 환영 속에서, 점 형태로 소실되어 가는 자기 자신의 자취를 그토록 즐겁게 상징화할 수 있는" 것이다. 응시를 지각하는 순간 주체는 그것을 자기 자신의 시선의 0점으로, 즉 시각-주체의 무화로 상상하며 자신의 존재의 소멸로 향하는 암점화를 실현하는 환상 속으로 들어갈 수 있다. 구강 충동이나 항문 충동과 마찬가지로 시관 충동으로서의 응시는 우리 일상의 어디에나 편재하는 방식으로 쉽사리 조우하게 되는 실재이지만, 그와 동시에 시각장의 강력한 방어적 암점화에 의해서 그것의 출현이 적극 억압되는 대상이기도 하다. 이에 대해 라깡은 "응시는 특히나 포착 불가능하다는 특징을 갖는다"라고 말한다. 궁극적 대타자에 의해 바라보임을 당하는 감각인 이것은 시각장의 견고한 방어로 인해서 언제나 몰인식되어 빠져나가는 특성을 갖기 때문이다. 같은 이유로 응시는 언제나 주체를 '불시에' 엄습하는 특징을 갖는다. 그것은 주체의 시각장의 방어가 붕괴되는 아주 드문 순간에만 자신을 온전히 드러낼 수 있는 대상이다.

응시와 종교

라깡이 전혀 언급하고 있지 않음에도, 응시와 관련하여 꼭 덧붙여야 하는 것은 종교의 차원이다. 필자가 이미 『라깡 미술관의 유령들』(2014)에서 상세하게 언급한 바 있는 응시와 종교의 관계는 재차 강조되어도 모자랄 만큼 필연적이다. 정신분석을 연구하는 혹자는 종교의 출현이 강박증적인 기원을 갖거나(프로이트), 또는 초자아의 현실적 실현이라는 의견을 제시하고 있다. 그러나 필자가 보기에 라깡이 세공하는 응시의 개념은 종교의 출현에 가장 근원적인 동력으로 작용한 것이라 여겨진다. 시각장을 떠다니는 잔여로서의 응시는 인간을 불안과 공포 속으로 몰아넣는 위협이다. 시각의 경험 자체에 원인으로 작용하는 것이지만, 그럼에도 그것은 시각의 주체적 위상에 포함될 수 없는 대상의 차원에 위치한다. 다시 말해서 응시의 위협은 시각-이미지의 세계에 결코 포함되어 분절될 수 없는 절대적 나머지로서 시각장 전체를 강하게 압박하는 특성을 갖는다. 따라서 문명은 어떻게든 그러한 위협을 상징화할 필요성을 느낄 수밖에 없다. 어둠 속에서 자신을 내려다보는 어떤 응시의 강렬한 공포를 언어의 영역 내부로 포획하여 길들여야만 했다는 것이다. 그리고 이것은 단순한 타자의 응시가 아니다. 단순한 포식자의 응시이거나, 부족 공동체를 위협하는 적대적 이웃들의 은밀한 응시가 아니라는 말이다. 인류가 시각장의 선명함이 불시에 붕괴되는 어둠 속에서 느끼는 응시로부터 가정되는 것은 단순한 "타인의 실존"이 아니라 절대적 타자의 실존이다. 여기서 절대적이라는 표현은 그것이 주체가 속한 상징계의 공동체로부터 이질적인 대상이라는 것을 가리킨다. 이것이 출현하여 주체를 온전히 엄습한다면, 그 어떤 방어도 소용이 없게 된다. 암점화도 도움이 되지 않는다. 주체가 자신을 무화시키는 방식으로 타자의 시선을 무화시키려 해도, 그것의 엄습은 극도의 긴장 속에서 주체를 얼어붙게 만들 수 있다. 바로 이러한 현상이 신의 응시라는 종교적 강렬함의 경험을 가능하게 한다. 시관 충동이라는 이름 없는 공포에 대해서 인류는 종교라는 담론의 상징화로 대응하고 있었던 것이다. 만일 이렇듯 종교의 출현과 구성에 응시에 대한 방어의 차원이 존재했던 것이라면, 역설적이게도 종교는 응시의 출현을 장려하는 방식으로 신앙의 차원에서 긴장감을 촉발하려는 전략 또한 사용해 왔다. 그리하여 우리는 어떻게 서구 기독교가 한때 이미지의 사용을 금지하는 방식으로 응시의 출현을 장려하고 그것의 강렬함을 사용하려 했는지 이해하게 된다. 이슬람교와 마찬가지로, 중세 기독교가 어떻게 성상 파괴를 사용하여 응시를 불러내려 했었던 것인지에 주목하는 것으로 충분하다. 상징계와 그에 종속된 상상계를 약화시키면 실재가 출현할 것이기 때문이다. 물론 응시가 종교와 맺는 관계가 기독교 전통의 성상 파괴적 경향에 국한되는 것은 결코 아니다. 무속신앙, 특히 강신무와 같은 절차의 경우 신의 응시를 불러내기 위해 비일상적 소재의 사물들을 사용하지 않는가? 일상에 적응된 시각의 안정성을 흔들 수 있는 다양한 무속적 이미지들과, 칼춤과 같은 비일상적 행위의 실행은 또한 신의 응시를 불러내는 주요한 장치가 된다. 나아가서, 성당 건축이 공간의 내부에 거대하고 숭고한 공백을 포함시키려 했던 것 역시 안정적인 방식으로 응시의 감각을 출현시키고자 했던 시도로 볼 수 있다. 거대한 종교적 건축물들은 그 내부에서 천정을 올려다보는 신자들의 시선을 바라보는 자의 위치가 아니라 바라보임을 당하는 자의 위치로 전환시키는 방식으로 응시의 경험을 가능케 할 수 있다. 이와 같은 종교의 다양한 장치들은 응시를 포획하고 그것을 길들이려 했던 시도로서 이해될 수 있다. 특히 종교에서 이러한 기능이 활발히 작용했던 이유는, 응시 자체가 하나의 거대하고 절대적인 권력으로 인식되었기 때문이다. 그것은 어디에나 편재하며, 인간의 겉모습뿐만 아니라 속마음까지도 꿰뚫어 보는 강렬한 역능을 발산하는 듯 느껴졌기 때문이다. 물론 이것은 주체가, 즉 욕망하는 인간의 무의식이 만들어 낸 하나의 환상이다. 그것은 주체가 "타자의 장에서 상상해낸 응시"(133쪽)일 뿐이니까. 주체가 세계를 관찰하고 파악하는 시각의 차원이란 욕망에 의해서 지탱되는 장소이며, 그런 의미에서 주체는 일종의 관음증자라고 할 수 있다. 우리 모두는 시선에 욕망을 담는다는 의미에서 그러하다는 것인데, 바로 이러한 현실이 욕망의 상대항으로서 응시를 출현시킬 수밖에 없다. 무구하며 중립적인 시선의 장소였다면 응시는 출현할 수 없을 것이다. 그리고 모든 주체는, 최소한 정신분석이 가정하는 주체는 "욕망의 기능 속에서 유지되는 주체"(133쪽)이며, 그런 의미에서 시각의 주체가 존재하는 장소에는 어디나 응시가 호시탐탐 자신을 드러낼 기회를 노리고 있는 것이라 가정할 수 있게 된다. 이와 같은 응시가 출현하여 주체를 엄습하면, 주체는 언제나 공포 또는 수치심과 같은 초자아의 존재에 침윤된 정동에 휩쓸린다. 욕망이란 상징계의 산물인 것이고, 상징계란 아버지의 이름과 초자아를 통해 충동을 억압하는 방식으로 주체의 현실을 지탱한다. 응시의 출현은 바로 이러한 지탱의 일시적 흔들림이거나 붕괴인 것이니까, 수치심의 정동이 우리를 사로잡는 것은 필연적이다. 종교는 이와 같은 수치심의 정동을 죄책감의 중핵으로 사용하며, 그리하여 응시는 자애로운 신의 시선에서 위협하고 명령하는 신의 위치로 이동할 수 있게 된다. 종교가 응시를 포획하여 사용하는 방식은 바로 이러한 두 극단 사이라고 할 수 있다.

아나모르포시스anamorphosis로서의 회화

문명이 종교를 통해서만 응시를 포획하려 했던 것은 아니다. 종교가 응시의 역능을 이용하기 위해 그것을 신의 편재하는 시선이라는 문맥으로 의미화하고 있었던 것이라면, 예술의 기능은 응시가 어떻게 이미지를 통해 포획되거나 암시될 수 있는지를 탐구했다. 특히 회화는 "시각의 영역이 어떤 통로를 따라 욕망의 장에 통합되었는지를"(134쪽) 보여 주는 전형적 사례이다. 여기서 욕망의 장이라고 말해지는 것은 은유와 환유를 통한 기표의 작용을 통해 구축되는 상징계의 방어적 장치라고 할 수 있다. 따라서 시각은 그것이 기원으로 가진 시관 충동의 공격성을 언어적 틀 속에서 완화시키게 된다. 그리하여 "화가들은 이러한 응시 자체를 가면 속에서 포착해 내는 데 탁월함을"(133쪽) 보여 주었던 것이다. 이처럼 화가들이 이미지를 조직하는 방식으로 응시를 포획하는 다양한 전략을 관찰하는 과정에서 우리가 도달하게 되는 이해의 영역은 결국 상징계의 본질적 기능과 세계의 구성 원리이다. 욕망과 관련하여 안정된 장을 형성하려는 상징계의 기능은 회화가 이미지를 조직하는 원리와 동일한 것을 따르기 때문이다. 이를 설명하기 위해 라깡이 제시하는 회화의 장치는 아나모르포시스 anamorphosis라는 이미지 조작 게임이다. 왜상이라고 번역되는 이것은 두 가지 유형으로 나뉘는데 원통형 왜상과 단순 왜상이 그것이다. 특히 라깡이 이번 세미나에서 주목하자고 제안하는 단순 왜상은 이미지를 바라보는 일반적 위치로부터 일탈된 하나의 특수한 시점에서만 보일 수 있도록 고안된 시각적 조작이라고 할 수 있다. 보다 명확한 설명을 위해 도식을 제시하여 설명해 보면 다음과 같다.

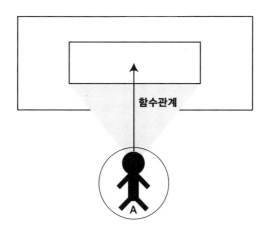

도식은 시각의 주체가 틀 속에 있는 하나의 이미지를 "정확하게" 관찰할 수 있는 가능성의 조건을 제시하고 있다. 도식에서 정확한 이미지란 직사

각형의 대상이다. 주어진 세계에서 직사각형의 이미지는 하나의 진실로서 제시될 수 있다. 세계 내에 하나의 직사각형이 있다—라고 말해지는 명제는 시각의 주체로서의 관찰자가 존재하기 이전에 이미 하나의 진리인 것처럼 가정될 수 있다. 이에 대해서 주체가 "눈앞에 하나의 직사각형이 있다"라고 말하기 위해서는 도식이 가정하는 바와 같이 하나의 조건이 충족되어야 한다. 즉, 하나의 직사각형을 그 모습 그대로 보기 위해서는 직사각형이 놓인 위치가 상대항으로 가정하는 관찰자의 정확한 위치 'A'가 확립되어야 한다. 다시 말해서 "표면에 연결되어 있는 이미지와 우리가 기하광학적 조망점이라 부르게 될 어떤 점의 관계"(135쪽)가 조건으로서 설정되어야 한다는 것이다. 만일 이러한 조건이 충족되지 못할 경우 주체는 직사각형의 정확한 모습을 볼 수 없다. 라깡이 "함수관계"(135쪽)라 부르는 눈과 대상 사이의 질서가 충족되어야 하기 때문이다. 우리는 우선 이처럼 하나의 절대적 함수관계가 지배하는 세계를 가정할 수 있다. 이곳에서 세계의 이미지는 일그러짐이 없는, 즉 왜상이 아닌 모습으로 출현할 수 있다. 그런데, 이와 같이 하나의 일자 함수가 지배하는 시각의 관계망으로부터 벗어난 주체는 어떻게 세상을 보는가? 이에 대해서 또 하나의 도식을 그려볼 수 있을 것이다.

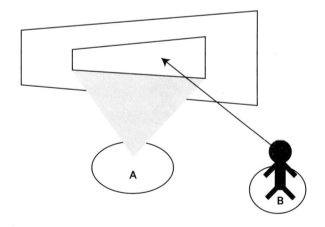

이 도식에서 주체는 주어진 함수관계의 관찰자 위치, A에서 벗어나 있다. 이때 이 주체의 눈에 액자 속의 사각형은 더 이상 직사각의 형상이 아닌, 일그러진 사각형, 즉 왜상이 된다. 그런데, 만일 이처럼 일탈한 주체의 위치에서 하나의 또 다른 함수관계 B를 통해 자신만의 직사각형을 그려낸다면 어떤 일이 벌어지는가? 일반적으로 허용된 관찰자의 위치 A의 함수관계가 적용된 이미지가 아니므로 그것은 A의 위치에서는 또한 일그러진 사각형이 될 것이다. 이것이 정확하게 직사각형으로 보이기 위해서는 B의 관찰자 위치로 일탈해야만 한다. 그러나 그런 일은 받아들여질 수 없다. 세계의 보편성이라 부를 수 있는 것은 그것이 모두에게 동일한 함수관계를 강제하고 있다는 사실로부터 가능한 것이기 때문이다. 하나의 직사각형이 다른 모든 공동체 구성원들에게 역시 직사각형으로 보일 수 있는 것은 이처럼 하나의 강력한 함수가 권력으로 작동하기 때문이다. 라깡적 용어를 쓰자면, 일자로서의 아버지의-이름, 즉 Le nom-du-père가 모든 주체의 신체를 동일한 방식으로 억압하기에, 그로부터 산출되는 욕망의 유형들은 구성원들 사이에 소통 가능한 일관성 속에서 출현하게 된다. 그런 의미에서 아나모르포시스의 구조가 우리에게 암시하는 것은, 세계가 이미 하나의 강력한 왜상 효과에 사로잡혀 있다는 사실이다. 하나의 왜상-함수관계가 강제되면, 이미지들은 일관성을 띄고 출현할 수 있게 된다. 이미지들의 일관성, 또는 가시성을 보장해 주는 왜상 장치는 이처럼 하나의 권력을 가정하게 만든다. 이러한 설명이 세계의 일관성이라는 사태에 대한 거시적 차원의 해명이었다면, 라깡이 덧붙이고 있는 르네상스-근대 회화의 "원근법"은 회화의 영역이라는 보다 미시적 차원에서 어떻게 강력한 일자의 왜상 권력이 등장했는지를 설명해 준다. 보다 일관된 세계상을 구축해 내려는 강력한 의지로 설명되는 서구 르네상스의 강박증적 욕망은 데카르트라는 인물과 함께 원근법을 통해서 다시 한 번 해명된다. "기하광학"이란 시각의 장에서 수학의 언어로 공간을 분절하여 일관성을 구축해 내는 시선의 과학에 다름 아니다. 16세기의 화가 알브레히트 뒤러가 정리한 원근법의 왜상 장치를 보면 어떻게 이미지가 하나의 고정된 함수관계를 통해 일률적인 공간을 구성하게 되는지를 이해할 수 있다.

알브레히트 뒤러, 〈화가들을 위한 매뉴얼〉 삽화, 1525

삽화에서 보이는 것처럼, 화가는 하나의 점에 관찰자의 시각을 고정한 채로 사물(모델)과 자신 사이의 틀을 통해 이미지를 구성해 낸다. 이와 같은 방식으로 이미지를 구성한다면, 어떤 사물을 관찰하더라도 동일한 공간 구성이 획득된다. 2차원의 평면에 3차원의 환영적 공간을 일관된 방식으로 표현하는 가장 뛰어난 왜상 장치인 이것은 15세기 초 마자치오에 의해 발명된 이후 발전을 거듭하여 19세기 중엽까지 서구 미술계를 완전히 장악한다. 이제 화가들은 파토스적 표현의 주체가 아니다. "예술은 과학과 뒤섞이게"(135쪽) 될 것이기 때문이다. 르네상스의 가장 뛰어난 예술가인 "레오나르도 다빈치는 그의 굴절광학적인 구조물들이 보여 주듯이 예술가이면서 과학자이기도 하게"(135쪽) 된다는 것이다. 이것은 파토스로서의 예술이 로고스의 영역에 사로잡히는 전형적인 고전주의적 과정이며, 증상적 이미지들이 상징계의 보편성에 길들여지는 전형적인 강박증적 사태에 다름 아니다. 이제 화가들은 보는 대신 읽게 되는데, 여기서 읽히는 의미들은 모두 팔루스의 의미화 권력에 의해 필터링된 것들이다. 이에 대해 라깡은 디드로가 쓴『눈이 보이는 사람들을 위해 쓴 맹인에 대한 서한』을 읽어보라고 제안한다. 그에 따르면 시각의 핵심은 사실상 본다는 행위에 있는 것이 아니다. 시각이란 보는 것이 아니라, 강제된 하나의 함수를 통해 대상의 이미지를 관념화 또는 좌표화하는 방식으로 상상하는 것에 불과하기 때문이다. 그런 의미에서 "맹인 또한 시각의 기하광학적 공간을 (……) 완벽하게 재구성하고 상상할 수"(136쪽) 있다. "기하광학적 원근법에서 관건은 시각이 아니라 공간의 좌표화일 뿐"(136쪽)이기 때문이다. 그것은 눈에 관련된 충동의 가장 본질적인 부분을 억압하는 방식으로 이미지의 세계를 좌표들의 장으로 대체하는 아버지의 권력에 다름 아니다.

결여와 남근

왜상에 관한 이제까지의 설명은 그것이 세계의 일관성을 구성해 내는 가장 근본적인 구도라는 사실을 암시한다. 관람자의 눈을 즐겁게 하는 회화의 눈속임trompe-l'oeil 게임이라는 협소한 은유를 넘어서 왜상과 원근법의 구성은 아버지-상징계의 권력이 세계의 표상들을 이상화(관념화)하는 방식으로 통일성을 구성해 내는 사태를 드러낸다. 아버지-상징계의 권력이 자신의 고유한 관점을 따라서 세계를 재편하고 그리하여 재현하는 사태를 드러낸다. 그러나 세계는 결여를 내재하고 있다. 재현된 세계는 결코 완전한 곳이 아니다. 상징계에 의해 재현된 세계는 재현이라는 절차 속에 내재된 문제로 인해서 전체가 되지 못하는 숙명을 갖는다. 라깡이 마이너스 파이[-φ]라고 표기하여 가리키는 것이 그것이다. 이는 원래 프로이트의 거세 이론으로부터 도출된 용어인데, 상징적인 아버지를 제외한 모두가 남근-팔루스가 없거나 또는 불완전하게만 소유했다는 사실을 표지하는 수식이다. 나아가서 팔루스라는 것이 쾌락의 완전한 실현을 가정한다는 의미에서 마이너스-팔루스의 사태는 주이상스가 상실된 세계를 가리키는 것으로 이해될 수도 있다. 마이너스 파이(-φ)는 그렇게 해서 빗금 친 주체, 즉 주이상스로부터 소외된 주체를 가정하게 만든다. 아버지-가부장적 권력의 언어-상징계에 의해 은유와 환유의 절차 속으로 끌려 들어온 주체의 신체는 쾌락(φ)을 빼앗긴 채로 사막 같은 삶을 살아야 한다는 것이다. 주인 기표에 의해 억압된 주체는 소외된 주체이며 결여된 주체이고, 상징계에 의해 은유된 주체이다. 주인 기표로서의 아버지의 이름은 이러한 소외의 절차 다음으로 환유의 작업이 진행되도록 명령한다. S1에서 S2로, 끝없이 연쇄되어야 하는 환유의 절차가 바로 라깡이 '재현'이라는 용어로 가리키는 과정이다. 또는 "하나의 기표는 다른 하나의 기표에게 주체를 대리한다"라는 유명한 라깡의 명제가 가리키는 바이기도 하다. 그러나 이러한 재현은 언제나 불완전할 뿐인데, 왜냐하면 하나의 기표가 주체를 재현하는 동안 다른 하나의 기표는 그렇게 하지 못할 것이기 때문이다. 자크-알랭 밀레가 1982년 2월 3일 진행했던 세미나에서 강조했던 내용이 바로 그것이었다. 주체가 담화를 통해 자신의 온전한 재현을, 즉 전체l'intégralité의 재현을 소망하는 것은 덧없다는 사실. 어쩌면 바로 그런 이유에서 주체는 말하기를 멈추지 않게 되는 것이기도 하다. 끝없이 이어지는 자기 자신에 대한 이야기는 주체가 스스로를 재현할 수 없다는 불가능성의 증거이다. 이에 대해 밀레는 같은 날 강의에서 다음과 같이 설명하고 있다.

"[……] 주체는 하나의 기표에 의해서 표상되지만, 그러나 그것은 언제나 주체를 표상하지 않는 다른 하나의 기표를 위해서 그렇게 됩니다."

그리고는 다음과 같이 덧붙인다.

"왜냐하면, 이러한 환유는 아무것도 표상하지 않는 요소를 내포하거나, 또는 주체를 표상하는 요소를 포함하거나 하기 때문입니다. 단 하나의 기표만 빼고 모든 기표가 주체를 표상하거나, 또는 모든 기표들이 그러하지 않음에도 단 하나의 기표가 주체를 표상하거나입니다.

재현을 환유의 구조로 보고, 환유가 두 개의 기표를 연쇄시키는 방식으로만 작동할 수 있다는 언어학적 논점을 강조하면서 그것의 숙명적 불완전성을 도출해 내는 이와 같은 관점은 왜상에 관하여서도 그대로 적용될 수 있다. 왜냐하면, 왜상 역시 하나의 조망점으로 이미지의 지점을 비교하는 방식으로만 작동하는 함수관계의 언어적 재현에 의존하기 때문이다. 따라서 재현은 그것의 근원적 장소에 존재하는 억압된 결여의 흔적을 봉합해 줄 수 없다. 신체 또는 세계의 사물 그 자체에 대한 억압의 흔적이라고 말할 수 있는 마이너스 파이[-φ]를 봉합할 수 없다는 것이다.

라깡이 홀바인의 그림 〈대사들〉을 통해 우선 제시하는 것이 그와 같은 빗금 친 주체들의 세계이다. "과시적인 치장을 하고 얼어붙은 듯이 뻣뻣하게 서 있는"(138쪽) 그림 속의 두 인물은 그 어떤 문명의 발명품으로도 보상받지 못하는 쾌락 없는 주체의 숙명을 암시한다. 이로부터 우리는 라깡이 서구 회화의 "바니타스vanitas"의 전통, 즉 현실적 삶의 유한함을 죽음의 이미지를 통해 경고하는 전통을 정신분석적 차원에서 뒤집어 제시하고 있다는 사실을 간파할 수 있다. 그 어떤 화려한 문명의 발명품을 통해 삶의 의미와 그로부터 산출되는 쾌락을 추구한다고 해도 인간 주체의 숙명은 주이상스의 죽음으로부터 벗어날 수 없다. 원근법으로 암시되는 세계-사물들에 대한 이성의 지배는 오히려 인간을 더욱더 핍진한 존재로, "문명 속의 불만"에 노출된 존재로 만들 뿐이다. 강박증의 전형적 증상이 그러하듯이, 질서를 추구하면 할수록 인간은 그렇게 추구되는 질서의 희생양이 된다. 그리하여 주체는 자신이 손수 그렸다고 상상하는 세계의 안정된 풍경 위로 떠다니는 결여의 유령과 조우한다. 〈대사들〉의 전면에 떠다니는 기이한 얼룩을 주목해 보자.

한스 홀바인, 〈대사들〉, 1533, 런던 내셔널갤러리

그림의 표면을 유령처럼 떠다니는 이질성의 얼룩은 원근법 자체의 질서를 위협하고 있다. 라깡이 본문에서 설명하고 있는 것처럼, 이것의 진정한 의미는 해골 즉 죽음이다. 그러나 이것을 알아보기 위해서는 앞서 제시되었던 광학적 조망점 A로부터 일탈해야만 한다. 따라서, 해골의 이미지는 회화의 공간 전체를 지배하는 함수관계의 관점에서는 단지 의미의 결여이며, 질서의 오작동 또는 균열에 불과하다. 그런 의미에서 해골 얼룩은 원근법적 공간의 질서가 근본적으로 불완전하다는 사실을 암시한다. 기하광학적 조망점의 안정된 장소에서는 그것의 정체가 결코 파악되지 않을 것이기에, 해골은 상징화에 저항하는 실재의 속성을 갖는 것으로 이해될 수 있

다. 뒤집어 말하면, 하나의 일관된 원근법적 상징화 기능은 해골 이미지의 지점에서 실패하고 만다. 그런데 라깡은 이러한 현상에 대해서 팔루스, 즉 남근의 발기라는 특정한 사태를 제시하고 있다. 만일 결여가 마이너스 파이($-\varphi$)의 형식으로 상징계적 세계의 내부에 존재한다면 그것을 의미화하는 방식으로 보상할 수 있는 권력이란 오직 상징계적 남근(Φ)의 기능일 것이기 때문이다. 마이너스-팔루스가 소문자로 표기되며 상상계적인 것으로 간주되는 반면에, 그것을 상징화하면서 대타자의 질서를 완결시키는 남근은 대문자로 표기되며 상징계적인 것으로 간주되는 이유도 거기에 있다. 상징계는 자신이 초래한 거세의 결과로 남겨진 결여의 자리에 의미화의 절대적 대상을 제시하면서 그것을 봉합하려 시도한다. 그렇다면 〈대사들〉의 세계의 결여의 자리에 등장한 해골은 그 자신의 고유한 의미를 어떻게 상징화하게 될 것인가? 앞서 설명된 것처럼, 해골의 진정한 의미가 이해되는 것은 기하광학적 조망점으로서의 A의 장소가 아니라 B의 장소이다. 다시 말해서, 〈대사들〉 표면에 등장한 하나의 결여로서의 얼룩이 상징화되려면 〈대사들〉 자체를 지배하는 아버지-상징계의 함수관계 즉 팔루스의 질서를 포기해야 한다. 해골 얼룩은 팔루스로서 발기될 수 없는 것이다. 따라서 라깡이 이야기하는 남근의 의미화 실현은 〈대사들〉의 작품 속에서는 적절하게 실행될 수 있는 것이 아니라고 말할 수 있다. 라깡은 결여가 발기한다는 특수한 절차 속에서 하나의 상징적 의미를 획득하게 되는 순간을 말하고 있지만, 그럼에도 〈대사들〉의 왜상 구조는 그러한 사태를 설명하기에는 부적절해 보인다. 이 작품에서 해골이 상징화되는 것은 발기가 아니라 관찰자 좌표의 일탈을 통해서이기 때문이다. 해골의 의미가 향유될 수 있는 것은 꿈이나 증상 또는 말실수와 같은 전적인 일탈의 사태 속에서라고 할 수 있다. 그리고 이러한 일탈의 사태는 의식의 차원에서는 잘못된 만남, 또는 어긋난 만남으로서의 투케적 사건이다. 따라서 그것은 향유되기보다는 고통으로, 불안으로, 일시적 암점으로만 파악될 수 있다.

A의 함수관계 장소로부터 일탈한 무의식의 주체는 그렇게 해골이라는 두 번째 죽음의 사태를 회피 속에서만 체험할 수 있다. 그럼에도 이것을 발기라는 차원에서 파악하려 한다면 우리에게 남겨진 가능성은 그것을 도착의 물신적 구조로 가져가는 것이다. 일탈된 B의 위치는 상징계의 법이 정지된 장소이며, 그곳에서 향유되는 해골의 이미지는 A의 장소를 초과하는 의미를 획득할 수 있을 것이기 때문이다. 그러나 물신은 결코 신경증의 팔루스가 아니다. 그런 이유 때문에 라깡은 발기를 통한 남근적 의미의 출현을 설명하기 위해 다른 작품을 언급하고 있는데, 살바도르 달리의 작품이 그것이다. 달리의 1931년의 작품인 〈기억의 지속〉을 언급하면서 라깡은 다음과 같이 말하고 있다.

살바도르 달리, 〈기억의 지속〉, 1931, 뉴욕현대미술관

"어떻게 지금까지 아무도 거기서 (……) 발기의 효과를 떠올리지 못했던 것일까요? 휴식 상태에 있던 임시 기관에 새겨진 문신이 어떤 특별한 상태 속에서 펼쳐지는 모습을 상상해 보시기 바랍니다. 어떻게 여기서 기하광학적 차원—

이 차원은 응시의 장 속의 일부일 뿐이며 시각 그 자체와는 무관한 것입니다—에 내재하며 결여의 기능을 상징화하는 것을, 다시 말해 남근적 유령의 출몰을 상징화하는 것을 보지 못할 수 있단 말인가요?"(138쪽)

라깡이 그림을 통해 말하고자 하는 바는 명백해 보인다. 하나의 일그러진 이미지, 홀바인의 〈대사들〉에서는 해골의 이미지였던 그것이 관찰자의 시각장에 의미를 가지고 출현할 수 있는 유일한 가능성은 단 하나이다. 그것은 일그러짐을 회복시킬 하나의 장치의 도입이다. 물론 〈대사들〉에서는 장치의 도입이 아니라 관찰자의 일탈이 해골의 의미를 확인하는 유일한 길이었다. 그러나 여기서 일탈하여 해골을 알아본 관찰자는 더 이상 A라는 함수관계의 지배를 받지 않는 장소 B에 도달했으므로, A의 권력이 제공하는 의미화의 지원을 받을 수 없다. "해골"이라는 단어를 사용할 수 있는 것은 A-상징계의 언어 창고에 의존하는 방식으로만 가능하기 때문이다. 그렇기 때문에 B의 장소에서 관찰된 화면 위의 해골은 사실상 "해골"이라는 명명도, 그로부터 산출되는 의미도 가질 수 없다. 그것은 그저 불안이고, 고통이며, 죽음충동일 뿐이다. B의 위치에서 새로운 명명의 시도를 하지 않는 한 그렇다는 것이고, 어떤 의미에서 정신분석 절차는 내담자가 B의 위치에서 시도하는 해골에 대한 새로운 명명을 조력하는 과정이라고 할 수 있을 것이다.

그러나 달리의 그림에서 관찰자는 늘어진 세계의 일그러진 이미지가 교정되어 온전한 것으로 의미를 전달하게 될 가능성을 관찰자의 위치를 변화시키지 않고도 충분히 상상할 수 있다. "휴식 상태에 있던 임시 기관에 새겨진 문신이 어떤 특별한 상태 속에서 펼쳐지는 모습"이 바로 그것이다. 보다 직접적인 표현이 허락된다면 필자는 다음과 같은 설명을 덧붙일 수도 있을 것이다. 즉, 문신이 새겨진 남자의 성기를 상상해 보도록 하자. 문신은 남자의 성기가 발기된 상태에서 새겨진 것이므로, 그것이 휴지 상태에 있을 때에는 찌그러져 참된 모습을 알아볼 수 없다. 즉, 일종의 거세 또는 주이상스-결여의 상태가 왜상의 형식으로 표현되어 있다. 한편 결여로서의 왜상은 언제나 발기된 상태를 가정함으로써만 그것의 보상을 상상할 수 있다. 이를 보다 선명하게 그려 보기 위해서 라깡이 4년 전, 『세미나 7』에서 제시했던 또 다른 왜상의 사례를 소환해 보자. 1960년 2월 3일 진행된 짧은 강의에서 라깡은 홀바인의 〈대사들〉을 이미 언급하고 있다. 이에 더해서 라깡은 도메니코 피올라가 루벤스의 〈십자가를 세움〉을 모델로 해서 제작한 왜상 작품을 언급한다.

도메니코 피올라, 〈루벤스의 '십자가를 세움'을 본뜬 왜상〉, 1730, 루앙 미술관

우선 왼쪽 이미지에 주목해 보면, 거기서 우리가 알아볼 수 있는 것은 거의 없다. 단지 일그러진 이미지만이 있으며, 그것을 이미지의 결여 상태라고 가정해 볼 수 있다. 관찰자가 이미지를 통해 쾌락에 도달할 수 있는 방법은 없어 보인다. 도메니코 피올라는 당시 바로크 시대의 다른 많은 화가들이 그러하듯이 이러한 거세 상태로부터 갑작스레 선명한 이미지가 떠오르게 하는 방식으로 관찰자를 시각적 쾌락에 도달하도록 만드는 장치를

제시한다. 오른쪽 이미지가 그것을 보여 주는데, 그곳에서 발견되는 것은 금속봉의 도입이다. 표면이 반사되는 금속 몽둥이를 이미지의 중앙에 위치시키면, 관찰자는 자신의 자리를 변화시키지 않고도 그것의 표면에 반사되는 선명한 이미지를 이해할 수 있게 된다. 그것은 루벤스의 〈십자가를 세움〉의 중앙 이미지이다. 예수가 십자가에 매달려 세워지는 장면을 묘사한 이 작품의 이미지가 금속봉의 도입과 함께 출현하는 것이다. 이를 통해 우리는 이미지의 결여 상태가 어떻게 상징적 팔루스의 도입을 통해 그 의미를 획득할 수 있게 되는지를 논리적으로 이해할 수 있게 된다. 관찰자를 불안하게 만들고, 결핍되게 만들었던 거세의 현실은 금속봉이라는 아버지의 남근적 질서의 도입을 통해서 비로소 의미를 획득하게 되는 것이다. 이것이 홀바인의 〈대사들〉과 결정적으로 차이 나는 것은, 관찰자의 위치이다. 관찰자는 여전히 함수 A의 영향력 아래 있으며, 그러한 함수 권력이 지배하는 세계의 이미지가 일시적으로 균열을 일으키는 것을 발견하지만, 함수의 권력은 금속봉의 도입을 통해 균열을 봉합할 수 있다. 이를 통해서 우리는 세계 이미지의 표면에 결여($-\varphi$)가 증상과 같이 출현하고, 이를 다시 상징화하는 팔루스(Φ)의 포획 과정을 이해할 수 있게 된다. 그런 의미에서 금속봉으로 은유되는 팔루스-남근은 함수 권력의 의미화 장치에 다름 아니다. 결국 세계의 결여 또는 불완전성의 얼룩은 언제나 팔루스를 통해 해소될 것이라고 상징계의 질서는 주장하고 있으며, 이를 도식화하면 다음과 같다.

$$(-\varphi) \rightarrow \Phi = 주이상스$$

라깡이 르네상스의 기하광학적 원근법의 출현을 통해 암시하고자 하는 것은, 문명이 추구하는 강박증적 쾌락의 비밀이다. 인간은 자신의 세계에 출현하는 결여의 유령에 대해서, 응시의 사태를 통해 설명되는 그것에 대해서 상징적 팔루스의 권력을 작동시키는 방식으로 대응한다. 서구 회화에서 원근법의 출현은 시각장의 함수관계를 한 치의 오차도 없이 장악하여 통제하려는 상징계-팔루스의 욕망을 대변하는 것이기 때문이다. 그러나 서구 문명은 또한 이러한 강박적 시도가 결국은 실패할 운명이라는 사실을 암시하는 작품들을 제시하는 바니타스의 교훈을 표현해 오기도 했다. 그런 의미에서 달리와 도메니코 피올라의 왜상과 홀바인의 왜상은 서로 대립되는 위치에서 증상적 결여의 사태에 반응하는 주체의 두 가지 서로 다른 태도를 드러내고 있다. 전자는 다시금 상징계에 투항하는 방식으로 불안을 잠재우지만, 후자는 스스로를 상실하는 방식으로 응시와 조우하고 있지 않은가? 따라서 전자는 강박증을, 후자는 히스테리의 구조를 암시하는 것으로 이해될 수 있을 것이다. 아르침볼도의 작품에서와 같이, 그것을 하나의 통일된 남자 얼굴로 보도록 강제하는 강박증적 태도와, 이에 대립하여 그것을 파편적 사물들을 무질서한 집합체로 보려는 히스테리적 태도가 대립하고 있는 것이다.(아래 그림)

주세페 아르침볼도, 〈사계절〉(일부), 1579, 루브르 박물관

응시를 설명하기 위해 예시로 들고 분석했던 회화의 왜상 게임의 영역을 마무리 지으며 라깡은 다음과 같이 말하고 있다.

"그러나 시각의 기능은 좀 더 먼 곳에서 찾아야 합니다. 그러면 우리는 그러한 기능으로부터 남근적인 상징인 왜상적인 유령이 아니라 응시 그 자체가 이 그림에서처럼 훤히 펼쳐진 박동 기능을 수행하면서 모습을 드러낸다는 것을 확인하게 될 겁니다."(139쪽)

(왼쪽) 프란시스 고야, 〈카를로스 4세 가족의 초상〉, 1800년, 프라도 미술관
(오른쪽) 프란시스 고야, 〈꼭두각시〉, 1792, 프라도 미술관

이제까지 언급되었던 왜상-게임의 이미지들에서는 결여와 그것의 흔적으로서의 얼룩이 표현되었고, 그에 대한 상징화의 가능성이 암시되었을 뿐 응시 자체가 제시되지는 않았다는 사실에 주목하자. 응시는 결여라는 사건적 자리에서 팔루스의 봉합이 실패할 경우 부분 충동이 등장하는 사태에 다름 아니다. 이에 대해서라면 라깡이 앞서 지나가는 말투로 언급했던 고야의 작품들이 있다. 고야는 시선이 무언가를 본다는 안정적 기능으로부터 흔들리는 순간의 특수한 감각을 그려 내는 데 뛰어난 재능을 보였

던 화가였다. 고야의 작품에서는 시선의 구체적 상황으로부터 빠져나가는 응시의 사태들이 노련한 설정을 통해서 표현되고 있었기 때문이다.

고야를 비롯하여, 과거 화가들이 시선의 잔여적 기능의 암시를 통해 포착해 내려고 했던 응시의 감각은 현대의 또 다른 계승자들에 의해 표현되고 있다. 그 대표적 사례가 바로 신디 셔먼의 사진 작품들이다.

(왼쪽) 에드워드 호퍼 〈밤을 지새우는 사람들〉, 1942, 시카고 미술관
(오른쪽) 신디 셔먼, 〈Untitled Film Still #25〉, 1978

신디 셔먼은 초기에서부터 최근에 이르기까지 불특정의 시선에 노출된 여성의 이미지를 생산하는 방식으로 그녀를 응시하고 있다고 가정되는 어떤 눈의 존재를 강하게 암시하는 작업을 이어 오고 있다. 그의 작업에서 폭로되는 것은 이처럼 여성의 신체를 은밀히 관찰하는 우리 자신의 시선인 동시에, 그것 뒤에 존재하는 관음증자로서의 세계의 눈이다. 이를 통해 셔먼은 사진이라는 이미지 조작의 세계가 어떻게 시각의 대상-산물들을 드러내는 동시에 그러한 대상들로부터 떨어져 나온 분열의 특권적 대상을 암시할 수 있는지를 실험한다. 라깡이 언급하고 있는 것처럼 여기서 셔먼이 보여 주고자 하는 것은 "주체가 자기 자신의 분열로부터 얻는 이익이 그

분열을 결정짓는 무언가와 연결되어 있다는"(131쪽) 사실이다. 만일 주체가 상징계의 안정된 함수관계의 장으로 들어서기 위해서 자신의 고유한 쾌락과 분리되어야 했다면(-φ), 그리하여 팔루스적 만족이라는 이익을(Φ) 얻게 된 것이라면, 이러한 분열의 과정에서 떨어져 나온 특권적 대상—라깡의 대수학에서 "대상 a"라 불리는 그것—은 시각장이 직면하게 되는 특수한 사태 속에서 자신을 드러내려 호심탐탐 기회를 노린다. 신디 셔먼을 비롯한 일단의 시각예술가들이 시각장의 구도를 교묘히 헐겁게 만드는 방식으로 출현시키고 포획하려 했던 눈에 관련된 보다 근본적 대상-큰사물이 바로 그것이었다. 응시의 출현을 조작하는 또 다른 판본으로는 에드워드 호퍼의 극단적으로 밋밋한 회화도 있다. 도시의 풍경에서 시선의 대상이 되는 모든 사물들의 구체적 특성을 남김없이 제거하는 방식으로, 그리하여 팔루스의 의미화 작용이 극도로 미약해지도록 만드는 전략을 통해서, 호퍼는 보이는 산물sache의 층위를 거의 폐허에 가깝도록 만든다. 그런 다음 남게 되어 강조되는 것은 그것을 바라보는 익명의 시선이다. 그런데 이 시선은 우리의 시선, 즉 관객의 시선이 아니다. 이미지들의 극단적 익명성은 그들을 바라보는 그림 내부의 시선 자체를 과도하게 강조하는 방식으로 그것을 응시의 수준으로 끌어올리고 있기 때문이다. 그리하여 관객이 그림 속에서 보게 되는 것은 이미지가 아니라 그 위를 떠도는 하나의 강력한 응시이다. 셔먼과 호퍼는 그렇게 각자 나름의 방식으로 "응시를 잡기위한 덫"으로서의 시각 장치를 만들어 내었던 회화 미술사의 전통에 포함된다. 물론 모든 미술이 이들처럼 응시를 노골적으로 드러내려는 전략을 취하는 것은 아니다. 오히려 대부분의 시각예술은 응시를 잡아 드러내기위한 덫을 놓기보다는 그것으로부터 시각장을 보호하려는 방어적 덫을 놓기 마련이기 때문이다. 나아가서, 인간 문명이란 충동에 대한 방어로서 출현한다는 측면이 강조될 수도 있다. 문화와 예술의 영역뿐만 아니라 사법과 행정 그리고 교육과 그 외 국가 장치의 구체적 권력 구조를 결정하는 것은 충동의 출몰에 대한 방어적 전략에 토대한다고 할 수 있다. 그럼에도, 시각장의 조작을 담당하는 시각예술이 응시로서의 대상 a의 포획에 관여하는 방식은 단순히 드러냄이냐 은폐냐—라는 이분법적 해석으로는 해명되지 않는 차원이 존재하는 것이 사실이다. 다른 모든 부분 충동의 대상들이 그러하듯이, 이들은 우리의 욕망을 잡아당기는 방식으로 밀어내는 역설적 반복 운동의 파동 속에서 문명을 교란시키기 때문이다.

응시로서의 대상 a를 통해 욕망과 충동의 중층 결정된 구도를 탐사하는 라깡의 여정은 다음 강의에서도 이어지게 된다.

8번째 강의

우상의 정치학

그들의 우상들은 은과 금이요 사람이 손으로 만든 것이라
입이 있어도 말하지 못하며 눈이 있어도 보지 못하며
귀가 있어도 듣지 못하며 코가 있어도 냄새 맡지 못하며
손이 있어도 만지지 못하며 발이 있어도 걷지 못하며
목구멍이 있어도 작은 소리조차 내지 못하느니라
우상들을 만드는 자들과 그것을 의지하는 자들이 다 그와 같으리로다.

—「시편」 115

주요 개념(차례)

눈이 있어도 보지 못하니……

응시를 설명하기 위해 라깡은 생물학적 기관으로서의 눈 자체의 구조에 대한 탐사를 제안한다. 이를 위해서 그는 앞선 강의에서 제시된 시각의 대상과 기하광학적 조망점의 도식에 스크린의 도식을 대응시킨다.

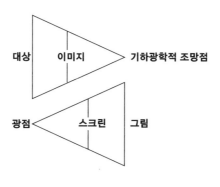

도식 1(위)과 도식 2(아래)

첫 번째 도식 1에 관하여 라깡은 왜상의 핵심이 "사물들을 사실적으로 재현하는 것에 있지 않음"을 우선 지적한다. 도대체 사물을 사실적으로 재현한다는 것이 의미하는 바가 무엇인가? 이 같은 질문에 대해서는 보다 심도 있는 논의가 요청되는 것이 사실이다. 재현이라는 것, 즉 Représentation이라고 말해지는 것은 하나의 대상이 매개체에 의해서 다시 보이게 되는 것을 의미한다. 특히 그것이 욕망의 대상에 관한 문제일 경우 우리는 라깡의 유명한 명제를 소환하지 않을 수 없다. 즉, "기표는 주체를 다른 하나의 기표에 대리(재현)하는 것"이라 말하는 명제. 여기서 "주체"라고 말해지는 것은 주체의 욕망을 가리키는 것으로 해석될 수 있다. 그렇다면 하나의 기표에 의해 표지되어 현시된 주체의 욕망은 어째서 그 자체로 자신을 드러낼 수 없으며 언제나 또 다른 하나의 기표, 라깡이 이항 기표라 부르는 것으로 불려가 비로소 재현이라는 차원에서 출현할 수 있는가? 그것은 재현이라는 과정 자체의 근본적 속성과 관련된다. 재현은 언제나 보편성을 가정한다. 하나의 대상이 재현되었다는 것은 공동체 구성원 모두에게 동일하게 드러나 보였다는 것을 의미하기 때문이다. 만일 그렇지 않을 경우 그것은 재현된 것이 아니다. 보편성 없이 재현되었다고 말해지는 대상은 극히 일부의 주체에게만 그렇게 보일 뿐, 공동체의 다른 주체에게는 가시적이지 않은 대상, 즉 존재하지 않는 대상이 될 것이기 때문이다. 재현의 문제는 언제나 보편성의 조건이 따라붙게 마련이다. 따라서 하나의 기표가 무언가를 온전하게 재현하기 위해서는 언제나 최초의 억압하는 기표, 단항 기표에 해당하는 S1에 의해 표지된 다음 다시 그것을 환유의 영역에서 유통시킬 수 있는 S2에 연결하는 절차가 요청된다. 그러한 방식으로 충동은 억압과 유통의 이중적 과정 속에서 비로소 보편적 욕망이 되며, 이를 통해 신경증의 주체들은 서로의 욕망을 이해하고 교환하게 된다. 이것이 충동과 욕망의 차원에서 작동하는 재현의 기능이다. 같은 이야기를 전혀 달라 보이는 정치적 공간에서도 적용시켜 볼 수 있을 것이다. 예를 들어, 소위 대의 민주주의 제도에 관한 것이 그것이다. 흔히 우리는 국회에서 활동하는 의원들을 민의의 대리자들이라 부른다. 이들은 민중의 욕망을 대리하여 대표하고 그것을 충실히 재현하는 역할을 한다. 그런데, 이들이 그와 같은 역할을 수행하기 위해서는 헌법과 실정법의 제도적 억압을 수용해야 한다. 국회의원이 되기 위한 다양한 절차들을 수용해야 한다는 것이다. 공정한 선거와 다수결의 원칙이라는 조건을 수용하고, 국회의원이 되기 위한 자격에 위배되는지를 검열하는 필터링을 통과해야 한다. 그런 의미에서 이들 국회의원들, 대통령과 각 시도 자치단체장들은 현재의 세계를 지배하는 권력의 틀에 의한 시험에 통과한 자들이라고 할 수 있다. 사정이 이와 같다면, 공동체 내의 소수적 욕망이나 초과하여 파악되기 힘든 욕망의 흐름들은 이와 같은 재현 체계, 즉 대의 민주주의 체계에 의해 재현되기 어려운 측면을 필연적으로 갖게 된다. 예를 들자면, 박근혜 탄핵 국면을 주목해 볼 수 있다. 여기서 국회의원들과 기타 선출직 정치 재현의 주체들이 초기에 보여 주었던 우왕좌왕하는 태도를 보라. 이들은 초과하는 민의, 보다 정확하게는 현재의 틀에 의해 해석되지 않는 민중의 욕망이 분출하는 것에 당혹감을 보였을 뿐이다. 이때 사태를 이끌고 갔던 것은 대의 민주주의 체제 내의 재현 시스템이 아니다. 그보다는 넘쳐 났던 광장의 촛불이고, 현재의 한계를 넘어서려는 통제되지 않는 정치적 열망의 강렬한 파동들이다. 사정이 그와 같았음에도, 정치적 욕망의 현시들이 광장을 넘어 현실 정치의 공간에서 하나의 "요구Demande"로서 실질적 영향력을 행사하려면 재현자로서의 위상을 획득해야 한다. 헌법재판소에서의 판결을 기다리던 민중들의 불안한 시선은 바로 그와 같은 대의 민주주의 체제의 불완전성으로부터, 현시와 재현의 간극으로부터, 요구와 그 너머의 충동으로부터 야기된 간극에 기인하는 것이었다고 말할 수 있지 않을까? 현재를 지배하는 대타자의 권력에 의해 선택되지 않는 요구-열망은 존재할 수 없는 것으로 간주되는 재현의 정치적 특성. 그것은 정치를 보편성의 보호 아래 공유 가능한 것으로 만들어 주었지만, 그와 같은 보호 속에서 재현의 한계 너머로 나아가는 것을 차단하는 유한성을 초래했기 때문이다. 1958년 11월 19일의 세미나에서 욕망의 그래프를 설명하면서 라깡이 팔루스의 한계-원리principe limite라고 부른 것의 효과가 바로 그것이었다. 그것이 한계 원리로서 작동한다는 것은 재현의 한계 내에서만 요구의 실현을 가능한 것으로 통제한다는 말이기도 하다. 재현이란 그렇게 초과에 대한 방어의 효과를 수행하는 동시에, 유한성의 영역에 주체의 요구를 사로잡는다.

같은 이야기를 시지각의 영역에서도 할 수 있다. 인간의 눈이 대상들을 지각하는 방식에는 앞서 제시된 재현의 논리가 그대로 적용될 수 있기 때문이다. 이에 대해서 라깡은 시각의 영역이 눈과 사물의 관계를 실을 통해 연결하고 있는 것으로 설명한다. 우리가 공간이라고 부르는 영역은 실재의 사물에 대한 시각의 영역이기보다는 관념화 또는 이상화된 기하학의 영역에 다름 아니며, 이곳에서 작동하는 원리는 눈으로 보는 원리이기보다는 직선거리를 재는 수학적 언어의 원리에 의존하기 때문이다. 실로 표상되는 기하학적 언어의 관념적 척도에 지배되는 이미지의 세계. 바로 그런 의미에서 "이 실은 빛을 필요로 하지 않는다."(146쪽) 여기서는 "(……) 근본적으로는 동일한 관계들, 이를테면 공간 속에서 하나의 점에 다른 하나의 점이 대응하는 관계를 머릿속으로 그려볼 때와 똑같은 방식으로서, 결국은 언제나 두 점을 하나의 실 위에 위치시키는 것으로 귀착되는"(146쪽), 그러한 기하학적이며 그래서 관념적일 뿐인 관계만이 존재한다.

이에 대해서 라깡은 알랭과 칸트 그리고 플라톤에 이르기까지 시지각의 기만성을 탐사하는 자들이 놓쳐 버린 것이 무엇인지를 지적하고 있다. "철학자는 시각의 장을 정복하며 외양과 존재의 관계에 대해 쉽사리 대가 행세를 하지만 이러한 관계의 본질은 전혀 다른 곳에" 있기 때문이다. 시각에서의 진정한 본질이란 주체의 보는 행위 속에 있는 것이 아니라, 보임을 당하는 차원에 위치한다는 사실이다. 기하광학적 차원에서 주체가 무엇을 볼 수 있고, 또한 무엇을 볼 수 없는지를 다루면서 도달하게 되는 막다른 골목은 결국 시각의 세계 전체가 주체의 환상에 불과하다는 사실이며, 이로부터 철학자는 그것 너머의 존재를 가정하는 꼼수를 부리게 된다. 그러나, 그 너머에 진정으로 존재하는 것은 이데아가 아니라 응시이다. 그런 의미에서 라깡이 제시하는 앞서의 기하광학의 도식 1이 의미하는 바는 철학자들의 시각장이었다. 여기서 기하광학적 주체는 이미지로 재현된 대상을 보지만, 그것은 시각적 지각이 아니라 재현의 수용에 불과하다. 그것은 감각적인 세계가 아니라 인지적인 세계이다. 상징화된 세계에서 시각은 자신의 본질을 상실하게 되는 것이다. 여기서 철학자들은 시각이 광점에 의존한다는 사실을 까맣게 잊고 있는 것처럼 보인다. 빛은 실처럼 직선으로 전개되는 것이 아니라 광점으로부터 쏟아져 들어오는 양상을 취한다는 사실을 부정하려는 듯 보인다. 그러나 빛은 기하광학이 아니라 카오스 그 자체이다. 그것은 "굴절되며 확산되고 [우리의 눈을] 가득 채우거나 넘치기도"(147쪽) 한다. 시각장의 원인이라고 할 수 있는 빛의 운동은 이처럼 통제 불가능할 뿐이다. 대상-사물이 시각장에서 재현될 수 있는 기원적 사태는 카오스인 것이다.

 광원의 이 같은 속성을 이해한 최초의 화가들이 바로 인상파 화가들이었다. 그중에서도 모네의 작품은 빛이 어떻게 대상을 드러내는지를 정확히 묘사한다. 그의 작품은 빛의 물질성에만 주목하고 있으며, 이에 따라 시각장을 만들어 내는 광원의 카오스적 속성이 드러나게 되고, 그럴수록 존재의 환상은 소멸하게 된다. 모네의 작품에 등장하는 인물들의 깊이 없는 존재감에 주목해 보라. 그곳에는 단지 빛의 홍수만 있으며, 그것의 덧없는 아름다움만이 있다. 빛은 그 어떤 깊이도 없이 대상의 표면을 흐르며 이미지들의 유령적 출몰을 야기할 뿐이다. 그렇게 출현하는 세계 이미지는 광원의 광포한 카오스 말고는 다른 어떤 원인을 가질 수 없다. 모네의 작품이 보여 주는 이 같은 현대성을 터너의 여전히 낭만주의적인 회화와 비교해 보라. 터너에게서 관찰되는 빛에 의한 이미지의 흔들림들은 시각 현실의 실재를 보여 주기보다는 그 너머에 가정되는 낭만주의적 진리 환상을 강조하기 위해서 사용되고 있을 뿐이다.

(그림 설명) 좌측은 인상파 화가 모네의 작품, 우측은 낭만주의 화가 터너의 작품이다. 모네에게는 빛의 부서짐만 있을 뿐이다. 반면에 터너에게는 빛의 모호함 너머에 낭만주의적 존재가 있다.

만일 광원의 속성이 이처럼 카오스적이며 공격적인 것이라면 주체의 눈은 무언가를 볼 수 있기 위한 방어적 선택을 하게 된다. "이에 따라 어쩔 수 없이 안구[눈의 주발] 주변에 일련의 방어 기관들, 장치들이 필요하게 된다."(147쪽) 너무 많은 빛이 넘쳐 들어오는 것에 방어하기 위한 홍채 조리개의 역할이 그것인데, 이것은 라깡이 앞서의 도식 2로 설명하고자 하는 스크린의 기능이다.

그런 의미에서, 인간의 시각은 빛에 대한 방어의 차원에서 구축된 하나의 스크린에 의해 보호된다고 할 수 있을 것이다. 만일 시각의 근원적 원인이 빛 그 자체라면, 주체는 역설적이게도 그러한 빛으로부터 눈을 가리는 방식으로 이미지에 도달할 수밖에 없기 때문이다. 그리하여 시각은 시각의 원인 그 자체로부터 멀어지는 방식으로 시각을 실현하는 역설 속에서 기능한다. 우리의 욕망이 그러한 것처럼 말이다. 욕망이란 욕망의 원인(a)에 대하여 방어하는 방식으로 실현되는 것이므로. 보려고 하는 눈의 욕망은 그것을 가능하게 했던 최초의 광원을 거부하는 방식으로 봄이라는 환영적 차원에 들어선다. 여기서 빛의 광원이라는 순수하게 물리적인 차원에서 가정되고 있는 그것은 욕망의 실재라는 차원에서 '응시'라고 말해지는 것의 은유에 다름 아니라는 점을 잊지 말아야 한다. 눈의 영역이란 철저하게 욕망하는 대상의 시각적 탐닉에 관한 것이기에, 그것의 원인이었던 광원은 대타자로부터 보임을 당하는 상황을 탐닉하게 만들었던 응시를 가정하는 것으로 독해되어야 한다. 그리하여 우리는 세계의 이미지를 재현하는 주체의 의식적 차원 너머에 그러한 재현을 응시하는 타자의 시선을 가정하지 않을 수 없게 된다. 그리고, 주체가 그것과 만나는 순간은 드물고 우연적인 사태 속에서이다. 지난 강의에서 라깡이 홀바인의 〈대사들〉을 통해 보여 주려고 했던 것이 그것이었다. "(……) 우리가 조금씩 왼쪽으로 걸어 나가다가 그림을 향해 뒤돌아보면서 그림의 전면에 떠 있는 이 알 수 없는 물체가 무언인지를 깨닫게 되는 순간(……)"(145쪽)이 그것이다. "해골의 형상으로 우리 자신의 무를 반영하고 있는"(145쪽) 그것과 만나게 되는 증상적 순간. 바로 그와 같은 순간 우리는 라깡이 제시한 두 개의 서로 대립되는 앞서의 도식 1과 2가 서로 포개진 채로 기능하고 있었다는 사실을 이해하게 되는 것이다. 기하광학적 조망점에 서서 관조하는 주체의 환영과, 그것을 응시하는 빛의 광원에 의해 제시되는 실재가 교차하는 뒤엉킴이 그것이다.

정어리 통조림의 계시

본다는 것과 보임을 당한다는 비대칭의 대립 구도를 설명하기 위해 라깡은 문득 자신의 청년 시절 일화 하나를 언급한다. 이를 통해 그는 주체가 사실에 있어서는 "기하광학이 규정하는 기하광학적 조망점이 아닌 다른 곳에"(148쪽), 즉 응시의 대상이 되는 위치에 있음을 보여 주려고 한다. 젠 채하며 세계의 주인공인 양 행동하던 환상 속에서 불현듯 세계 속의 객체로, 응시당하는 얼룩과 같은 존재로 추락했던 심리적 경험을 말한다. 이야기에 대한 간단한 요약은 다음과 같다.

20대의 시절, 엘리트 정신의학도였던 라깡은 어촌으로 여행을 떠났다고 한다. 그곳에서 라깡은 젊은 인텔리들이 흔히 빠지게 되는 우쭐한 감정의 희생자가 된다. 일종의, 나는 세상의 모든 것을 이해했으니 이제 삶의 실질적인 체험의 장으로 들어가 보자─라는 태도가 그것이다. 그곳에서 라깡은 '꼬마 장'이라 불리는 한 어부의 배를 타고 떠난다. 노동의 현장을 관찰해 보려는 의도였을까? 어쨌든 거기서 라깡은 뭔지 모를 우월함의 시선에 젖은, 관조하는 눈빛으로 어부의 삶을 내려다보고 있는 듯하다. 바로 그때 바다의 표면에 번쩍이는 무언가가 눈에 들어왔다. 정어리 통조림의 금속 표면이 햇빛을 받아 반짝이고 있었던 것이다. 그것을 발견한 어부는 "보이나? 저 깡통 보여? 그런데 깡통은 자네를 보고 있지 않아!"(149쪽)라고 말했고, 그 말을 들은 라깡 역시 떠다니는 금속 조각에 시선을 던졌을 것이다. 그리고 그것의 번뜩이는 섬광에 눈이 부셨을 것이다. 그 깡통 조각은 라깡을 보지 않고elle ne le voit pas, 응시elle le regarde하고 있었던 것이며, 그 광점에는 "그를 응시하는 모든 것이 자리 잡고 있었던 것"이다. 라깡은 지금 그렇게 말하고 있다. "이는 결코 은유가 아니"라고. 그 순간 라깡 자신의 진정한 모습은 "거친 자연에 맞서 싸우며 힘겹게 생계를 꾸려 나가던 사람들과 함께 있으면서 아주 우스꽝스런 그림을 만들어 냈기 때문이다."(150쪽) 그는 관조하는 자의 위치에서 단번에 추락하여 응시당하는 자의 위치로 떨어진다. 그는 어촌의 촌부들이 그려진 그림을 관찰하고 있었다고 생각했지만, 그 자신 역시 그 그림 속의 일부에 불과할 뿐이라는 사실을, 그것도 아주 우스꽝스런 그림의 일부에 불과하다는 사실을, 정어리 통조림 깡통의 번쩍이는 표면에 사로잡히는 방식으로 인지하게 되었던 것이다. 마치 〈대사들〉의 해골 얼룩을 알아보는 순간과도 같이, 통조림의 금속 표면에 사로잡힌 시각은 잠시 제 기능을 상실하면서 볼 수 없는 자의 위치로 전락하고 만다.

라깡이 들려주는 이 일화는 주체의 시각이 기하광학적 조망점에 위치하는 점 형태의 존재로 표상되는 전지적 관찰자의 시점에 위치할 수 없음을 의미한다. 그보다 주체는 자신의 망막 안쪽에 상으로 맺히는 세계의 이미지 속에 선험적으로 포함되어 있는 얼룩에 가까운 무엇이다. 주체는 빛을 가리는 스크린의 방어막이 파생시키는 그림자와 같은 존재, "비출 순 있지만 볼 수는 없는" 그러한 존재에 불과하다. 그는 타자의 질서를 비추는, 타자의 권력을 반영할 뿐인 거울이며, 그로부터 파생되는 이미지에 불과하다는 것이다. 그런 의미에서 라깡은 다음과 같이 말하고 있다.

"물론 내 눈 깊은 곳에서는 그림이 그려집니다. 그림은 분명히 내 눈 속에 있지요. 하지만 나는 그림 속에 있습니다."(150쪽)

바로 이렇게 빛에 의해 응시되는 과정 속에서 그려지는 이미지들의 세계야말로 진정한 세계의 풍경이다. 그것은 원근법의 기하광학적 논리에 의해 단순히 포획될 수 없는 깊고 모호하며 변화무쌍한 "인상"의 세계인 것이다. 주체는 이와 같은 빛의 이미지들에 의해 매혹되며 사로잡히기를 반복한다. 마네로부터 출발하여 모네에게서 정점에 도달하는 인상주의 회화가 어떻게 원근법의 기하광학을 포기하고 보다 발달된 광학을 참조하는 방식으로 빛의 광원에 도달하려고 했는지를 주목해 보는 것도 흥미로울 수 있다. 여기서 '보다 발달된 광학'이라는 것은 시각의 세계가 빛의 광원으로부터 무차별적으로 쏟아져 들어오는 빛의 입자에, 그 물질성에 지배되며, 망막의 방어적 기능에 또한 지배된다는 사실을 발견했던 당시 광학의 발전을 가리킨다. 당시의 회화는 고전주의의 몰락과 함께 응시의 개념에 보다 근접해 들어가려는 의지를 드러내고 있었다. 그리하여 인상주의와 후기-인상, 신-인상을 거쳐 뒤샹의 에탕-도네[1]에 이르는, 표면적으로는 그 어떤 연속성도 내포하지 않는 듯 보이는 미술사의 흐름이 시각에서 응시라는 차원으로 이동해 갔던 것에 주목해야 한다. 이제야 비로소 시각예술의 영역에서 예술가들은 그들이 보는 자의 위치에 있는 것이 아니라는 사실을 이해하기 시작했던 것이다. "빛이 나를 응시합니다"라고 라깡이 말하는 바로 그 지점에 도달했던 것이다. 주체가 세상을 바라보고, 그것을 상징계의 관념화된 질서 속에서 관조할 수 있었던 것은 오직 그것이 '나'를 바라보았기 때문이다. 나는 그것이 나를 바라보는 강렬함의 결과로서 내 망막의 안쪽에 남겨진 그림자, 얼룩으로서의 그림의 일부에 다름 아닌 것이니까. 여기서 응시를 필터링하는 장치, 안구의 조리개와 같은 역할을 하는 것에 대해 라깡은 스크린이라는 용어를 사용하고 있다. 단지 빛이 나를

---

1 뒤샹의 에탕-도네(Etant-donné)는 엿보는 관객이 응시되는 신체에로 동일시되는 순환의 구조를 가진다. 다른 뒤샹의 모든 작품들이 그러하듯이, 이 작품 역시 미술사를 지탱하던 근본적 구조를 전복시키려 하고 있었다. 관객과 작가 모두 작품을 보는 관조의 위치에서 응시당하는 위치로, 작품과 같은 열로 이동하게 되는 효과가 그것이다. 뒤샹의 위대함은 그렇게 보는 주체의 미술로부터 보임을 당하는 객체의 미술로 서양미술사 전체를 전복시켰던 것에 있다.

응시만 한다면 그림자는 생길 수 없기 때문이다. "그 빛 덕분에 내 눈 깊은 곳에 무엇인가가 그려집니다"(150쪽)라고 말할 수 있기 위해서는, 그 빛을 차단해 주는 스크린이, 일종의 반투명 커튼과 같은 것이 요청된다.

변장, 위장, 위협, 의태의 정치학

따라서 스크린이란 응시와 그것의 그림자로서의 세계-그림 사이에 위치한 중개자와 같다. "그것은 기하광학적 공간과는 다른 성질을 지니면서 이와 정반대의 역할을 하는 무엇, 가로지를 수 있어서가 아니라 불투명하기 때문에 작용하는 무엇"(151쪽)이다. 만일 빛의 공간 속에서 응시의 효과가 "일종의 빛과 불투명성의 유희"(151쪽)에 의존한다면, 스크린은 불투명성의 질서를 담당하며 응시의 투과를 차단하거나 허용한다. 그리하여 스크린 작용의 결과물로서 세계의 그림이 그려지며, 주체 역시 그것의 일부로, 라깡이 얼룩이라 부르는 굴욕적인 형태로 그림에 포함된다. 만일 이렇게 그려진 얼룩을 '자아'라고 부를 수 있다면, 그것은 스크린의 표면을 떠다니는 대상과 거울단계의 반영 관계를 맺고 있는 것이므로, 자아-얼룩은 동시에 스크린의 형태를 띠게 된다고 할 수 있다. 그러한 방식으로 주체는 그림인 동시에 스크린이 된다. 세계의 그림 속에 주체가 하나의 작은 얼룩으로 자리 잡게 되는 이러한 현상을 설명하기 위해 라깡은 다시금 의태의 기능을 소환하고 있는데, 이번에는 카이유와의 논의[2]를 따라서 변장travesti과 위장camouflage 그리고 위협intimidation의 수준에서 다시 분석하고 있다.

---

2   Roger Caillois, *Méduse et Cie*, Gallimard, paris, 1960.

"의태는 대부분의 경우 [적응에 관한 한] 아무런 효과가 없거나, 효과가 있다 해
도 적응이라 추정되는 결과와는 정반대로 작용합니다. 반면 카이유와는 실제
로 의태 활동이 펼쳐지는 주요한 차원이라 할 수 있는 세 가지 항목을 강조하
지요. 변장, 위장, 위협이 그것입니다. 실제로 주체가 자신을 그림 속에 끼워 넣
는 차원은 바로 이와 같은 영역에서 나타납니다."(155쪽)

이렇게 말하면서 라깡은 우선 의태의 효과는 "엄밀하게 기술적인 의미
에서 위장"이라고 강조한다. 이러한 위장으로서의 의태에서 "핵심은 배경
과 조화를 이루는 것이 아니라 얼룩덜룩한 배경을 바탕으로 스스로 얼룩
덜룩해지는 것"이다. 그것은 "정확히 군사작전에서 사용하는 위장술처럼
작용"하기 때문이라는 것이다. 라깡의 이와 같은 표현들은 의태가 응시에
대한 방어로서, 자신을 얼룩덜룩하게 만들어 감추는 행위라는 사실을 암
시한다. 그것에 배경과의 조화를 이루려는 목적 따위는 없다. 그것은 공격
적인 위협으로부터 자신을 감추는 군사적 목표를 가질 뿐이다. 마치 스크
린이 빛의 공격성으로부터 눈을 보호하기 위하여 만들어진 것과 같이, 의
태의 위장술은 응시의 위협으로부터 주체를 보호하려는 목적을 위해 기능
한다. 우리는 응시에 대응하는 위장에 관한 이 같은 설명을 염두에 두면서
변장과 위협이라는 차원에 관하여 주목해 볼 수 있다. 먼저 변장, 프랑스어
로 travesti라고 표기되는 이것은 의복 도착을 상기시키는 단어라고 할 수
있다. 그것은 대체로 남성이 여성의 의복을 탐하여 착용하는 도착의 일종
이다. 이 단어를 이처럼 도착의 구조로 해석하여 소개하려는 이유는, 그러
한 행위의 배후에 응시에 대한 탐닉이 존재하기 때문이다. 프로이트에 의
해서 해석되었던 슈레버 판사의 사례를 떠올려 보아도 좋다. 정신병 발작
이후 슈레버는 여장에 탐닉하게 된다. 슈레버뿐만 아니라 일단의 남성 정
신병적 주체들이 여성의 의복을 착용하려는 경향을 보이는 현상은 그들을

감시하는 절대자를 남성적 응시로 가정하며 그에 조응하려는 태도로 해석될 수 있기 때문이다. 위장과는 다르게 변장은 그러한 방식으로 응시에 자신을 드러내고, 응시를 끌어들이는 행위라고 할 수 있다. 노출증과 유사한 메커니즘이 변장의 수준에서도 작동한다고 볼 수 있다. 한편 위협이라고 말해지는 의태의 한 유형은 짐승들이 자신의 몸을 부풀리거나 색을 변화시키는 방식으로 주목을 끄는 현상을 가리킨다. 그런데 라깡은 여기서도 위협하는 주체와 그에 맞서는 또 다른 주체의 상호주관성 말고 다른 것을 가정해야 한다고 강조한다. 제3의 시선, 즉 응시가 존재한다는 것이다. 위협하는 몸짓은 단순히 눈앞에 존재하는 경쟁자에게 향하는 행위이기보다는, 보다 근본적인 차원에서 응시하고 있는 제3의 눈을 향해 보내는 의태적 신호와 같다. 그것은 마치 사도-마조의 커플이 위치하는 2자 관계의 폭력이 그 너머의 3자 권력을 소환하는 연출과도 같다. 같은 의미에서 라깡은 의태의 모방 기능을 이야기할 때, 단순히 "모방되는 타자를 무턱대고 떠올리는 것을 삼가야 한다"고 말한다. 주체가 외부의 이미지를 모방하여 자신의 이미지를 변형시키고 있다면 그러한 행위의 배경에는 주체가 제3의 응시에 대해 반응하는 기능의 실행에 사로잡혀 있을 것이기 때문이다.

그런 다음 라깡은 카이유와가 지적하는 "동물의 수준에서 관찰되는 의태 현상들이 인간의 예술이나 회화라고 하는 것과 유사함을"(156쪽) 지적하며 다음의 논의로 나아가고 있다. 왜상을 통해 회화를 설명하던 수준에서 다시금 의태를 통해 그것을 해명하는 단계에로 나아가려는 것이다. 그러한 방식으로 라깡은 회화가 응시에 대한 하나의 반응이라는 결론을 도출해 내려고 한다.

근대 회화의 주체성과 중세 또는 현대 미술의 응시

의태 기능을 통해서 세계의 이미지 구성 원리를 탐사하고자 하는 라깡은 회화의 구조가 무엇인지에 대한 질문을 제기한다. 회화란 예술이라는 한정된 영역의 특수한 실천인 것처럼 생각될 수도 있겠지만, 그것의 본질적 구조는 세계라는 환영이 구성되는 원리와 동일한 것일 수 있기 때문이다. 이를 위해 라깡은 우선 먼저 회화가 주체로서의 인간 존재를 확인하려는 목적을 가진다는 사실을 지적한다. 그는 다음과 같이 말하며 시작하고 있다.

"회화란 무엇일까요? 주체가 자신을 주체로 파악하도록 만드는 기능을 우리가 그림이라고 명명한 데는 물론 나름의 이유가 없지 않을 겁니다."(156쪽)

특히 회화에 관하여 이러한 '주체'의 포지션이 강조되는 이유는 그것이 관찰자, 나아가서 관조자로서의 화가라는 이미지를 생산하기 때문이라고 여겨진다. 화가는 정확히 보고 그리는 자이며, 그래서 시각장의 주인과 같은 위치를 점하는 것으로 간주된다. 화가는 보고 그리는 자이지, 보임을 당하는 객체가 아니다. 최소한, 회화라는 실천 속에 있을 때 화가는 그러한 주체의 환상 속에 위치할 수밖에 없다. 이러한 사태가 바로 라깡이 말하는 "그 나름의 이유"라고 할 수 있다. 회화가 주체 자신을 스스로 주체로 파악하도록 만드는 이유 말이다. 여기서 화가는 그림을 통해 스스로를 하나의 강력한 응시로서 제시한다. 그는 보았던 눈이며, 보고 그린 눈이며, 그랬던 흔적으로서의 그림은 화가의 응시가 보존되어 여전히 '보는 눈이' 작동하고 있는 장소가 된다. 바로 그런 의미에서 "회화 예술은 예술가가 작품을 통해 우리에게 주체로서, 응시로서 스스로를 강요한다는 점에서 다른 예술과 구별되는"(156쪽) 특성을 갖게 된다. 이와 같은 관점을 보다 심화시켜 분석해 본다면, 회화 예술의 응시가 우선적으로 가정하는 전략을 이해할 수 있게 된다. 즉, 화가는 그저 단순히 자신의 응시를 그림 속에 흔적으로 새겨 넣는 것은 아니다. 그보다 화가는 "일정한 양식의 응시를 선택"하는 전략을 취한다. 다시 말해서 화가가 그린 그림 속에는 화가 자신의 가치관에 의해 새겨진 시각이 존재하며, 그의 세계관이나 미적 관점이 포함된 응시의 태도가 삽입된다. 이와 같은 화가의 응시는 그림 속 인물들의 눈동자를 통해서만 표현되는 것은 아니다. 그것은 "심지어 네덜란드나 플랑드르 화풍의 풍경화처럼 두 눈으로 구성되는 통상 응시라 불리는 것이 부재하는 그림들, 어디서도 인간의 모습을 찾아볼 수 없는 그림을 바라볼 때조차도"(157쪽) 발견하게 되는 응시의 현존이다.

물론 예술작품은 관객에 의해 응시되는 대상의 차원에 위치하는 것이기도 하다. 그것은 화가에 의해 선택된 응시를 담고는 있지만 동시에 관객의 응시 대상이 된다는 의미에서 화가의 주체성이 객체성으로 추락하는 장소가 되기 때문이다. 그러나 이와 같은 화가-관객의 상호적 관계성은 그 너머에 제3의 요소가 존재한다는 사실을 전제로 한다면 그저 착각에 지나지 않는 것, 즉 환영에 불과할 수 있다. 왜냐하면, 그림이 드러내는 이미지들의 향연은 오히려 진정한 응시를 내려놓도록 만드는 장치에 불과할 수도 있기 때문이다. 그림은 이미지들의 쾌락을 제공하면서 오히려 응시를 포기하도록 만드는 경향이 있다. 만일 이미지들이 화가의 응시가 되었든 아니면 관객의 응시가 되었든, 어떤 주체의 응시에 관한 일정한 양식을 설정하게 만드는 효과를 가진 것이라면, 그러한 응시-이미지의 조응은 그 너머에 존재하는 궁극적인 대상 a로서의 응시를 무화시키려는 의도를 갖는 것이다. 바로 그런 의미에서 그림은 실재로서의 응시 자체를 완화시키는 아폴로적 진정 효과를 가진다는 것이다. 이에 대해 라깡은 다음과 같이 말하고 있다.

"무엇인가가 응시가 아닌 눈에 주어지며, 그것은 응시의 포기와 철회를 수반
합니다."(158쪽)

응시는 그것이 그림 속 인물들의 눈을 통해 표현되는 것이든, 단지 화가
에 의한 암시를 통해 준비된 것이든, 혹은 그와 반대로 관객의 주의 깊은
시선에 의해서 작품에 던져지는 것이든 그와 같은 상호적 응시의 세계 너
머에 존재하는 대타자의 응시를, 실재의 응시이기도 한 그것을 촉발시킬
위험을 갖는다. 회화가 응시 자체에 주목하기보다는 이미지를 바라보는 시
선을 우선시하며 응시의 포기를 조장하는 이유가 거기에 있다. 응시의 긴
장은 그것을 체험하는 주체를 흔들고 불안하게 만들 것이기에, 대부분의
회화는 응시의 게임을 적당한 수준에서 봉합하려 한다. 몇몇의 예외적 경
향들만 제외하면 그렇다는 것인데, 특히 "표현주의 회화"가 가장 위협적인
예외를 구성해 내고 있었다. 루오나 뭉크, 제임스 앙소르나 쿠빈과 같은 화
가들이 그린 '정면 응시'의 회화는 응시의 불안에 대한 방어를 수행하지 않
는다. 오히려 응시라는 충동의 영역을 만족시키는 요소들을 사용함으로써
근대 회화가 수행해 왔던 시관 충동에 대한 방어의 역할을 포기하고 있다.

한편, 서구 미술사의 거대한 전환점을 구성하고 있는 뒤샹의 레디-메이
드 작품들은 이전의 예술작품들과는 전혀 다른 방식으로 응시의 감각을
도입하고 있었다. 뒤샹은 작품의 대상성을 물신의 수준으로까지 극대화
하는 방식으로 그것에 던져지는 응시를 촉발한다. 작가에 의해 선택된 사
물이면 무엇이든 예술작품이 될 수 있다는 관점은 관객들이 속한 일상의

공간 이곳저곳에 응시 출현의 가능성을 도입하기 때문이다. 이렇게 작품과 관객의 공간 구분을 무화시키는 것을 목표로 하는 레디-메이드의 전략은 관객의 존재 역시 작품과 동일한 사물로 취급당하도록 만드는 효과를 발휘할 수 있다. 응시가 관객의 공간으로 출현하게 된다는 말의 의미는 그러한 상황을 염두에 두는 해명이라고 할 수 있을 것이다. 그리하여 뒤샹은 르네상스 이후 서구 미술이 기하광학적 조망점에 관찰자를 고정시키는 방식으로 시각예술을 단지 '보는' 예술로 국한시키려 했던 강박증적 태도를 폐지한다. 이제 시각예술은 관찰자 역시 사물의 영역에 편입시키는 효과를 통해 응시당하는 예술로 전환된다. 중세적 관점이 부활하고 있는 것이다. 성물로서의 예술작품과 주체들이 위계 없이 동일한 공간에 현존하도록 함으로써 신의 응시에 스스로를 노출하는 인류의 구조가 다시 되살아나고 있다. 단 한 가지, 신이 부재하며 응시만이 출몰하고 있다는 차이만을 고려한다면, 중세와 20세기는 그렇게 동일한 시각-응시의 구조를 이루고 있는 것이다.

9번째 강의

그림이란 무엇인가

주요 개념(차례)

현상과 본체

이번 강의에서 라깡은 응시로서의 대상 *a*가 욕망의 중추적 결여의 표식인 (-φ)의 자리에서 출현하며, 그와 동시에 결여 자체의 상징화 속에서 사라진다는 사실을 재차 강조하며 시작하고 있다.

"대상 *a*가 제가 시종일관 (-φ)라는 알고리즘으로 표기해 온 욕망의 중추적 결여를 상징화하면서 가장 완벽하게 자취를 감춰 버리는 장[시각의 장] 속으로 뛰어들며 벌였던 무모한 도박을 오늘도 계속해야겠습니다."(163쪽)

이를 단계적으로 하나씩 해명하자면 다음과 같다. 결여란 거세의 결과로서, 주체가 어머니-큰사물을 상실하며 들어서게 되는 상징화된 세계의 토대이다. 언어의 법과 규범에 문신당한 신체는 결여를 내재화한다. 그런데 이러한 결여, 공백 또는 공집합으로 표지될 수 있는 그것은 완전히 통제되지 않고 상징계에 이질적인 것이 출몰하게 되는 출구가 된다. 그중에서도 대상 a는 상징화에 저항하는 실재이므로, 결여의 장소는 그들의 유령적 출몰지가 된다. 그러나 또한 상징계 역시 이에 반응하며 대상 a를 진정시키려 할 것인데, 달아나는 실재 대신 언어의 권력이 잡을 수 있는 것은 결여 그 자체일 뿐이다. 그리하여 욕망의 중추적 결여는 상징화되며, 실재로서의 응시는 자취를 감춰버리게 되는 것이다. 따라서, 상징화되는 것은 $(-\varphi)$, 즉 결여의 자리이지 대상 a가 아니다. 대상 a는 상징화될 수 없으며, 그 자신의 출몰지인 $(-\varphi)$가 봉합되는 순간 잠시 몸을 숨길 뿐이다. 결여가 닫히면 유령의 출몰지가 폐쇄되는 것이므로, 대상 a로서의 응시도 사라지기 때문이다. 그러한 닫힘의 기능을 하는 것이 바로 대문자 팔루스이다. 그러나 이와 같은 닫힘은 아주 취약한 지속성을 발휘할 것이다. 기표의 체계로서의 상징계는 결코 전체를 지탱할 수 없으므로, 라깡의 표현대로 기표는 비전체le signifiant est pas-tout이므로, 결여의 구멍은 다시 개방될 숙명이다.[1] 이와 같은 구조적 필연성으로서의 결여와 외존적이며 실체적인 대상 a의 속성이 하나의 짝을 이루는 방식으로 상징계를 흔들게 된다. 구멍과 이질적 대상의 조응이 그것이다. 따라서 라깡이 말하는 시각의 장이란 이렇게 상징계에 의해 억압되어 통제된 시각 경험의 영역인 동시에 바로 그러

---

1 결여의 자리에 출몰하는 대상 a는 시각장에서는 응시로, 청각장에서는 목소리로 출현한다. 감시 망상과 환청은 그와 같은 충동의 출몰이 실재의 영역에서 일어났을 경우라고 할 수 있다. 흔히 정신증에서는 이처럼 결여의 자리를 상징계의 팔루스로 봉합하지 못하고 상상계적 이미지로 봉합하는 일이 일어난다. 라깡의 "푸주한의 아내" 사례에서 여자 정신증자와 그녀의 어머니의 관계가 그러하다. 여자 환자는 자신의 결여를 팔루스로 봉합하지 못했다. 따라서 그녀는 어머니와의 극도로 근접한 관계 형성을 통해 이미지로써 결여의 불안을 해소하려 한다. 이 같은 그녀의 불안정한 결여의 자리를 찾아온 증상 중 대표적인 것이 바로 "암퇘지!"라고 말하는 환청이다. 그 목소리는 호원 충동의 절편이 상징화되지 않는 결여의 자리에 출몰한 것에 다름 아니다. 여기서 주목할 것은, 정신증자가 자신의 결여를 봉합하는 방식이다. 그것은 이미지-상상계를 통한 봉합이다. "암퇘지"라는 기표는 욕설이라는 의미에서 연쇄 속의 상징계적 기능을 하기보다는 기호로서의 이미지 역할을 할 뿐이다. 그것은 여자 환자의 존재를 이미지화해서 고정시키는 일시적 봉합 기능을 하게 된다.

한 사실로 인해 결여를 내재하는 영역이라고 할 수 있다. 이를 라깡은 아래의 형식으로 표기하고 있다.

$$\begin{cases} \text{자연 속으로} \\ = (-\varphi)\text{로서} \end{cases}$$

　라깡이 여기서 "자연"이라고 표기한 것의 의미는 물리적 사태로서의 자연이기보다는 욕망의 차원에서 가정되는 토대로서의 자연을 말한다. 그것은 인간의 자연이며, 인간을 위한 자연이다. 이러한 자연적 사태에서 가장 본질적인 것은 결여이다. 그것은 거세된 자연에 다름 아니기 때문이다. 그러한 관점에서 인간 문명이 자연으로부터 이미 응시를 경험하고 그것에 관련한 파생적 기능들을 상징계 내부에 설정하는 현상을 발견하게 되는 것은 결코 우연이 아니다. 애니미즘으로부터 시작되는 신의 응시에 대한 명명의 시도가 대표적이라고 할 수 있다. 자연이라는 하나의 거대한 실재를 "자연"이라는 이름의 일관성으로 막아 내지 못하게 되어 드러나는 결여의 구멍들을 통해 응시의 유령이 출현하면, 다시 그것에 방어하거나 또는 이끌리는 의태로서의 시도가 문명의 다양한 영역에서 출현하게 될 것이기 때문이다. 특히 종교가 그와 같은 결여를 보충하기 위해 출현했던 문명의 현상이라고 할 수 있다.

　라깡이 바라보는 시각장이란 바로 그러한 의태적 기능의 장 그 자체라고 할 수 있을 것이다. 이미지의 차원에서 문명이란 그와 같은 의태로서의 얼룩들, 무늬들, 그림들에 다름 아니라고 할 수 있다. 그리하여 세계라는 그림이 그려지는 과정에 관련한 해명이 이루어진다. 만일 세계를 하나의 그림으로, 재현된 이미지의 공간으로 가정할 수 있다면, 그리하여 의태를 그것의 가장 본질적인 기능으로 가정할 수 있다면, 응시는 이 모든 그려진 이미지들의 원인이 된다. 의태의 원인은 응시이므로. 물론 주체성의 환상은 스스로를 의태로서, 얼룩 효과로서 가정하기보다는 표상의 주체로 설정하는 태도를 보일 것이다. 인간이 스스로를 응시의 효과이며 부산물에 불과한 얼룩으로 인식하지는 않을 것이기 때문이다. 그리하여 응시의 삼각형은 아래와 같이 기하광학적 주체의 삼각형과 교차하게 된다.

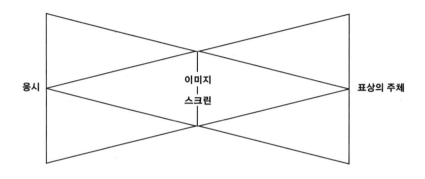

위의 도식을 통해서 드러나는 사실은, 주체의 세계가 구성되는 환영적 구조와 그것의 원인이다. 응시의 꼭지점(왼쪽)으로부터 촉발되어 얼룩으로 그림(오른쪽) 그려지는 평면 위에서 주체는 자신이 세계의 관찰자라는 환상에 사로잡힌다. 그리하여 표상의 주체로서 인간은 기하광학적 조망점에서 시각이라는 환상의 영점에 도달한다. 마치 데카르트가 의심하는 의식의 0도, 의식 자체가 됨으로써 무화하는 주체의 확실성이라는 역설적 구조의 환상에 도달한 것처럼. 시각의 주체는 시각 자체가 됨으로써 관찰자로서의 자신의 현존을 믿어 의심치 않게 되는 것이다. 그리고 이러한 사태의 원인에는 무의식의 차원을 떠도는 대상 a로서의 응시가 있다. 그곳에서 경험하는 것은 관음증자로서의 세계이고, 주체는 그에 대해 노출증자가 된다. 이처럼 응시하는 세계에 대하여 무의식은 방어할 것이다. 또는 응시를

유혹할 수도 있다. 이와 같은 무의식의 차원에서 기능하는 의태가 주체라는 얼룩을 그림으로 그려낸다고 볼 수 있다. 정리하자면, 도식에서 왼쪽은 무의식을 오른쪽은 의식의 세계를 가정하게 만든다는 것이다.

그런데 라깡은 여기에 하나의 개념을 덧붙이고 있는데, 스크린이 그것이다. 앞선 강의에서도 간단히 언급된 바 있는 것처럼, 스크린이란 응시의 개념을 빛의 광원과 동일한 것으로 가정할 때에만 이해 가능한 라깡의 개념 장치다. 이를 보충 설명하기 위해 라깡은 우선 응시가 바깥에 있다는 사실을 강조한다.

"논의를 시작하기 위해 저는 시관적 장에서는 응시가 바깥에 있으며 나는 응시된다는 것을, 즉 나는 그림이 된다는 것을 강조해야겠습니다."(164쪽)

응시는 외재적이다. 그것은 구조의 외부에서 구조의 원인 자체로서 기능하는 실재이기 때문이다. 그런데 이러한 응시는 빛의 광원과 중첩되는 것이기도 하다. 왜냐하면 시각적 가능성의 원인의 자리에는 빛의 광원이 자리할 것이기 때문이다. 빛의 광원은 그것을 마주볼 수 없음에도 불구하고 본다는 현실을 가능하게 만들어 주는 원인이다. 그것은 주체가 시각 경험을 하기 직전에, 즉 눈을 뜨는 순간 경험하는 빛의 경험이다. 유아가 처음으로 눈을 뜨고 세상을 바라보는 순간을 상상해 보자. 아이는 본다기보다는 빛의 갑작스런 홍수에 망막을 노출시킬 뿐이다. 그때 눈부신 빛의 광원 효과 속에서 아이가 지각하는 최초의 시각 경험은 부모의 응시이다. 그런 의미에서 응시와 광원은 경험적으로 교차한다는 것이다. 라깡이 "응시를 통해 나는 빛 속으로 들어가며, 응시로부터 빛의 효과를 입게 됩니다"라고 말하며 암시하는 바가 그것이다. 빛은 단지 무구한 물리적 사태로서 주체에게 경험되는 것이 아니라, 대타자의 응시라는 심리적 현상과 함께 주체의 시각 경험을 촉발한다. 욕망의 주체에게는, 그것이 상징계적이건 상상계적이건 실재적이건, 대타자의 속성을 갖지 않는 지각 경험이란 존재할 수 없기 때문이다. 만일 '나'라는 존재를 결정짓는 것이 상상계적 자아와 상징계적 좌표로서의 주체 개념이라고 한다면, 이처럼 상상-상징의 타자에 귀속된 "나를 보다 근본적인 방식으로 결정짓는 것은 바깥에 있는 응시" 즉 실재의 타자라고 해야 할 것이다. 그리하여 외부의 "응시는 빛을 구현하는 도구가 되며, 그 도구를 통해 나는 '사진-찍히게' 된다.

이 모든 사태 속에서 주체는 그려진 얼룩이며, 보는 자가 아니라 보이는 자이고, 스크린의 보호를 받아서 자아의 안정된 형상을 획득하게 되는 보잘 것 없는 객체에 다름 아니다. 그러니까 "여기서 관건은 표상에 대한 철학적 문제가 아니"(165쪽)게 된다. 응시의 효과 속에서 얼룩으로 출현하는 주체는 이제 더 이상 세계의 정확한 관찰자가 아니기 때문이다. 물론 주체는 다음과 같이 말할 수 있다. "표상 앞에서 결국 나는 그것에 대해 훤히 알고 있다고 확신하게 될 것이고, 나 자신이 표상은 단지 표상일 뿐이며 그 너머에는 사물 자체가 있다는 사실을 알고 있는 의식적 존재임을 확신하게 될"(165쪽) 수 있다고. 눈에 보이는 것은 현상일 뿐이며 그 너머에 진리가, 본체noumène가 존재할 것이기에, 그 둘 사이에서 작동하는 외양과 존재의 변증법을 다루는 것이 진리에 접근하는 방법이라고 말할 수는 있다. 그러나 그렇게 말하는 주체의 언표들마저도 응시의 효과이며 실재의 출몰에 저항하는 상징계적 방어의 산물이라고 한다면? 인간 주체가 사물의 본질에 관하여 표면과 그 너머의 것 사이에 존재하는 논리적 관계를 탐사하기 위해 만들어 낸 모든 종류의 철학적이며 인문학적이고 나아가서 실증과학적인 담론들 모두가 그 너머에 존재하는 실재에 대한 의태적 효과에 불과한 것이라면? 이에 대해 라깡은 단호하게 대답하고 있다. 현상과 그 너머의 본질이란 전혀 다른 위상을 갖는 것이라고. 사태의 진정한 본질은 "자연

상태에서부터 존재하는 균열, 이분화, 분열을 초래하는 어떤 것에 있다"는 것이다. 상징계의 도입과 그로부터 발생하는 거세, 그런 다음 초래되는 분리에서 빠져나가 버렸던 실재의 유령으로서의 대상 *a*가 사태의 원인이기 때문이고, 그래서 "존재는 결국 그러한 분열에 적응하는 것"에 불과했다는 것이다. 존재는 대상 *a*라는 절대적 균열을 봉합하기 위해 만들어진 사후적 환영에 불과하다는 것이다. 즉, 존재가 외양을 만들어 내는 것이 아니라, 외양의 세계를 가로지르며 지배하는 권력이 존재의 환상을 만들어 낸다고 할 수 있다. 누멘, 본체는 외양이 만들어 낸 환상이며, 대상 *a*는 그 모든 환상을 촉발하는 원인이지만, 그것은 달아나는 원인, 투케적 원인이므로 이데아와 같은 실체는 아닌 것이다.

존재와 존재의 허울

응시가 현상의 그림을 그리게 하는 원인의 자리에 있다는 사실을 강조하면서 라깡은 다시금 '의태'의 기능을 언급하기 시작한다. 그러나 이번에는 동물들 사이의 상호적 공격 상황이나 그에 비할 만큼 격렬하고 화려한 성적 구애 행위의 상황에서의 의태적 현상을 다룬다. 예를 들어, "대개는 동물의 수컷에서 볼 수 있는 구애 행위[과시]parade나 서로 위협을 가하는 싸움 놀이"(165쪽)에서 볼 수 있는 과장된 몸짓이나 또는 특정한 진화의 산물로서 등장하는 가면 효과나 분신, 껍데기의 사용 등이 원래의 개체 모습을 완전히 뒤바꾸어 과장하도록 만드는 사례들이 있다. 여기서 주목해 볼 것은 공격과 성적 구애 행위 사이의 교차점으로서의 '죽음'이다. 상호 공격성은 죽임 당하는 것에 대한 방어인 동시에 상대를 죽이는 행위이다. 그런데, 구애 행위 역시 죽음의 사태를 내포한다. 이에 대하여 라깡은 다음과 같이 설명하고 있다.

"이러한 사실은 궁극적으로 의태라는 큰 제목 아래 다양하게 변주되는 일련의 현상들을 통해 관찰될 수 있습니다. 이는 성적 결합에서뿐 아니라 목숨을 건 사투에서도 분명하게 작용하지요. 이때 존재는 존재와 허울semblant로, 다시 말해 존재 자체와 그것이 내민 종이호랑이[가면]로 확연히 분해됩니다. 대개는 동물의 수컷에서 볼 수 있는 구애 행위[과시]parade나 서로 위협을 가하는 싸움놀이를 할 때, 존재는 인상을 찌푸리며 몸을 부풀리는 행동을 하면서 가면, 분신, 껍데기, 등딱지처럼 몸뚱이를 감싸기 위해 떨어져 나온 피부 등을 스스로 만들어 내거나 상대에게서 발견하게 됩니다. 존재가 삶과 죽음의 효과 속에 개입할 수 있는 것은 이처럼 자기 자신으로부터 떨어져 나온 형태들을 통해서이지요. 그러므로 우리는 생식을 통해 존재를 연장할 수 있게 해주는 결합은 이같은 상대의 대역이나 자기 자신의 대역 덕분에 실현된다고 말할 수 있습니다."(165-166쪽)

성적 결합이나 목숨을 건 사투와 같은 행위는 욕망이 항상성의 원리를 추구하는 영역으로부터 가장 많이 초과하는 양상의 사태라고 말할 수 있다. 성적 결합이란 하나의 개체가 자신을 스스로의 생체적 내부가 아니라 외부를 향해 재생산하는 것이므로 스스로의 생체적 안위는 포기될 수 있다. 쉽게 말해서 2세대를 생산한다는 것은 1세대의 종말을 받아들이는 것에 다름 아니라는 말이다. 목숨을 건 사투에 관해서도 마찬가지 논리를 적용시킬 수 있다. 자신의 존재를 보존하기 위한 극한의 대립은 극한의 위험을 감수하기 위한 도발을 요청하기 때문이다. 그리하여 두 경우 모두 개체는 자신의 존재의 안정적 표상들을 초과하는 이미지와 스스로를 동일시하면서 초과적 효과를 산출해 내야 한다. 달리 말해서, 존재는 쾌락-현실원칙의 항상성으로부터 자발적으로 일탈하고, 그로부터 야기되는 극도의 위험을 감수한다. 구애와 결투의 과장된 몸짓에서 발견되는 것은 그와 같은 죽음충동의 표상들이다.

그렇다면 어떤 이미지가 자신의 안정적 표상들을 초과하는 이미지인가? 그것은 바로 외부의 응시에 조응하는 이미지이다. 응시로부터 반응하는 이미지. 즉 응시를 소환하는 것으로서의 의태적 이미지가 그것이다. 여기서 동물 개체는 생식이나 폭력이라는 양상, 즉 죽음충동의 양상 속에서 자신을 표현해야 하는데, 이때 선택되는 이미지는 일상적 규범의 질서로부터는 찾을 수 없게 된다. 이 순간의 개체는 외부의 무언가로부터 이미지를 빌려 와야 한다는 것이다. 따라서, 개체는 일종의 허울을, 그것도 극단적으로 타자적인 허울을 차용할 것이다. 개체는 자신이 전혀 아닌 어떤 이미지로 화하면서 상상적 대상에게 자신을 표현할 것이다. 인상을 찌푸리거나 몸을 부풀리는 등의 행위가 바로 그것이다. 라깡은 이에 대해 "존재가 삶과 죽음의 효과 속에 개입할 수 있는 것은 이처럼 자기 자신으로부터 떨어져 나온 형태들을 통해서"라고 강조하고 있다. 다시 말해서, 삶과 죽음이라는 초과적 욕망의 사태 속에서 주체가 자신의 존재를 드러내는 방식은 존재에 결여된 어떤 것의 효과로서 분리된 대상, 인간의 욕망 속에서는 대상 a라 불릴 수 있는 외재적 이미지를 통해서라는 것이다. 그런 의미에서 주체는 초과적 욕망의 순간 가장 자기 자신이 아닌 이미지, 라깡이 존재의 대역이라 부르는 이미지, 다시 말해서 상징적 질서를 초과하는 이미지를 통해 생식 또는 죽음의 클라이맥스를 통과한다.

특히 남녀의 성차 속에서 성적 결합을 추동하는 이미지들은 고유하게 변장travesti의 특성을 갖는다. 성적인 결합을 목표로 하는 개체는 기이하게도 자기 자신이 전혀 아닌 다른 이미지를 사용함으로써 어떤 종류의 미혹의 효과 속으로 상대방을 끌어들인다. 그런 의미에서 수컷과 암컷이 만남의 가장 강렬한 순간, 그리하여 쾌락원칙의 자기 보존적 항상성이 잠시나마 포기되는 순간, 자신의 외관을 변화시키면서 끌어들이는 대상은 성적인 파트너가 아니라 그 너머의 응시이다. 성적 주체는 지금 자신의 맞은편에서 자신을 바라보며 매혹당하는 파트너를 위해 미혹의 가면을 쓰는 것이 아니라 응시를 위해 그렇게 한다. 변장이 실행되는 공간은 상호주체성의 장소가 아니라 제3의 비대칭적 존재가 가정되는 공간이다. 아래의 인용이 의미하는 바가 바로 그것이다.

"따라서 미혹은 여기서 어떤 본질적 기능을 수행합니다. 우리가 암수를 결합시키는 이성에 대한 끌림이라고 상상할 수 있는 것에서 '변장travesti'과 같은 것이 두드러지게 나타난다면, 임상 경험 자체의 수준에서 우리의 주목을 끄는 것도 이와 똑같은 것입니다. 수컷과 암컷의 가장 강렬하고 격렬한 만남은 의심의 여지없이 가면을 매개로 이뤄집니다."(166쪽)

라깡은 이처럼 성적 주체가 어떻게 자신의 의태적 기능을 초과의 순간에 사용하는지를 설명하고 있다. 이에 대해서 우리는 주체가 사용하는 의태적 이미지, 라깡이 허울semblant 또는 가면이라는 용어로 표현하고 있는 것에 관하여 보다 세밀한 분석을 덧붙여 볼 수 있다.

스크린의 미혹과 응시 – 길들이기

만일 생물 개체가 응시에 대하여 반응하는 것으로서의 허울이 존재할 수 있다면 그것은 다음의 두 가지 양태를 가질 것으로 가정될 수 있다. 그 첫 번째가 상징계에 의해 주어진 허울, 상징계의 명명에 의해 부여되는 존재의 허울이다. 이것은 존재의 좌표를 결정해 주는 허울이며, 외관이고, 그러한 표상 너머에 존재가 있다고 가정될 수 있는 종류의 외관, 즉 라깡이 외관과 존재의 변증법이라고 가리키는 고전 철학적 현상-이미지를 말한다. 이것은 응시에 대하여 주체가 방어하기 위해 상징계의 좌표를 빌려와 만든 변장이고 가면이다. 또한 바로 이것은 스크린에 의해 구성되는 허울이므로 우리는 그것을 '자아'의 개념에 대응하는 것으로 이해할 수 있다. 대타자에 의해 인증된 거울단계의 대상-이미지라고도 할 수 있다.

이와는 구별되는 두 번째 범주의 허울은 라깡이 이제껏 설명했던 초과적 순간의 허울이다. 번식이나 목숨을 건 사투의 순간에 출현하는 허울은 상징계의 소환에 응답하는 허울이 아니라 그 너머, 실재에 응답하는 허울이다. 상징계의 필터링을 거치지 않고 출현하는 외부의 응시에 화답하는 주체의 변장은 일종의 액팅 아웃과 같은 특성을 가진다. 그것은 상징계 내부의 항상성의 원리가 주체의 신체를 대리하기에는 턱없이 부족하다는 욕구불만의 상황 속에서 응시와 직접 대면하려는 몸의 항거라고 할 수 있다. 목숨을 건 결투나 또는 그에 상응하는 위험을 감수해야만 보다 효과적으로 번식의 기능을 수행할 수 있을 것이라고 가정되는 상황 속에서 한 개체가 죽음의 위험을 감수하면서 쾌락원칙과 현실원칙의 보호막 바깥으로 도약하는 사태와 같다. 그것은 상징계의 좌표 내부에서 상상계적으로 작동하는 2자 관계를 넘어서는 대상을 겨냥하는 허울인 동시에, 상징계 자체의 종착점이라고 할 수 있는 제3자의 자리인 상징적 대타자, 즉 상징적 아버지 또한 넘어서는 허울이다. 그것은 실재의 응시라고 할 수 있는 대상을, 그러니까 상징적 대타자에 대하여 다시 타자의 위치를 점하는, 절대적-대타자의 응시에 조응하려는 허울이다.

응시에 대한 이와 같은 반응들은 동물들의 세계에서 보다 즉각적인 방식으로 관찰되는 것이 사실이다. 오직 상상계적인 2자 관계의 좌표들 속을 살아가는 동물들은 응시에 대하여 상상계적인 방식으로, 즉 이미지에 완전히 포획되는 방식으로 반응할 것이기 때문이다. 그러나 말-존재로서의 인간 세계는 상징계라는 강력한 틀을 통해 응시가 필터링되고 있으므로, 실제로 그것을 경험하는 순간은 극히 드문 경우에 해당한다. 이에 대하여 라깡은 다음과 같이 설명하고 있다.

"그러나 주체—인간 주체, 인간의 본질인 욕망의 주체—는 동물과 달리 이러한 상상적 포획에 완전히 사로잡히지 않습니다. 주체는 거기서 자신의 위치를 파악해 냅니다. 그것이 어떻게 가능할까요? 그것은 주체가 스크린의 기능을 분별해 그 기능을 가지고 유희하는 한에서 가능합니다. 실제로 인간은 그 너머에 응시가 존재한다는 듯이 가면놀이를 할 줄 압니다. 여기서 스크린은 매개의 장소입니다."(166쪽)

응시를 향한 허울을 쓴다는 것은 응시의 강렬함에 사로잡힌다는 것을 의미한다. 라깡은 그러한 사로잡힘을 상상계적 포획이라고 표현하고 있다. 마치 하나의 이미지에 매혹당하거나 압도당한 나머지 그것 앞에 얼어붙은 듯 꼼짝달싹 할 수 없게 되는 것처럼. 또는 그것의 이미지와 자신을 동일시하기를 멈출 수 없게 되는 것처럼. 상상계적 포획은 타자와 '나'를 하나로 만들어 버리는 힘이다. 그러나 말-존재로서의 인간에게는 상징계라는 3자적이며 중립적인 틀이 존재한다. 상징계는 기표의 연쇄를 통해 응시에 사로잡힌 주체를 움직이게 한다. 하나의 기표에서 다른 하나의 기표로의 이동이 가능해진다. 이때 주체는 상징계가 허용하는 좌표의 가면들을 바꾸어 쓰면서 외부로부터 오는 응시에 방어한다. 예를 들자면, 외부의 응시에 노출된 주체는 즉시 종교적 문맥 속으로 피신할 수 있다. 이제 그것은 알 수 없는 외부의 공포스런 응시이기보다는, 어디에나 편재하는 전지전능한 신의 시선으로 해석된다. 이때 주체는 응시에 사로잡히는 대신 그에 상응하는 상징계적 가면을 쓰는 방식으로 그로부터 자신을 방어한다. 주체는 신 앞에 선 한 명의 신앙인이라는 가면을 쓸 수 있다. 국가라는 이름이 응시를 필터링하면 이때 주체는 국가의 부름을 받은 한 명의 애국 시민이 되거나 또는 보다 나은 국가의 도래를 위해 저항하는 혁명가의 가면을 쓸 수 있다. 사랑하는 연인의 시선이 응시를 필터링하면 주체는 그 앞에서 사랑에 빠진 주체가 된다. 선생님의 시선, 부모님의 시선, 선배나 멘토의 시선 등등으로 필터링되는 응시는 그에 상응하는 가면을 주체에게 제안하거나 강제할 것이다. 이처럼 상징계 내부에서 응시는 필터링되며, 그것의 주된 기능을 라깡은 "스크린"이라고 부른다. 스크린의 기능이 부여하는 가면의 특징은 주체가 하나의 가면에서 다른 하나의 가면으로 이동해 갈 수 있다는 것에 있다. 상징계의 기표-연쇄가 가진 고유한 특징은 순환성이므로, 가면은 상상계적인 방식의 고착 대신 교환 가능성을 보장해 준다. 스크린이란 그렇게 응시와 주체 사이를 보다 유연한 방식으로 매개해 준다.

만일 사정이 그러하다면, 상징계의 기능이 안정적으로 설치되지 않은 정신병 주체는 응시에 어떻게 반응할까? 이에 대해서 우리는 슈레버 판사의 정신병적 증상들을 다시 참조해 볼 수 있을 것이다. 증상이 심화되는 과정에서 정신병적 주체로서의 슈레버가 여장을 하기 시작했다는 사실은 이미 언급되었다. 슈레버 판사뿐만 아니라 다른 많은 남성 정신병적 주체들이 여장을 하는 현상이 흔히 관찰된다. 이것은 스크린의 좌표를 통해 응시에 반응하지 못하는 정신증적 주체들이 응시를 남성적인 것으로 간주할 경우, 즉 아버지의 응시로 인지할 경우 그것을 소환하고 탐닉하게 만드는 여성적 이미지의 허울을 선택하는 것으로 이해할 수 있다. 한편 응시를 상징계의 필터링 없이 직접적으로 소환하고 그에 대하여 자신의 신체를 성애적인 허울로 만들어 내려는 가장 대표적인 증상은 성도착에서의 노출증이다. 정신병적 구도와 성도착의 구조는 응시가 어떻게 작용하는지를 우회적으로 밝혀 주는 가장 직접적인 사례들이다.

라깡은 신경증에서 대상 a로서의 응시나 목소리가 출현하는 양태를 이해하기 위해서는 정신병에서의 환시나 환청 그리고 감시 망상을 참조하는 것이 도움이 된다는 사실을 언제나 주장해 왔다. 신경증자들의 세계가 이들과 차이 나는 점은, 응시와 의태적 주체 사이에 상징계가 매개되어 있다는 사실뿐이다. 빛의 근원지로서의 광원에 의해 비추어진 주체는 광원의 폭력에 온전히 사로잡히든가(정신증) 아니면 필터의 기능을 그와 광원 사이에 삽입함으로써 기표적 사유의 여지를 확보할 수 있다(신경증). 이에 대해서 라깡은 다음과 같이 표현하고 있다.

"우리가 격리된 상태에 있는 어떤 조명 효과에 의해 압도될 때, 가령 우리의 시선의 안내자 역할을 하는 광선 다발이 뿌연 원추처럼 나타나 그것이 무엇을 비추는지 분간할 수 없을 만큼 눈이 부시게 만들 때, 우리는 작은 스크린 하나—그 조명 아래 있는 잘 보이지 않는 무엇과 대비되는—를 이 원추 속에 끼워 넣는 것만으로도 그 빛을 어둠 속으로 되돌려 보내고 그 속에 감춰져 있는 대상을 드러나게 할 수 있습니다."(167쪽)

여기서 "광선"이라고 말해지는 것은 우선 실제로 우리 눈의 망막이 마주하는 빛의 원천으로서의 시각적 원인을 말하는 것으로 해석할 수 있다. 망막의 조리개 기능은 생물학적 차원에서의 스크린 기능을 하는 장치로서 광선의 대부분을 외부로, "어둠 속으로 되돌려 보내고", 극히 일부만을 그

립자의 형식으로 받아들임으로써 시지각의 안정적 실현을 가능하게 해준다. 그러나 동시에 광선이라는 표현은 시각적 욕망의 세계가 가능하도록 만드는 시관 충동의 대상인 응시를 가리킬 수 있다. 어느 경우에서든 시각의 원인은 억압되는 방식으로만 시각 세계를 가능하게 해준다. 욕망의 차원에서 시각 세계는 자신의 원인으로서의 대상 a를 억압하는 방식으로 스스로를 실현하기 때문이다. 신경증적 욕망의 세계는 그렇게 그 자신의 원인이 억압되지 않는다면 억압의 잔여로서 출현하는 현실을 만들어 내는 것이 불가능하다는 역설적 구조를 갖는다. 라깡이 "(……) 욕망과의 관련 속에서 현실이 가장자리에 있는 것으로서만 나타난다"(167쪽)고 말하며 가리키는 바가 이것이다. 현실은 언제나 원인을 가리는 스크린의 가장자리에서, 상징계의 조직망에 다름 아닌 그것의 가장자리에서 나타나는 잔영으로서만 출현한다는 것이다. 이것을 라깡은 도식으로 다음과 같이 설명하고 있다.

현실은 가장자리에 있다

도식에서 중앙에 있는 원이 스크린이다. 그것은 보다 큰 원으로 표지되는 광원을 모두 가리지는 못한다. 또는, 스크린이 광원을 모두 가린다고 해도 빛의 특성상 스크린의 가장자리로 넘쳐흐르는 잔영들을 막을 수는 없다. 라깡은 이러한 도식을 그려 놓고 그 옆에 "현실은 가장자리에 있다"라고 표시한다. 신경증자의 욕망의 현실이란 그렇게 필터링에 의해 여과된 그림자의 소외된 이미지인 동시에 스크린의 가장자리로 넘쳐흐르게 된 충동의 잔여적 부분들이 만들어 내는 역동이다. 즉 상징계의 그림자와 그로부터 빠져나가는 초과로서의 대상 a가 상호작용하는 영역이 현실이라는 말이다. 만일 스크린의 온전한 그림자가 첫 번째 죽음의 고요한 세계를 가리킨다면, 스크린의 가장자리로 넘쳐흐르는 대상 a의 출몰은 소외된 세계를 흔들며 찾아오는 두 번째 죽음의 망령들이라는 것이다.

한편 라깡은 스크린의 기능에 대한 부연 설명을 위해서 회화의 구조틀을 언급한다. "시각에서 눈의 식별 능력이 최대로 발휘되는 곳은 바로 중앙 부분"(168쪽)인데, 어째서 대부분의 회화에서 "중앙은 부재할 뿐이고 구멍으로―요컨대, 뒤에 응시를 감추고 있는 눈동자의 반영으로―대체되어" 있는 것일까? 어째서 "화가가 창조해 낸 분할선, 소실선, 역선, 이미지가 자리 잡는 틀bâtis 등"은 중앙에 위치한 어떤 구멍을 안정적으로 둘러싸거나 은폐하는 기능을 하는 것일까? 여기서도 라깡은 회화가 중앙에 위치한 광원으로서의 응시를 은폐하도록 스크린의 틀을 사용한다고 암시하고 있다. 그림에서 중앙에 위치한 소실점은 말 그대로 하나의 사라져 가는 점으로서 그것을 바라보는 주체가 응시를 느끼지 않으면서 자신을 기하광학적 조망점의 주체, 즉 "스스로가 바라보는 것을 바라보는" 그러한 관조의 주체로서 자리 잡을 수 있도록 해주는 것이다. 물론 모든 회화가 이처럼 중앙에 스크린을 설치하는 방식으로 응시를 피하도록 그려지는 것은 아니다. 라깡은 루오George Rouault를 언급하며 스크린 없는 그림에 대한 암시를 한다. 어떤 그림들은, 특히 20세기 초반의 북유럽의 그림들 중에는 전통적인 스크린의 기능을 무시하며 그려진 작품들이 존재하기 때문이다. 그러나 서구 미술의 역사 속에서, 적어도 르네상스 이후의 근대 미술의 시기에 관찰되는 대부분의 회화는 중앙의 응시를 억압하여 기하광학적 주체의 소실점으로 대체하는 구조로 되어 있다. 회화에서의 이러한 경향성은 응시를 길들이려는 문명의 대표적 사례라고 할 수 있다.

대상 *a*로서의 회화

시관 충동의 원인으로서의 응시를 길들이는 양상들에 대한 설명을 이어 나가는 라깡은 문득 다음과 같이 의미심장한 발언을 한다. 우리의 시관적 장, 즉 우리가 눈으로 보면서 살아가는 이미지의 세계에서는 이율배반적 작용을 하는 두 개의 항 사이에서 모든 것이 분절되는데, 그것은 사물과 주체 사이에서 일어나는 분절이다. 사물들 쪽에서는 그들이 "우리를 응시한다."(168쪽) 반면 주체 쪽에서는 그러한 사물들의 응시를 보지 못한다. 이러한 주체의 눈멂을 라깡은 복음서의 "눈이 있어도 보지 못하니"라는 구절로 표현하고 있다. 라깡의 이러한 표현은 현상학의 차원에서 인간 주체의 의식과 사물들의 관계에 관한 전혀 새로운 논점을 도입할 수 있도록 도와준다. 이에 따른다면, 인간의 의식과 그것에 의해 관찰되는 사물은 능동적 관찰자와 그에게 주어진 사물들이라는 등가적 관계를 맺고 있지 않다. 오히려, 사물들이 주체를 관찰하고 응시한다. 사물들 쪽에 더 강력하고 사악하기까지 한 능동성이 존재하며, 주체는 그러한 사물들의 응시를 피해 달아나거나 암점의 형식으로 자신을 소멸시키는 수동성의 존재이다. 사물과 주체의 관계에 관련된 이러한 역전이 가능한 것은 바로 무의식의 장이 주체에게 보다 근본적인 힘이라는 사실에 토대한다. 능동적 관찰자로서의 인간 의식이란 무의식의 타자성과 그것의 압도하는 역능을 은폐하기 위한 자아의 환영적 구성물에 불과한 것이다. 바로 그러한 이유로 라깡은 "동물들의 의태 기능이 인간에게서 회화가 수행하는 기능과 등가적일 것이라는 점을 지적"(168쪽)하고 있었던 것이다. 동물들이 상상적 응시에 대한 반응으로 자신의 신체 이미지를 변화시키듯, 문명은 미술이라는 형식을 통해 문명의 신체의 이미지를 치장하기 때문이다. 문명의 이러한 응시-반응에서 가장 두드러진 경향은 응시-길들이기다. 라깡은 특히 회화의 영역에서 그와 같은 길들이기, 즉 응시에 대한 우회와 억압의 장치들이 작동한다고 강조했었다. "회화는 언제나 응시하는 이로 하여금 응시를 내려놓도록 만든다"(169쪽)는 것이다. 아마도 이것이 『세미나 11』에서의 라깡의 회화론이라고 할 수 있을 것이다. 이는 라깡이 4년 전의 『세미나 7』에서 등장시켰던 예술론, 특히 사드의 "실험 문학littérature expérimentale"이라는 개념으로 급진적 승화로서의 예술을 다루던 관점과는 사뭇 다르다.[2] 『세미나 11』에서의 예술론은 문명의 방어적 차원을 보다 강조하는 듯 보인다. 그럼에도 라깡은 이제 다시금 "응시에 노골적으로 호소하는"(169쪽) 표현주의 예술을 언급하며 정반대 입장에서 작동하는 회화론을 간단히 언급하고 있다. 뭉크, 제임스 앙소르, 쿠빈 등의 회화 경향이 그러하다는 것이다. 이에 대해서 라깡은 앙드레 마쏭의 말을 빌려, 이들 응시에 호소하는 회화들의 파리 함락이 시급한 문제라고 주장한다. 어째서일까? 무엇 때문에 마쏭은 응시를 강조하는 미술이 그렇지 않은 미술을 밀어내야 한다고 주장하고 있으며, 이에 동의하는 라깡의 의도는 무엇일까? 그에 대한 대답은 생각보다 간단할 수 있다. 예술의 진리 기능은 오직 창조 속에서만 실현된다는 사실에 주목해 보자. 예술은 영원한 아름다움을 찾아내는 실천이 아니다(그런 것은 없다). 그보다 예술은 권력과 결탁하여 생산되는 아름다움의 가상에 저항하는 실천이다. 상징계 내에서 유통되는 모든 아름다움은, 모든 이미지들은 거울단계의 절차가 그러하듯이 대타자의 규정에 의해 인증되며 조율된다. 가장 선명한 사례로서 우리는 여성의 아름다움에 관련한 우리의

---

2   백상현, 『라깡의 인간학』 2장 "승화의 문제"를 참조할 것.

취향에 관하여 논의해 볼 수 있다. 어떤 여성이 아름다운 여성인가에 대한 공동체의 판단을 주목해 보라. 여성의 외형에서부터 그 내면의 아름다움이라는 이미지에 이르기까지 그것의 형성에 결정적 영향을 미치는 것은 지배 집단의 취향이며, 유사 이래 인간을 지배한 것은 남성 가부장제 집단이었다. 다산이 가능할 수 있는 풍만한 여성의 이미지에서 마르고 가냘픈 오늘날의 여성 이미지에 이르기까지, 그들의 미를 결정하는 것은 그들을 때로는 2세 생산의 도구로, 때로는 '섹스-오브제'로 파악하는 남성적 권력의 응시이다. 나아가서 모성애와 여성적 평온함의 이미지, 공격성이 아닌 부드러움의 이미지, 자기희생과 공존을 추구하는 여성의 평화적 이미지들 역시 남성 권력의 작품이다. 이상적 여성의 아름다움이란 그렇게 남성 권력이 쉬어 갈 수 있는 유토피아적 특성을 강제당한다. 여성의 아름다움을 형성하고 발전시키며 보존하는 것은 지배적 권력의 폭력에 다름 아니기 때문이다. 따라서 우리는 미학의 대상이라고 할 수 있는 아름다움을 비롯한 모든 종류의 감각적 대상들이 권력에 의해 조율되는 정치적 산물이라는 사실에 주목할 수밖에 없다. 무구한 아름다움 따위란 결코 존재할 수 없다. 유미주의란 그 자체로 가장 노골적인 반동적 보수 정치의 효과에 다름 아니다. 바로 그런 의미에서 예술은 어딘가 우리를 위해 마련된 이상적 아름다움의 숨겨진 흔적을 드러내는 수동적 실천이 아니다. 예술은 권력에 의해 조작된 미의 질서를 파괴하고, 전혀 새로운 아름다움의 구조를 창조해 내는 다분히 정치적 실천이다. 그런 이유로, "진정한 예술"이라면 상징계에 의해 셈해지고 조작된 파토스의 질서를 몰락으로 이끌어야 한다. 이를 위해서 정신분석이 제안할 수 있는 절차는 바로 대상 a의 사건에 의존하는 것이다. 대상 a는 상징계의 균열에 다름 아니므로. 대상 a의 증상적 사건에 참여하는 실천은 예술을 상징계 너머로 나아갈 수 있도록 돕는다. 시관적 장에서 그것은 응시에 호소하는 것에 다름 아니다. 응시라는 시관충동의 대상 a를 길들이거나 은폐하는 대신 그것에 노골적으로 호소하는 것은 대타자에 의해 셈해진 이미지의 세계에 균열을 도입하는 실천이다. 화가 앙드레 마쏭이 응시에 호소하는 미술의 도입이 시급하다고 말했던 것은 그런 의미에서 이해될 수 있다. 상징계에 의해 장악된 이미지의 항상성의 운동을 흔들기 위해서는 대상 a를 다루는 예술 경향의 도입이 시급하다는 것이다.

그러나 라깡은 예술의 이와 같은 급진적 태도와 진리의 기능에 관한 논평을 이번 세미나에서만큼은 자제하려고 작정한 듯 보인다. 그는 프로이트가 예술에 대한 무한한 존경심을 가지고 접근했던 방식에 대해서도 거리를 두려고 한다. 라깡은 특히 프로이트가 다빈치의 성모자상에서 표현하고 있었던 근원적 환상의 분석과 같은, 예술가 개인의 욕망의 구조에 관한 정신분석적 접근과 같은 태도에 관해서도 비판적 거리를 유지한다. 이번만큼은 자신이 "[미술] 비평의 역사적인, 유동적인 놀음에 끼려고 하는 것은 전혀 아니라고"(169쪽) 선을 긋는다. 그보다 자신은 "(……) 아름다운 예술의 기능의 근본 원리를 묻고자 한다"(169-170쪽)고 말한다. 자신이 다루고자 하는 문제는 "프로이트가 말한 의미에서의 창조, 말하자면 승화 sublimation로서의 창조와 그것이 하나의 사회적 장 속에서 갖는 가치"(171쪽)라는 것이다. 여기서 말하는 승화의 개념은 프로이트가 충동의 포기를 위해 문명이 도입한 대체 기능을 설명하기 위해 언급한 것으로서의 보수적 승화 기능을 말한다. 이것은 라깡이 『세미나 7』의 시점에서 보다 급진적인 차원에 주목하면서 사드의 문학으로 암시하려 했던 승화는 아니다. 프로이트가 말했던 승화란 "[예술적] 창조가 사회나 그 영향 아래 있는 것에 유익한 효과를 발휘"(171쪽)할 것을 목표로 한다. 이것은 승화에 대한 가장 보수적인 개념으로서, 예술에서의 "영혼의 고양" 효과를 위반에 대한 "포기를 부추기는" 것으로 간주하는 태도이다. 금지된 충동을 향유하는 대신 사회적으로 허용된 대체물을 욕망하는 절차. 큰사물Chose 대신 산물sache

을 소비하는 절차가 그것이다. 라깡이 회화를 "응시-길들이기"라고 규정하는 것은 정확히 그러한 승화의 지점을 가리키고 있다.

그러나 모든 의태가 그러하듯이, 응시에 반응하며 그것을 길들이려 하는 이와 같은 작용은 반대로 응시에 호소하며 그것을 다시 불러내는 효과 또한 발생시킨다. 라깡이 파라시오스의 우화를 다시 언급하며 암시하려는 것이 그것이다. 제욱시스와 달리 파라시오스는 회화를 "가리는 장치"로서 사용했다. 표상을 드러내는 대신 베일로 가리는 작용. 대상의 상실을 강조하는 작용을 통해서 그것을 바라보는 사람들의 시선은 더욱 깊은 욕망의 차원으로 이끌린다. 보여 주지 않고 가린다는 것은, 더욱 보고 싶도록 만드는 욕망을 부추길 것이기 때문이다.

그런데, 모든 회화는 그것이 재현된 이미지들의 조합이라는 의미에서 필연적으로 가리는 기능을 하지 않을 수 없다. 선을 긋고 색을 칠한다는 것은 제아무리 그 너머의 세계와 풍경을 재현하는 것이라 해도 어쨌거나 우리의 시선을 세계로부터 차단하고 가리는 구조로 되어 있기 때문이다. 그림을 보기 위해서 우리는 세계로부터의 시선을 거두고 그림의 표면에 시각을 한정시켜야 하기 때문이다. 그리하여 회화는 세계를 재현하여 보여 주는 동시에 세계를 가리고 우리의 시선을 미혹 속으로 이끄는 눈속임의 기능을 한다. 그러한 미혹은 때때로 우리를 유혹하고, 어떤 종류의 희열을 느끼게 하는데, "우리가 시선을 다른 곳으로 돌렸는데도 표상이 따라 움직이지 않고 따라서 그것이 단지 눈속임에 지나지 않는다는 사실을 깨닫게 되는 때"(173쪽)의 쾌락이 그것이다. 바로 그런 의미에서 일단의 회화는 우리에게 아무것도 재현해 주지 않으며, 오히려 재현의 장치가 눈속임에 불과했다는 사실을 폭로한다. 그리하여 회화는 우리의 세상을 구성하는 모든 표상들이 사실에 있어서는 조작에 불과할지도 모른다는 의심을 품게 하기에 이른다. 이러한 회화 기능은 단순한 승화라기보다는 오히려 승화 자체를 정지시키고, 그것의 구조를 폭로한다. 그것은 우리 시선을 끌어당기는 동시에, 그 시선의 욕망을 온전한 상징계의 구조 바깥으로 미끄러지게 만든다. 라깡이 왜상을 통해 보여 주고자 했던 것의 궁극적인 효과가 그것이다. 눈속임은 왜상 게임의 이미지에서만 작동하는 것이 아니라 세계의 표상이 구성되는 본질에 다름 아니라는 사실의 폭로. 그리하여 "그림이 경쟁하는 것은 외양이 아니라 플라톤이 외양 너머에 있는 이데아라고 지칭한 것"(173쪽)이라는 사실이 폭로된다. 표상이라는 외양이 그 너머의 이데아를 본떠 만든 가상물이라는 생각은 회화의 눈속임 게임으로 인해 전복되고 말기 때문이다. 왜상 게임의 회화는 자신의 눈속임 효과를 스스로 폭로하는 방식으로 이미지-외양이 그 너머의 이데아로부터 비롯된다는 믿음이 단지 허구에 지나지 않았음을 드러낸다. 파라시오스가 베일의 이미지를 그리자 그것을 바라보는 주체의 욕망은 그 베일 너머에 존재할 것이라고 상상되는 다른 것을 요구하지 않았는가? 그러한 방식으로 존재와 표상의 관계는, 본체와 외양의 관계는, 이데아와 가상의 관계는 역전된다. 가상물-이미지의 요구가 그 너머에 있다고 상상되는 존재를 사후적으로 생산해 냈을 뿐이다. 진리는 가상의 차원에서 요구된 발명품이라는 것이다. 또는, 팔루스란 상실의 차원에서 상상된 발명품이다. 우리가 상실한 진리는 사실 그것이 아니며, 우리의 상실은 실체 없는 다형적-충동일 뿐이지만, 현실을 지배하는 상징계-이데올로기의 권력은 우리가 근원적으로 상실한 것이 다름 아닌 팔루스, 바로 그것이라고 믿도록 만든다는 것이다.

이러한 생각은 플라톤의 이데아론에 정면으로 대립하는 것이고, 바로 그런 이유에서 "플라톤이 자기 활동의 경쟁 상대라도 되는 듯 회화를 공격"(173쪽)했던 것이라고 할 수 있다. 그림의 본질적 기능이란 "외양을 만들어 내는 것이 외양 자체라는 점을 보여 주는 외양이기 때문"(173쪽)이다. 그림은 외양이 그 너머에 존재한다고 가정되는 이데아를 본떠 그려진 이미지가 아니라는 사실을 보여 주는 방식으로, 오직 외양만이 존재한다는 것을 폭로한다. 그런 의미에서 그림은 대상 a라고 해석될 수도 있다. 대상 a는 욕망의 원인이므로. 대상 a는 큰사물의 형태로 그것에 대한 최초의 대립항인 상징계의 구조를 출현시키거나, 증상의 형태로 이미 구성된 상징계의 방어 기능을 촉발시킨다. 눈속임으로서의 그림이 대상 a의 기능을 한다는 것은 그러한 맥락에서다. 하나의 이미지가 그려지는 순간 상징계의 구조는 그 너머의 이상, 즉 이데아를 설정하는 방식으로 이미지의 모호함을 억압하고 은폐하려 한다. 하나의 대상이 출현하는 순간 아버지의-이름은 부성적 은유라는 권력의 행사를 통해 그것의 기원과 종착지를 팔루스의 상징에 귀속시키는 방식으로 주이상스의 출현을 억압한다.

그리하여 우리의 무의식이 사로잡힌 방어적 경향은 회화적 이미지를 초월적이며 이상적인 대상에 대한 환영적 등가물로 간주하려 한다. 바로 그것이 상징계가 큰사물을 억압하며 작동하는 방식이다. 상징계는 모든 이미지들을 쾌락-현실원칙의 원리 속에서 분절하고 그 너머에 팔루스의 이상이 존재한다는 사실을 사후적으로 구성해 낸다. 그러나 이것은 환영적 조작에 불과하다. 그 너머에 근원적으로 상실된 것으로 존재하는 것은 팔루스가 아니라 충동이기 때문이다. 표상들 너머에 그 표상들이 가리키는 장소에서 근원적으로 상실된 것은 형상 없는 주이상스이다. 따라서 그림이 대상 a를 자처한다는 표현은 그림의 이미지가 사실에 있어서는 단순한 대리자로서의 표상이 아닌 원인으로 기능하고 있었다는 것을 의미한다. 대상 a로서의 그림은 시선을 끌어들이는 욕망의 원인인 동시에 그러한 그림-이미지의 "뒤를 보여 달라고 요구하게 만드는", 진리에 대한 욕망이라고 할 수 있는 것의 원인이며, 나아가서 그러한 욕망이 도달하는 진리라는 최종적 가상물 자체의 원인이기도 하기 때문이다.

그와 같이 기능하는 그림 앞에서 시각의 주체는 두 가지 갈림길에 설 수 있다. 하나는 대상 a로서의 그림을 따라서 근원적 균열의 장소로 이끌려 가거나, 아니면 대상 a로서의 그림을 봉합하며 등장하는 팔루스를 따라갈 수 있다. 이와 같은 양 방향의 갈림길에서 벌어지는 사건이 바로 라깡이 말하는 "이 대상 a를 중심으로 눈속임을 제 영혼으로 하는 어떤 전투"(173쪽)라고 할 수 있다. 화가는 그러한 대상 a를 여러 조작을 통해 "대화를 나누는 상대인 하나의 a로 환원시키는"(174쪽) 역할을 해왔다. 라깡이 화가들에게는 언제나 후원자들이 있었다고 말하면서 암시하고자 했던 바가 그것이다. 교회가, 귀족이, 그리고 화상들이 화가들에게 돈을 주어 작업하도록 하는 이유는 그렇게 대상 a와 대화하여 그것을 길들이고 조작하는 그들의 능력 때문이라는 것이다. 이것은 궁극적으로 예술가들이 그들이 속한 공동체의 구성원들의 욕망을 다루는 조작자라는 사실을 암시한다. 물론 보다 확장된 시각에서 본다면, 예술가들을 비롯하여 종교인들과 정치인들, 그리고 오늘날의 정신분석가들 역시 각각 차이 나는 방식으로 대상 a와 대화하는 자들, 그것을 다루는 기술자들이라고 할 수 있겠다.

배후의 응시와 질시

이제까지의 논의를 라깡은 다양한 사례들을 통해 해명해 나가고 있다. 예를 들어, 다프니 수도원의 비잔틴 모자이크화들에 그려진 성자들의 눈과 시선은 그 너머에 존재한다고 가정되는 "좀 더 먼 곳"(174쪽)에서 유래하는 신의 응시를 불러온다. 여기서 화가들의 역할이란 회화의 이미지를 통해 신의 시선을 묘사하는 동시에, 그러한 작용의 순서를 역전시켜 초월적 환상을 만들어 내는 일이다. 화가들은 이미지를 통해서 그 너머에 떠다니는 무형의 충동으로서의 응시를 포획하고 그것을 길들여 신의 시선이라는 형태로 형상화한다. 이렇게 화가들이 만든 이미지는 일견 신의 응시를 달래는 제물과도 같은 기능을 하는 것처럼 보인다. 그러나 사실에 있어서는 신이 제물을 원했던 것이라기보다는, 제물로서의 이미지가 신의 욕망을 생산해 낸다고 해야 할 것이다. 이미지들의 세계는 그렇게 신의 욕망을 생산하는 역능을 가지고 있으며, 그러하기에 기독교는 성상 파괴라는 단호한 태도를 취하기도 했던 것이다. 대상 a로서의 이미지들이 생산하는 신의 욕망은 단일한 것으로 포커싱될 수 없기 때문이다. 기독교가 텍스트, 즉 말씀에 집중하면서 이미지를 거부했던 역사는 아버지의-이름이라는 초일자의 기표에 의존하는 방식으로만 보편적이며 유일한 신의 욕망을 가리킬 수 있을 것이라 생각했기 때문이다. 라깡은 이것을 "모든 이미지를 뛰어넘어 성립될 수 있는"(175쪽) 협약, 즉 상징계의 협약이라고 설명한다. 그러나 회화는 상징계가 아니며, 상상계적인 영역에서 응시를 소환하는 기능을 하므로 여전히 우상적 작용 속에 있다. 그것은 단 하나의 아버지, 즉 단 하나의 신을 기쁘게 하기보다는 다수의 신들, 라깡이 "다른 신들"(175쪽)이라고 표현하는 다수의 아버지의 이름들을 기쁘게 한다. 유대인들이 우상에 빠져 방황하게 된 것은 바로 이렇게 하나의 '아버지의-이름'이 아닌 다수의 '아버지의-이름들les noms-du-père'을 추종했던 결과라고 할 수 있다. 그들은 하나의 이름에 속지 않는 자들이었으므로, 방황하는 위치에 선다. 속지 않는 자들이 방황한다les non-dupes errent는 것이다.

회화가 속한 이미지의 세계는 그러한 방황의 세계이다. 그것은 팔라초 두칼레의 중앙 홀에 그려진 레판토 해전을 묘사한 그림처럼, "배후에 항상 수많은 응시들이" 떠다니는 것을 허용한다. "그림 뒤에는 그렇게 항상 응시"(175쪽)의 유령들이 떠다니며, 바로 그런 의미에서 회화는 대상 a의 기능을 한다. 회화는 라깡이 마티스를 분석하는 메를로-퐁티의 언급을 인용하며 암시했던 것처럼, 응시와 대화하고 그것을 만지며 그것의 추락을 유도하는 행위의 집적체이다. 라깡은 심지어 회화란 이미지가 아니라 응시를 포획하기 위한 '제스처의 운동' 그 자체라고 주장하기에 이른다. 그에 따르면 화가의 붓터치는 응시를 막아 내거나 끌어내리는 반복적이고도 무의식적인 행위다. "화가의 붓에서 미세한 터치들이 리듬에 맞춰 비처럼 쏟아지면서 하나의 기적처럼 그림을 만들어 낼 때, 그 터치 하나하나는 선택이 아닌 다른 무엇"(176쪽), 즉 방어이거나 포획의 무의식적인 몸짓이라는 것이다. 그것은 또한 "응시를 내려놓는 제1의 행위"(176쪽)이고, "외부로부터 와서 그 결과물과 마주하게 될 모든 것들을 그 지고의 힘으로 떨어내고 내쫓아 버리고 무효화시켜 버리는 무엇"(176쪽)이다. 그러니까 라깡이 생각하는 『세미나 11』에서의 회화란 응시를 하강시키는 제스처 혹은 운동이며 그 흔적이다. 그러나 그것을 그린 화가는, 주체는 이러한 상황을 전혀 알지 못한다. 그는 자신이 응시를 포획하고 있다는 사실을 결코 알지 못하는데, "왜냐하면 그는 원격조종되고 있기 때문"(177쪽)이다. "인간의 욕망은 타자의 욕망"(177쪽)이기 때문이고, "타자 쪽의 욕망"이 그림에 흔적을 남기는 것이기 때문이다. 그리하여 결과로 남는 것은 타자의 응시에 대하여 "볼거리를-주기"(178쪽)라는 사태이다. 그것은 응시를 달래기 위해 제물로 바쳐진 볼거리로서의 이미지들이다. 우선 관람객들의 시선에 제물로 바쳐진 볼거리로서의 회화 이미지. 그러나 관람자들의 시선 뒤에는 대타자의 응시가 있으므로 회화는 결국 대타자의 욕망에 대한 화답으로 그려진 것에 다름 아니다.

이번 강의를 마치면서 라깡은 이제까지의 테마였던 "응시"가 그 본질에 있어서 질시invidia라는 속성을, 근본적으로 공격적인 속성을 가졌다는 사실을 지적하며 마무리하고 있다. 그것은 대상 *a*의 근본적 속성이기도 한데, 왜냐하면 대상 *a*는 억압의 대상인 큰사물의 절편이며, 큰사물이란 상징계의 현실원칙에 대립하며 악을 구성하도록 사후적으로 규정된 주이상스의 영역이기 때문이다. 그런 의미에서 응시는 눈에 관하여 사악함의 속성이 스며들도록 만드는 원인이 된다. 눈이 시각장에서 작용하는 한계를

벗어나는 즉시 그것은 사악함의 속성을 가진 것으로 분리되어 출몰하게
될 것이다.

라깡의 정치학 – 세미나 11 강해

발행일 2020년 4월 10일 초판 1쇄

2021년 7월 15일 초판 2쇄

....

지은이 **백상현**

펴낸이 **연주희**

펴낸곳 **에디투스**

경기도 성남시 분당구 황새울로351번길 10, 401호

전화 070–8777–4065 팩스 0303–3445–4065 이메일 editus@editus.co.kr

www.editus.co.kr

....

Copyright ⓒ 백상현 2020. *Printed in Korea.*

ISBN 979-11-970045-0-6

....

이 도서의 국립중앙도서관 출판예정도서목록(CIP)는 서지정보유통지원시스템 홈페이지(seoji.go.kr)와 국가자료공동

목록시스템(www.nl.go.kr/kolisnet)에서 이용하실 수 있습니다.(CIP 제어번호: CIP2020012611)

* 신디 셔먼의 사진은 저작권자와의 연락이 닿지 않아 사용 허락을 받지 못했습니다.
연락이 되는 대로 필요한 절차를 밟도록 하겠습니다.